用经济学的眼光看待生活

我们身边的经济学

ECONOMICS IN OUR LIFE

欧 俊 ◎ 著

经典畅销
珍藏版

江西人民出版社

图书在版编目(CIP)数据

我们身边的经济学/欧俊著. ——南昌:江西人民出版社,2011.10

ISBN 978-7-210-04932-6

Ⅰ.①我… Ⅱ.①欧… Ⅲ.①经济学-通俗读物 Ⅳ.①F0-49

中国版本图书馆 CIP 数据核字(2011)第 185914 号

我们身边的经济学

欧俊 / 著

责任编辑 / 王华

出版发行/江西人民出版社

印刷/北京嘉业印刷厂

版次/2011 年 10 月第 1 版

2011 年 10 月第 1 次印刷

规格/710 毫米×1000 毫米 1/16 20 印张

字数/220 千字

书号/ISBN 978-7-210-04932-6

定价/32.80 元

赣版权登字—01—2011—46

版权所有　侵权必究

如有印装质量问题,请寄回印厂调换

目录

序 章　走近经济学：妙趣横生的经济学茶座 /1

序言 /1
- 为什么在萧条时期，娱乐业能走向繁荣 /3
- 为什么麦当劳经营的不是快餐而是房地产 /5
- 为什么次贷危机的根源不是中国而是美国 /9
- 为什么婚姻也要遵循市场经济原则 /11
- 附：为什么经济学是最危险的职业 /13

第1章　十大经济学原理：生活中无处不在的经济学 /15

- 任何人首先都是"经济人" /17
- 天下没有免费的午餐 /20
- 爱是不爱的机会成本 /23
- 好事亦有度的边际革命 /26
- 犯罪是过度的物质激励在作祟 /29
- 皇帝愁嫁女源于资源配置不合理 /32
- 比较优势让乔丹不需自己修草坪 /34
- 勤奋地消费拉动生产力 /37
- 外部性不一定有益 /41
- 欺骗的根源在于信息不对称 /44
- 附：世界上最聪明的经济学头脑 /46

第2章　需求与供给：推动价格变化的神奇力量 /51

- 丈母娘需求是房价的幕后推手 /53
- 女追男是市场先生导演的杰作 /55
- 均衡是买东西时还价的指挥棒 /57

目录 CONTENTS

- 开发商靠捂盘制造稀缺来赚钱 /60
- 缺乏价格弹性的粮店从不促销 /63
- 遭商贩哄抬的吉芬商品 /66
- 附：为什么电影院提供折扣电影票 /69

第3章　生产与营销：为什么苹果建市场不建工厂 /71

- IPAD 图创新还是图高利润 /73
- 代工帝国立足的成本方程式 /76
- 诱发京东方巨亏的沉没成本 /79
- 鸡繁衍不息是产权明确的结果 /84
- 企业扎堆吹响产业集群化号角 /88
- 苹果制造抢购的饥饿营销计 /92
- 乔布斯扭转颓势的捆绑魔法 /95
- 企业不能"杀鸡养猪"的丰产悖论 /98
- 附：为什么洗衣店清洗女士衬衣比男士衬衣贵 /101

第4章　消费和理性：为什么土豆涨价，购买者增多 /103

- 消费的不是物，是主观效用 /105
- 满意的不是价，是消费剩余 /108
- 节省的不是钱，是交易成本 /111
- 哥戴的不是表，是身份炫耀 /114
- 冲动消费都是情绪惹的祸 /118
- 附：为什么天然会成为消费陷阱 /122

第5章 竞争与市场垄断：为什么手机要双向收费 /125

- 完全竞争的农产品不随意降价 /127
- 价格战是占据市场的有效手段 /129
- 食客分为三等是因为价格差异策略 /132
- 企业兼并，是福还是祸 /135
- 附：为什么美国人想搞垮英特尔 /139

第6章 宏观经济指数："被增长"的财富 /141

- 理性看待GDP的增长 /143
- 跑不过刘翔，要跑过CPI /148
- 爱买哪买哪，拉大的基尼系数 /150
- 恩格尔系数：从食物支出看生活水准 /152
- 老太太买房，买的是消费信心 /155
- 炒股无老少，诀窍看指数 /159
- 附：为什么统计数据看见的不重要，看不见的才重要 /162

第7章 货币和金融体系：钱也只是一种商品 /165

- 你真的了解货币本质吗 /167
- 银行破产金融走向何方 /170
- 利率是资金使用的价格 /173
- 货币政策的扩张与紧缩 /177
- 货币增发与印钞厂扩招 /180
- 货币危机的多米诺骨牌 /183
- 附：为什么白宫要给华尔街上套 /186

目录 CONTENTS

第8章 经济周期和通货膨胀：中国经济从过山车换乘平地车 /189

- 经济周期的高潮低谷 /191
- "食草动物"的出现是经济萧条惹的祸 /194
- 经济增长是政府的心愿 /197
- 通货膨胀的恶作剧 /200
- 滞胀是可怕的噩梦 /203
- 曹操的通货紧缩思想 /206
- 泡沫经济：繁荣背后的深层危机 /209
- 附：为什么经济既怕冷又怕热 /212

第9章 政府和宏观调控：为什么中国经济能一枝独秀 /215

- 市场失灵表示牛奶真的过剩吗 /217
- 宏观调控与遏制房价上涨 /221
- 经济发展战略的总设计师 /224
- 食盐抢购与物价稳定艺术 /228
- 相机抉择与后危机时代 /231
- 附：为什么政府掌舵不划桨 /234

第10章 国际贸易和产业转型：为什么中国企业走出去难 /237

- 顺差、逆差是否多多益善 /239
- 中国造如何击破贸易壁垒 /243
- 美国发起对华反补贴调查 /246
- 从贴牌大国迈向品牌大国 /249
- 大使招商与中国对外投资 /252
- 附：为什么中国剃须刀不能在美国使用 /256

第 11 章　汇率和国际金融：美元为何会成为众矢之的 /259

- 人民币汇率的中美口水战 /261
- 金本位与美国乱开印钞机 /264
- 铁矿石金融化的涨价阴谋 /267
- 国家遭遇破产该如何挽回 /270
- 热钱监管与索罗斯狙击中国 /273
- 附：人民币是否是世界元 /277

第 12 章　国民储蓄和投资：巴菲特教你赚大钱 /281

- 收入是消费投资的函数 /283
- 理性投资比智慧更重要 /287
- 人赚钱不如复利钱生钱 /290
- 小心成为"最大的笨蛋" /293
- 投资组合分散投资风险 /296
- 合理避税是正当的收益 /299
- 选择时机比选择投资更重要 /303
- 附：为什么有钱人越来越有钱 /306

附　录 /309

- 最神奇的经济学定律 /309
- 经济学家常聊天的关键词 /313

序章 走近经济学：妙趣横生的经济学茶座

序 言

有一对年轻夫妻闹别扭打算离婚，但他们却非常忐忑，不知道离婚是否明智，于是他们一起去找一位经济学家朋友，希望得到他的高见。

经济学家关切地问女方："为什么要离婚？"

女方对经济学家说："我感觉结婚没有图到什么……"

经济学家说："看来你在婚姻市场中，收益低于预期。"

经济学家又关心地问男方："你为什么要离婚？"

男方对经济学家说："我感觉女方没有那么爱我了！"

经济学家说："那是在婚姻这场游戏中，你的边际收益下降了。"

男女双方异口同声地问："那你给我个建议吧，我们要不要离婚？"

经济学家说："那你们考虑一下离婚的机会成本吧！"

按照经济学家的观点，女方为什么会对婚姻产生质疑，是因为她把婚姻看做一种市场行为，女方把男方对家庭的付出、对他的关爱……看做是婚姻的回报。张爱玲曾说婚姻是女人长期的饭票。女人在婚姻市场中，是希望交换到戒指、别墅、汽车……，如果这张"饭票"没有如期兑现的时候，她可能会选择清算、抛售。男方在婚姻中，刚开始会怜香惜玉，但渐渐会心生厌倦。这都是边际收益在作怪。

经济学被誉为社会科学的皇后，经济学的力量就在于它是一种思维方式。当年轻夫妻从企图、爱的角度思考婚姻时，经济学家却从市场、边际

我们身边的经济学

收益等经济学角度进行取舍。遑论答案的错对，经济学家为年轻夫妻提供了一个新的视角，可以帮助年轻夫妻更好地权衡婚姻。至于年轻夫妻听了经济学家的妙论之后是否还会选择离婚，我相信阅读本书后的读者，一定能找到满意的答案。

与冯小刚导演的片子常常是铺天盖地的宣传相比，张艺谋导演的片子几乎零宣传。制片人张伟平这样调侃道："我就说对，这叫妻不如妾，妾不如偷，偷得着不如偷不着。从《三枪》到《山楂树》我不开新闻发布会，我绝对不会像其他片子，开机就开一发布会，也用不着。"当人们熟知一件事情后，好奇心反而下降了，关注度自然小了，边际效应递减了，票房反而难以上去。张伟平正是在无意间按经济学的规律做事，使得一部小成本文艺电影《山楂树之恋》的票房过亿。

本书荟萃了古今中外经济学家的思想和智慧，是读者的一次思想盛宴。不仅把西方经济学家的思想精华原汁原味地调理出来，如大卫·李嘉图的比较优势思想，弗里德曼的货币论，马歇尔的外部性思想；还对中国古今思想精华进行了经济学解读，如"天下熙熙，皆为利来"、"籴甚贵，伤民"、"厚养薄葬"等。阅读此书，与他们心灵交流、智慧碰撞、思想升华。

《和经济学家约会》一书还是读者的好帮手，是一本工作生活、生产经营、管理决策的指导书。本书以需求、供给、生产、消费等为主线，以日常工作、生活、消费、婚姻为背景，以经济学家、企业家、金融学家的思想为基点，以增进人们的福祉为归宿。本书既深入浅出、生动形象地诠释了理论，又提出了针对性、可操作性的意见和建议。既有助于了解经济学家的思想精髓，又有助于我们理解分析日常现象，并在生活中加以运用提升幸福。如经济萧条时期，人们为什么爱买化妆品、看电影；丰产不丰收，企业如何走出周期性循环；日本的泡沫经济是如何形成，中国经济如何避免重走老路；苹果手机如何制造热销，消费者如何避开消费陷阱等等。

阅读本书，开启智慧，博闻强识。经济学家斯蒂格里茨曾提出这样一个观点：像经济学家那样思考。学经济学并非要让你变成经济天才，但若不学经济学：也许你会少些理性，多些冲动；少些智慧，多些愚笨；你的命运和前途也会少些精彩，多些黯淡。

序章　走近经济学：妙趣横生的经济学茶座

英国著名的戏剧家萧伯纳曾经说过一句名言："经济学是一门使人生幸福的艺术。"经济学最本质的含义就是降低人们的成本，提高人们的收益，最大程序上提高我们的幸福指数。如果你想把家庭经营得美满幸福，如果你想把生意打理得红红火火，如果你想把事业做得得心应手，读读本书，你获得的幸福一定不可估量。

为什么在萧条时期，娱乐业能走向繁荣

2009年春节晚会上，小品王赵本山和他的徒弟小沈阳表演"不差钱"的小品节目。这个穿着苏格兰裙子，嘴上说着"为什么呢"的二人转演员逗乐了全国所有的电视观众，小沈阳也一夜成名。

春晚结束后，关于小沈阳的新闻报道铺天盖地，去小沈阳家乡采访的记者更是络绎不绝。在2009年2、3月份的时候，曾经一度出现文艺圈名人受访"言必小沈阳"的场面。两会期间，著名主持人倪萍曾坦言自己喜爱小沈阳。

2009年5月11日，小沈阳带领赵家班来到广州，在中山纪念堂表演他们的二人转。当晚，中山纪念堂出现了罕见的爆满，操持着各种方言的人，甚至造成东风路一度塞车。

3年前还靠夜场演唱谋生的小沈阳，凭什么迅速崛起，一夜间风靡了大江南北？在小沈阳火星般速度蹿红的背后，有人说，这是他的恩师、小品之王赵本山，包括"赵家班"这个商业头脑极其敏锐的团队，也有人说是二人转本身的艺术魅力……

但在经济学家看来，小沈阳走红最重要的原因，是2008年席卷全球的经济危机。在金融海啸之时，小沈阳的表演方式才有了如此广阔的娱乐市场。

与小沈阳运气一样好的还有梅兰芳，1929年梅兰芳出国唱的是美国人根本听不懂的《汾河湾》，却一炮而红。当时的票价是5美元，最后被炒到15美元。为什么这样一种纯粹的中国艺术，能在美国引起这么大的轰动？为什么美国人会去听他们根本没听说过的梅兰芳唱他们根本听不懂的戏呢？

3

经济学家将这一有趣的经济现象归结为"口红效应",也叫"低价产品偏爱趋势"。口红是一种比较廉价的消费品,在经济不景气的情况下,人们仍然会有强烈的消费欲望,所以会转而购买比较廉价的商品。

美国1929年至1933年期间,工业产值减半,但化妆品销售增加;1990年至2001年经济衰退时化妆品行业工人数量增加;2001年遭受9·11袭击后,口红销售额翻倍。

一个世纪以来,经济学家发现,每当在经济不景气时,口红的销量反而会直线上升。到2008年,世界性经济金融危机爆发,再一次验证了经济学家发现的这一有趣的规律。美国媒体称,2008年口红、面膜的销量开始上升,而做头发、做按摩等"放松消费"也很有人气,这与其他大宗商品和奢侈品的低迷销量呈现出鲜明的对比。全球几大化妆品巨头的销售额证实了这一观点,其中包括法国欧莱雅公司、德国拜尔斯多尔夫股份公司以及日本资生堂公司等。欧莱雅公司2008年上半年销售额逆市增长5.3%。

口红作为一种"廉价的非必要之物",可以对消费者起到一种"安慰"的作用——尤其是当柔软润泽的口红接触嘴唇的那一刻。再有,经济的衰退会让一些人的收入降低,这样他们很难攒钱去做一些"大事",比如买房、买车、出国旅游等等,这样手中反而会出现一些"小闲钱",正好去买一些"廉价的非必要之物",从而带来购物的满足感。

而作为收益最大的行业之一——娱乐业,既可以成为价格较为低廉的消费品的提供者,也可以鼓舞人的情绪,让人们在困难中心存希望。在百年难得一遇的经济危机的"寒冬"中,当老板深陷经济漩涡,面对呆账、烂账苦苦发愁的时候,但白领面临减薪、失业无法小资的时候,大量人群受到冲击,出现闲暇时间,社会心理出现焦虑、不安等特征,小沈阳的欢乐带给人们是多么弥足珍贵。

娱乐业从经济衰退中获利似乎已经成了一个规律。2008年次贷危机引发全球金融海啸,各行各业都显示出低迷的态势,但美国本土票房总收入达到了93.3亿美元,比其前年增加了5.4%,海外票房总收入为171亿美元,也增长了近5%,两项数字均创下新高。这些都说明,经济危机造就了空前繁荣的娱乐业。

在经济危机受益最大的三大行业是:娱乐产业、化妆品产业、动漫游戏产业。买了"口红",消费欲望得到了满足。

了解"口红效应",有利于企业经营者可以利用这一规律,适时调整自己的政策和经营策略,就能最大限度地降低危机的负面影响。有专家提醒,满足如下三个条件的产品也可以充分利用"口红效应"来拉动消费:

首先是所售商品本身除了实用价值外,要有附加意义;

其次,商品本身的绝对价格要低;

再次,商家要充分利用情境来引导消费者、引爆消费欲望。

金融危机下,当大家都捂紧荷包的时候,化妆品这种"小奢侈品"却卖得火热。当经济低迷时,人们无力支付大额消费,但有"闲钱"购买价位相对适中的小奢侈品,从而带来购物的满足感。

开门刚20分钟,新世界商场300多元钱的玫瑰胭脂水销售了20多瓶,大名鼎鼎的"猪油膏"卖了30多盒……,新世界百货崇文店"首届化妆品节"开节,受女性追捧的"伪装"高手benefit刚一入驻就领教了"粉丝们"的厉害:原价980元、现价640元的速效完美套装,准备了150套,结果不到11点就只剩下了几十套。Dior迪奥、倩碧、碧欧泉等"大牌"各自销售8到15万元,限量产品几近销售一空。尽管经济不景气,化妆品消费却一直在大幅增长,今年上半年新世界化妆品销售同比增长达30%。商家看准了化妆品这个卖点,新世界决定举办10天化妆品节,包括倩碧、兰蔻、碧欧泉、雅诗兰黛、资生堂、娇韵诗、欧珀莱、欧莱雅、玉兰油等中高端化妆品均参与大力度促销。

如果你是商家,你卖的是商品能否借着"口红效应"在危机中也能逆流而上?如果你是消费者,在经济萧条或繁荣的不同时期如何安排自己的理财与消费?这些,都与你对"口红"秘密的理解不无联系……

为什么麦当劳经营的不是快餐而是房地产

麦当劳的创始人雷·克罗克,被邀请去奥斯汀为得克萨斯州州立大学的工商管理硕士班作讲演,在一场激动人心的讲演之后,学生们问雷是否愿意去他们常去的地方一起喝杯啤酒,雷高兴地接受了邀请。

当这群人都拿到啤酒之后,雷问:"谁能告诉我我是做什么的?""当时每个人都笑了,"基思说:"大多数MBA学生都认为雷是在开玩笑。"见没人回答他的问题,于是雷又问:"你们认为我能做什么呢?"学生们又一次笑了,最后一个大胆的学生叫道:"雷,所有人都知道你是做汉堡包的。"

雷哈哈地笑了:"我料到你们会这么说。"他停止笑声并很快地说:"女士们、先生们,其实我不做汉堡包业务,我的真正生意是房地产。"

提起麦当劳,巨大的"M"拱门,金黄色的薯条、爽口的可口可乐、美味的巨无霸会首先映入脑海。其实,麦当劳不仅仅只是个卖汉堡的快餐商,还是一个地地道道的房地产商,旗下的地产数量已经足以让麦当劳成为世界地产巨头。

这涉及商业模式问题。商业模式就是公司通过什么途径或方式来赚钱。简言之,网络公司通过点击率来赚钱;通信公司通过收话费赚钱;超市通过平台和仓储来赚钱等等。只要有赚钱的地儿,就有商业模式存在。麦当劳的商业模式就是汉堡+地产的模式。

麦当劳的汉堡其实利润非常少,甚至不赚钱。因为这么大的汉堡,要用最好的牛肉,最好的面包,面包里的气泡在4毫米时口感最佳,这样的面包不能用有些餐饮企业用的地沟油,只能用最好的油,而且十分钟以后不卖掉,只能扔掉。这么高的成本,加上房租、人员费用、推广费用,麦当劳的汉堡包其实并不赚钱,但汉堡包恰恰是吸引众多消费者去麦当劳的一个主要原因。通过辛辛苦苦地卖汉堡包,通过辛辛苦苦建立麦当劳的餐饮文化,建立起麦当劳商圈,通过麦当劳商圈不断拉动海量的人流量来到麦当劳以及附近的商圈。这种做法就会主动、直接地推动房产价格的提高,这就是麦当劳之所以成为"史上最牛的房地产公司"的秘密所在,它不是被动地等待房产升值,并不是单纯依靠所谓的专业选址能力,而是积极主动地长期拉动房产价格的增长。

麦当劳总部干得更多的事情,是琢磨哪个地段是一个城市将来人流最旺的地方。论证完毕后,就买下看中的地块并建起快餐店,然后寻找特许经营的合作伙伴，将快餐店租给他们经营，向他们收取特许经营费和这块商业旺地的铺租。

麦当劳的房地产经营战略来源于他的创始人之一——克罗克。克罗克为了推广麦当劳的连锁店只收取非常低廉的连锁服务费。麦当劳取得了成功，使得除了克罗克之外的所有加盟者都赚到了钱。例如：上世纪50年代末期的时候，平均一家麦当劳餐厅的年营业额为20万美元，而克罗克只依照合约每月收取2800美元（另外1000美元要给麦当劳兄弟），而他的一大堆加盟店主平均每人可获利4万美元。为了使自己的麦当劳公司能够赚到钱，克罗克决定从房地产中取得利润。麦当劳一直沿用"朝着两个截然不同的方向赚钱"的经营办法。

一般的，麦当劳公司首先从业主那里以极低的租金租得店面，然后再把店铺转租给加盟商。在转租出去的时候，他就把租金加上了2至4成。在订立条款的时候，他从不允许业主在租约内加上"逐年定期涨价"这样一条。当然，在将同一片产业租给加盟者的时候，已经把对方的保险费、纳税等一切都加了进去。这样，只要承租的加盟者能够存在下去，麦当劳至少可以在房地产上赚到40%的利润。更有利可图的是，物价逐年上涨，麦当劳收取的租金也水涨船高。麦当劳理直气壮地收取涨价的资金，而他付给原来那个业主的钱，却根据合约不作改变。

除了通过特许加盟收取的占销售4%的特权收益外，当餐厅生意达到一定水准之后，各店还必须缴纳营业额的百分比给麦当劳，称作"增值租金"。

这样，麦当劳不仅由此赚到了一定比例的利润，而且还可以通过房地产来控制加盟者完全依附于总部。据统计，在麦当劳的收入中，有1/4来自于直营店，有3/4来自于加盟店，而总收入的90%来自房租。

麦当劳店址的选择也是其中至关重要的条件。麦当劳华东地区总裁施文哲这样表述：麦当劳之所以开一家火一家，第一是地点，第二是地点，第三还是地点。通常一个店的开与合都要经过二到六个月的考察，考察的问题极为细致，甚至涉及店址是否与城市规划发展相符合，是否会出现市政动迁和周边动迁，是否会进入城市规划红线。进入红线坚决不碰。老化商圈内坚决不设点。纯住宅原则上也不设点。

麦当劳在中国开设的第一家分店，是在北京东单大街与长安街接口处的黄金地段。后来碰上了王府井改造，麦当劳仅因拆迁的土地补偿就大赚了一把，此时人们才知道麦当劳投资房地产眼光之犀利。

在全球100多个国家拥有数万块黄金地段的麦当劳，是个房地产运营的高手。如今的麦当劳总结出一套科学合理的经营快餐的程序、店面摆设的规则、店铺选址的秘诀，并利用麦当劳响当当的牌子以特许经营的方法扩张，在很大程度上已变成了一家经营房地产的企业。麦当劳今天已是世界上最大的房地产商了，麦当劳已经拥有美国以及世界其他地方的一些最值钱的街角和十字路口的黄金地段。

麦当劳表面是在卖汉堡，实则是在聚焦人气，拉升地产的价值；表面上不盈利，实际上却成为全世界最大的房地产商。麦当劳的地产运营的商业模式很大程度上为西方著名商业企业所共有，全球超过40%的项目最终依靠房地产成为主要的盈利点或支撑点。这些企业不仅仅在自己的业务范围内赚取利润，而且以自己的方式经营着房地产，悄悄地赚取巨额利润。很多品牌零售企业其实就是商业用房的大房东，因为这些企业是一个品牌，同时它要的商业用房的量要大一些，所以他用一个很低的价格租到房子。由于它是一个品牌，对地段的商业前景有非常专业的分析，他们租的地方会有很多小租户跟进来，所以他们可以用比较高的价格把店铺分成很多小块租给小业主，这个租金差价就是这些企业的一个重要的收入来源。

反过来看，中国房地产公司的商业模式简单而粗暴，与中国的地产投资和开发商相比，麦当劳地产的成功之处在于：前者是在努力复制一批相同风格的商业地产项目，但它本身的商业经营并不强势，至少没有形成品牌，而后者是已经在商业经营方面形成了相当强势的品牌，他对商业的分析使人信任；前者只在卖地产项目，而后者是在卖专业的商业经营分析水平。

这就是中国的企业所需要学习的地方。一些大的企业可以复制麦当劳的成功经验。而对于一些小的企业，你可以在麦当劳开业之初，就把你的店址选择在麦当劳附近，随着麦当劳的升值，你也可以享受到麦当劳地产升值的红利。

为什么次贷危机的根源不是中国而是美国

受华尔街金融风暴拖累，全球经济陷入泥淖，不能自拔。美国前财长保尔森曾放出惊人之语，说中国等新兴市场国家的高储蓄率造成全球经济失衡，是导致金融危机的原因。美联储现任主席伯南克则干脆把美国房地产泡沫归咎于外国人尤其是中国人的高额储蓄。

2008年12月26日，《纽约时报》发表了题为"美元的移动：美国人口袋空空如也的时候中国人口袋厚厚鼓起"的分析文章说，在过去10年里，中国利用规模庞大的对美贸易顺差向美国的安全资产投资。中方花费约1万亿美元购买美国财政部债券和美国政府提供担保的抵押（住宅担保贷款）证券。这使美国国内利息下降、消费扩大和住宅市场出现泡沫。

美联储主席本·伯南克曾表示："如果早点（通过人民币升值）改善国际资金流向的不均衡，就能大幅减轻金融危机的冲击。但是，仅仅依靠美国的力量是不可能实现的，只有通过国际合作才能实现。"

《纽约时报》报道说："美国现在才知道依靠从外国借来的资金无法支撑过分的消费生活，但即便如此也很难解决问题。为了解决金融危机并扶持经济，现在反而要从外国借更多的钱。"美国现在如同瘾君子一样，正如议员林赛·格雷厄姆说："谁都不想断这个药。"

自美国引发全球性经济危机后，美国认为是中国纵容了美国的高消费，美国国内舆论企图将制造经济危机的罪名嫁祸给中国。

美国经济研究专家、社科院荣誉学部委员陈宝森先生认为，这种说法根本是美国在推卸自己的责任，没有任何道理。美国政府和人民的过度消费观念不是在和中国打交道之后开始的。他们这种消费理念的形成也不是一朝一夕完成的，而是有着很长的历史。所有发生的问题，都是美国人自己造成的。而且，美国指责中国等发展中国家购买美国国债过多也是没有道理的，因为这都是双方的自愿行为，如果美国认为这样有损其利益可以不卖。美国《纽约时报》的文章完全可以看出其是在推卸责任，并在为自

我们身边的经济学

己找替罪羊。

孔子说过，"见不贤而内自省也"。即使在美国国内学术界，也有观点认为美国的储蓄率持续下降，经常项目长期恶化，是美国自身的原因。在诸多原因中，被人们广泛诟病的就是长期的低利率造成的全社会超前消费的习惯，市场监管的缺失导致的金融衍生品的滥用等一系列问题。

自20世纪90年代走出经济衰退以来，美国一直以充分就业、价格稳定和长期保持低利率作为其货币政策的最终目标。很明显，低利率是美国多年前就开始奉行的政策，那时无论是中国还是其他新兴市场国家，都还没有多大的贸易顺差，也谈不上高额储蓄。因此，保尔森关于新兴市场国家造成低利率的说法刚好颠倒了因果。

被称为"世上最伟大央行行长"的美联储前主席艾伦·格林斯潘恐怕没有想到，在退休两年多之后，对他的"清算"之声来得如此凶猛。

美联储前任主席格林斯潘在国会就金融危机作证时，承认他过去抗拒对金融市场监管的做法，有部分的过错。格林斯潘在《华尔街日报》发表的文章中承认，他任职期间实施的低利率政策可能助长了美国房价泡沫。

1992—1995年，在美国经济一片向好的情形下，格林斯潘未雨绸缪，7次提高联邦利率，为经济适度降温。而1998年亚洲金融危机扩散到全球，格林斯潘又在10周内连续三次减息，创造了美国历史上最快的减息速度，稳定了经济。同样在2001年网络泡沫破灭、恐怖分子袭击美国后，格林斯潘在短短一年内将利率从6.5%降至1.75%，刺激经济增长。那些悲观论者曾经认为恐怖袭击后，美国经济不可避免地将出现负增长，但当年美国经济增长达到了3.5%。

格林斯潘当初奉行的低利率政策导致流动性过剩，正是当年颇有成效的宽松货币政策可能导致了房地产泡沫以及次贷危机的爆发。

应该承认，造成这场危机的原因包括全球贸易和投资的不平衡，但因果关系必须搞清楚。是美元在美国监管层纵容下的过度投放，致使全球流动性过剩问题越来越严重，通货膨胀压力不断加大，才最终使得美元低利率政策难以为继。

当一个人陷入困境,如果他诚实本分,就必然会先从自身找原因;而如果他一贯自以为是,就会怨天尤人,把责任推到别人头上。

回头看看,当美国的房地产商、投资银行、保险公司等像传销一样玩弄五花八门的金融衍生品的时候,当华尔街的"精英"们把泡沫吹大从中捞取数千万美元乃至上亿美元年薪的时候,保尔森或者伯南克在哪里?号称全球最先进最健全的美国金融体系的监管者又在哪里?

追本溯源,美国的次贷危机还是美国自身造成的,美国不应该赖别人而应该怨自己。

为什么婚姻也要遵循市场经济原则

2011年4月29日11时,伦敦,英国威廉王子与平民姑娘凯特·米德尔顿的新世纪"童话"婚礼正式开始,身穿华美白色嫁衣的凯特与身着深红色爱尔兰卫队军装的威廉在伦敦威斯敏斯特大教堂内举行了盛大的婚礼仪式。

这场婚礼是英国皇室三十年以来举行的规模最大、耗资最多、场面最壮观的婚礼,也受到英国民众和世界各地游客的追捧,全球有20亿人观看了直播。

著名作家龙应台在《爱情》一文中这样写道:"爱情能持久多半是因为两人有一种'互利'的基础。没有'互利'的关系,爱情是难以持久的。"

对于这场世纪婚礼,《纽约时报》曾专门就"皇室情侣能否组建现代家庭?"展开讨论。现代家庭研究专家斯蒂芬妮指出,在西方,人们在近200年才开始不再出于政治或经济目的联姻,把爱情作为择偶的关键,更是近50年才有的事。

而在经济学家的视野里,婚姻只是一个买卖市场,一方支付物质成本,另一方付出的是青春和美貌。在经济学家看来,爱情不管是出于怎样的动机,都会对经济行为做出反应,没有任何爱情在付出后是完全不求取回报的,男女在对方那里总是得到了某种利益的满足。也许是被对方的美貌所吸引，即满足了精神利益；如果是看中了对方的品位、谈吐、气质，则满足了感情利益；如果你能以财富、地位取胜，则表明对方需要的是物质利益的满足。这看似很不近人情，实则是一种交换。

你或许会觉得经济学家们的"婚姻市场"观点太过于势力，且一点也不浪漫，然而，这却是经济学独有的理性。在浪漫、温馨的感情外衣的包装之下，婚姻中其实也充盈着赤裸裸的人性和现实。早一点认清婚姻中的现实关系，其实更有利于我们经营好婚姻，使婚姻幸福、持久。

小颖大学一毕业就选择了嫁人，她嫁给了大自己好几岁的刘宇。刘宇是一家外贸公司的老板，小颖嫁给他的目的很简单，除了想找一份爱情外，更多的是为了优越、安稳的生活。

结婚之前，小颖的经济条件非常不乐观。当别人把她介绍给刘宇的时候，刘宇一下就被小颖的美貌吸引住。作为等价的交换，小颖用自己的美丽外形换来了安定的婚姻生活。

结婚之后，刘宇不再让小颖外出工作，让她做一名全职太太。于是，小颖有了大量的空闲时间，看电视、上网、做美容、找朋友聊天。昔日的闺蜜们都说，小颖嫁了个好老公，简直幸福死了！小颖自己也觉得这样的生活很不错。

结婚两年后，一直赋闲在家的小颖想要个孩子。她向刘宇提出了自己的看法，原以为丈夫会欣喜若狂。哪料到刘宇很不高兴，一口拒绝了小颖的提议。刘宇的理由很直接：一旦生了孩子，小颖的身材就会受到影响。此事给了小颖很大的震动，虽然她也明白自己是依靠外形换来了优越生活，却没有想到婚后两年了，丈夫仍只看重她的这一优点。

小颖没有工作，人际交往圈又非常小。在她的一再坚持下，刘宇最终同意要孩子。不过，这之后刘宇回家的时间越来越晚，后来甚至发展到了彻夜不归。终于，小颖发现丈夫有外遇了。

小颖这才看清当初自己的"等价交换"并不"等价"。在她和刘宇的婚姻市场中，双方进行的交换具有太多的不稳定性。

小颖的婚姻非常具有代表性，如今社会中，有很多男女都期望能在婚姻市场的交换中获得自己需要的一切。

但是我们在婚姻的选择上不能过度追求某一方面的利益,既然是"交易",不可避免的会有交易的条件不对等的情况,这时就达不到交易,随之带来婚姻的失败。

因为在婚姻中,男人的资本是事业金钱,其次才是身高相貌,人品学历;女人的资本是年轻漂亮,其次才是家庭背景、学历。而青春、美貌会随着时间的流逝而贬值,而金钱则很可能让财富累积升值,那些以青春与美貌作为条件与物质交易的女性势必会加大婚姻失败的可能性。

婚姻生活中,付出青春的一方,在自己资本要耗尽的时候,只有尽快培养第二种资本——能力,利用对方的物质条件,提升自己的交易成本,才能获得更长久的幸福。

在中国,多少女性,在嫁人后,为了照顾家庭,而放弃了自己的一切,就因为放弃了自己的一切,不知不觉间,就成了男人身上的一根藤。从此不得不看着男人脸色过日子。男人对你好点,是你的幸运。男人出轨或由于其他的原因对你不好,你只能强忍着,因为离开了男人,自己就失去了生活的能力。

但在女人的美貌褪色的时候,当你的交换条件与杨白劳不对等的时候,你就有可能被婚姻抛弃,而盎然退场,自古,梦短豪门、婚姻失败的比比皆是。

有人说,"能力是女人最极致的性感",女人自身的价值决定其婚姻的价值,如果一个女人想婚姻长期幸福,那么一定要极力提高自己的各种能力。爱情不只是精神上的,也是物质上的。但它只是人生的一件附加品,可以属于你,也可以不属于你。而能力却永远只是你自己的,是别人无法掠夺的,是可以巩固爱情的,更是可以为你创造成就的。

附:为什么经济学是最危险的职业

两位大国首脑在会谈的间歇闲聊。其中一个人说:"你知道吗,我遇到了一个麻烦。我有100个卫兵,但其中一个是叛徒,而我却无法确认是谁。"听罢,另外一国的首脑说:"这算不了什么。令我苦恼的是,我有100个经济学家,而他们当中只有一人讲的是事实,可每

我们身边的经济学

一个都不是同一个人。"

对于经济学家来说，100个人常常是有着100个以上的观点，而且这些观点可以很好地共存，这往往是其他学科难以看到的盛况。于是，有人说："两个观点截然相反的人能够分享同一届诺贝尔奖，这种情形只有在经济学中才会出现，如缪尔达尔和哈耶克。"

基于经济学家总是互相攻击的现实，也有人总结了所谓"经济学家第一定律"："对于每一位经济学家，都有相应的、观点相反的经济学家和他共存在。"这就是一种有意思的共生。

还有人把经济学家的这种互相不能说服的危害性推进了一步，指出："唯一比经济学家更危险的，是业余经济学家；而唯一比业余经济学家更危险的，是职业经济学家。"

有人说："经济学家就是这样一种人，他并不知道他所谈论的，但是，他让你觉得这是你的错误。"经济学家经常受到了人们各种各样的质疑。比如，为什么英国经济学家没有预测到2008年的经济危机、为什么经济学家想不出缓和危机的好办法……

实际上，经济学之所以成为一门科学，必有其可取之处。放眼当今世界，随着信息技术的发展，各国间合作与竞争的加强，社会分工的进一步明确，人们正越来越切身感受到掌握经济学知识的必要性和重要性。

经济学的重要性不言而喻，但经济学家不是万能的，中国深孚众望的经济学大师薛暮桥曾说过："任何一个经济学家不可能完全超越时代的限制，我也不能例外。现在看来，建国以后我在各个时期写的文章中的观点，有一些就是不完全正确的，甚至是错误的。"他多次说过，一个经济学家的经济观应该让时间来检验，让历史来下结论，他期待着这种检验和结论。

凯恩斯说得好，经济学是方法，而不是教条；经济学是心灵的仪器，是思维的工具。我们学习经济学，是为了利用经济学指导生活，而不是盲从于经济学家和经济学理论。

第1章

十大经济学原理

生活中无处不在的经济学

SHIDAJINGJIXUEYUANLI

SHENGHUOZHONGWUCHUBUZAIDEJINGJIXUE

第1章 十大经济学原理：生活中无处不在的经济学

任何人首先都是"经济人"

曾经有一则新闻报道，讲的是某油田离婚率骤升的事。原来在这则新闻的背后，离婚当事人面临着进退两难的选择。一女工几年前经领导反复做工作，她和许多职工买断工龄下岗。几年过后，单位突然有一个通知：离婚后的下岗职工等同于单职工，可以上岗，但以离婚证为准。这名女工的丈夫目前在岗。为取得上岗资格，尽管她与结婚十多年的丈夫感情很好，也不得不办了离婚手续。像这种双职工有一方买断工龄下岗的情况不少，为了能重新上岗，他们很多人不得不去办离婚证。

有很多认为这位女职工的做法是坏人的做法，其行为不可取。但在经济学中，好人坏人都是经济人。

所谓的"经济人"：第一，他是理性的，是一个考虑效率的人；第二，他是逐利的，是一个考虑回报的人。

亚当·斯密在《国富论》中的一段话对理性"经济人"有较为清晰地阐述："我们每天所需要的食物和饮料，不是出自屠户、酿酒家和面包师的恩惠，而是出于他们自利的打算。我们不说唤起他们利他心的话，而说唤起他们利己心的话；我们不说我们自己需要，而说对他们有好处。"

1976年度诺贝尔经济学奖得主米尔顿·弗里德曼曾这样说。"读了《道德情操论》才知道'利他'才是问心无愧的'利己'。"因此，利己与无私之间并不存在不可逾越的鸿沟。

我们身边的经济学

亚当·斯密的这段论述向我们表明：人和人之间是一种交换关系，能获得食物和饮料，是因为每个人都要获得自己最大的利益。

第一，经济学认为经济人都是理性的。

"理性"就是指个人的主观意愿是最大限度地为自己谋取福利，也就是说，理性人应该懂得如何为自己谋福利，做一个精于算计的人。我们来看看经济学家是如何理性思考的。

有一个经济学家、一个医生和一个牧师约好某天去打高尔夫球。这天，玩兴正浓时，他们发现有一个人老是在球场上漫无目的地乱跑，这严重影响了他们的兴致，于是他们决定去向球场交涉。球场的管理人员向他们解释："球场为了向全社会的残疾人献爱心，星期一下午是向盲人免费开放。今天是星期一，那个到处乱跑的人是盲人。如果他的行为影响了你们，我向你们表示道歉。"三人听后，有三种不同的反应。牧师听后大为感动，遂决定抽出一定时间，免费为残疾人祈祷，祈求上苍保佑，为残疾人带来福音。医生听后，马上决定，向球场学习，并准备在他的诊所里，留出一定的时间免费为残疾人提供医疗服务。经济学家却不以为然地说："我有些不明白，你们球场为什么不把向盲人开放的时间从白天改到晚上？"

从理性视角来看，白天与黑夜对于盲人没有区别，把对盲人开放的时间从白天改到晚上，一点都不损害盲人的利益。如果盲人在白天和正常的客人一起共享高尔夫球场，盲人的利益虽然能得到保证，但显然，正常客人的利益就会受到损害。这就是说，盲人的利益是建立在一般客人利益牺牲的基础上，如果这样，球场资源的配置是缺乏效率的。经济学家从资源配置的效率角度看问题、看世界，不能不说他们是最理性的人！

实际上，在经济活动中，人人都是理性"经济人"。比如说买一件商品时，我们都希望买到"物美价廉"的商品，绝不会希望买"物次价高"的商品，因为在经济活动中他会保持自利性和理性。从经济学的角度来说，"理性"是永恒的价值导向。

第二，经济学认为经济人都是自利的。

在经济学中，"利"就是指个体所获得的利益、收益，可以表现为各种各样的形式，归根结底是给人带来的效用、幸福、满足；而经济学中的"害"就是指个体所付出的代价、成本，所承受的损失、牺牲，归根结底是给人带来的负效用、欠缺、痛苦。

关于人类趋利的本性，先秦时期的韩非子就曾经这样认为：医生能够在病人的伤口上吮吸脓血，并不是与病人之间存在骨肉亲情，完全是因为他的利益在于病人的回报。木匠造棺材的本意不是憎恶别人，而是因为他的利益在别人的死亡上。由于利益的驱动，才使得人们心中的念头在道德层面发生了善恶的区分。

"天下熙熙，皆为利来；天下攘攘，皆为利往"——这是司马迁在2000多年前的精辟论述。可以说，对利益的追求是人类社会进步发展的原动力，对利益的渴望在人类行为的背后发挥着主导性、操纵性的作用。

我们很难评说该女工的做法是否可取，但这种选择无疑是慎重考虑之下的趋利避害的行为。"上岗离婚"是一种害，"下岗不离婚"也是一种害，两害相权取其轻，这也算是趋利避害的一种无奈选择吧。

经济学承认人性利己的合理性，承认人利己的行为是正当的。正是对这一人性的尊重，才促使了经济的发展和社会的进步。"经济人"都是利己的，以自身利益的最大化作为自己的追求。当一个人在经济活动中面临若干不同的选择机会时，他总是倾向于选择能给自己带来更大经济利益的那种机会，即总是追求最大的利益。每个人为达到利己的目的，必须以利他为手段，给别人"所要的东西"，利己并不损人，否则经济交换活动难以长久维持。

"经济人"假设是经济学的根基，没有"经济人"假设，就不能正确认识经济规律，也不可能制定切实可行的经济政策。但另一方面，我们也应该要看到经济人假设只是一种人性假设，在现实生活中，人不可能处处都以经济人的视角观察世界。如果一味把利己的观点运用到一切生活准则中，生活将不可避免会有点变味。

经济学认为所有人都是"经济人"，并不是赞扬利己性，只是承认它是无法更改的人性，承认"经济人"的存在只是对人类趋利本性的一个认识和引导。在现实的经济活动中，我们不可能为了实现自身利益最大化就不择手段，我们必须遵循市场经济的规律以及法律制度的约束，将人的利己心和利己行为变成增加社会财富、推动历史进步的动力。

我们身边的经济学

 ## 天下没有免费的午餐

话说有位爱民如子的国王,招集国内所有贤士,命令他们找一个能确保人民生活幸福的永世法则。

三个月后,贤士们把三本三尺厚的帛书呈给国王,说:"国王陛下,天下的知识都汇集在这三本书内。只要人民读完它,就能确保他们的生活无忧了。"

国王想大多数人生性驽钝,不会花那么多时间去看书,所以命令这帮贤士继续钻研。

又过了三个月,贤士们把三本简化成一本。国王还是不满意。

再过了三个月,贤士们把一张纸呈给国王。

国王看后非常满意地说:"很好,只要我的人民都要拥有这宝贵的智慧,我相信他们一定能过上富裕幸福的生活。"说完,便重重地奖赏了这帮贤士。

这张纸上只写了一句话:天下没有免费的午餐。

天下没有免费的午餐,"免费"不过是个幌子。成本与收益是经济学中最基本的概念。没有投入,自然也就没有收益。假如成本是零、收益是无限大就好了。但这怎么可能呢?

公园的门票看似是免费的,但也是纳税人的钱。以写《经济学入门》而享盛名的经济评论家亨利·赫列特说:"众所周知,政府本身不能创造财富,政府费用必须靠抽税而得。换句话说,政府推行福利政策的资金来

第1章 十大经济学原理：生活中无处不在的经济学

源，都由纳税人奉献。"

只有持续地、健康地付出后，你才会获得理想中的收获，假若是免费，那只是表象。一位朋友在麦当劳有这样的一次经历：

> 有些酒吧一杯清水卖四块钱，但免费的花生米却可随意索要。花生的生产成本肯定比水高，那这到底是怎么一回事呢？
>
> 理解这种做法的关键在于，弄明白水和花生米对这些酒吧的核心产品——酒精饮料——的需求量会造成什么样的影响。花生和酒是互补的，花生吃多了，会有干渴感，要点的酒和饮料也就多了。相对于酒和饮料的利润来说，花生是极其便宜的。多吃花生米能带动酒和饮料的消费，而酒吧主要靠酒和饮料来赚取高额利润，所以，免费供应花生米只是为了提高酒吧利润而已。
>
> 反之，水和酒是不相容的。水喝得多了，要点的酒类自然少了。所以，即使水的成本很低，酒吧也会给它定个高价，减弱顾客的消费积极性。

免费的花生米实际上是引导顾客多消费酒水而已。酒吧的做法正是应了那句——世上没有免费的午餐。

俗话说"买的不如卖的精"、"拿人家手短，吃人家嘴软"，任何事情都是有成本的。没有投入，自然就没有收益。永远要记住：一切有价值的东西都需要你为之付账。

几乎坐过飞机的人都抱怨过飞机航班上的东西难吃。不仅中国航空的机上餐难吃，国外航空公司的机上餐也如此。确实，要是有哪家餐馆敢卖那样的食物，肯定没几天就倒闭了。我们似乎理所当然地觉得航班上的食物该和餐馆里的一样好吃。

但这样想有道理吗？按照成本收益原则认为，当且仅当收益大于成本时，航班才应当改进饭菜的质量。食物更好吃的收益或许可以根据乘客的付费意愿来衡量，即更高的飞机票价。倘若美味的饭菜要增加10美分的机票钱，恐怕大多数人都愿意买单。问题在于，要在一万米高空中的狭小机舱为所有乘客及时准备这样一顿饭，成本恐怕很高。

当然，麻烦归麻烦，办还是办得到的。比方说，航空公司可以从飞机

我们身边的经济学

上拆掉20张座椅,安置一套设备精良的现代厨房,聘用额外的人手,在菜品上花更多钱,等等。可是,这样做的话,每名乘客额外承担的成本,恐怕就是100美元了。尽管我们所有人都对航班食品抱怨连连,可很少有人愿意承担这笔额外负担。所以,航班食物注定要继续难吃下去。

"君子爱财,取之有道。"世界上没有免费的午餐,也没有白得的利益,免费午餐的背后一定潜藏着阴谋。擦亮双眼,辨明真伪后,再从容行事,为贪一时利益而付出的代价一定远远大于走正常途径所付出的代价。

任何事情都是有成本的,我们生活在一个到处都充满着经济品稀缺的世界,相对于需求而言,物品和劳务总是有限的,它通常需要支付一个正的价格才能获取,所以不可能免费赠送给你。越是大利,你越要小心谨慎,一不留神,你就会上当受骗,千万不要因为贪图小便宜而把自己置于进退两难的境地。

第1章 十大经济学原理：生活中无处不在的经济学

 ## 爱是不爱的机会成本

有位大龄男青年乘坐飞机，靠着里侧、坐在他右边的是一位年轻的帅哥。由于临时出现一点小故障，飞机延误了起飞的时间。起飞后，机长向乘客们致歉，并宣布马上有免费的饮料招待大家。

当迷人的空姐推着手推车过来时，大龄男青年向她要了一杯果汁。空姐接着问那位年轻帅哥要不要也来一杯果汁。帅哥有意调侃，说："不，谢谢！我宁愿和你谈一场恋爱，也不要喝果汁！"大龄男青年一听，马上把他的果汁退还给空服小姐，说："小姐，我刚刚不知道有另一个选择！"

这个故事告诉我们，如果我们选择不当，就会失去和空姐恋爱的机会。假如航空公司真的提供有和空姐谈恋爱的机会，当大龄男青年决定端起那杯果汁的那一瞬间，他的机会成本就已经出现了——他失去了和空姐恋爱的机会，那位空姐有可能成为他的妻子。

机会成本是指为了得到某种东西而所要放弃的另一样东西。为什么不能果汁、爱情都要呢？这就是鱼与熊掌不可兼得。鱼和熊掌不能兼得时，选择吃鱼，那么就不能吃熊掌，熊掌就是选择吃鱼的机会成本。

萨缪尔森在其《经济学》中曾用热狗公司的事例来说明机会成本的概念。热狗公司所有者每周投入 60 小时，但不领取工资。到年末结算时公司获得了 22000 美元的可观利润。但是如果这些所有者能够找到其他收入更高的工作，使他们所获年收达 45000 美元。那么这些人所从事的热狗工作

我们身边的经济学

就会产生一种机会成本,它表明因他们从事了热狗工作而不得不失去的其他获利更大的机会。比尔·盖茨为什么选择经商而不是读大学,因为读大学的机会成本太高。那不仅仅是学费的开支和时间,还有读书的几年里他通过玩电脑所能获得的其他收入。机会成本过高,往往意味着放弃某个选择。爱情的机会成本就是你嫁给一个人的机会成本,就是你所放弃的现有的生活以及嫁给另外一个人的种种可能。

由于时间资源是稀缺的,当空姐款款来到你身边时,你决定要一杯果汁的时候,在万呎高空的片刻你就失去了和空姐谈情说爱的时间。当姚明决定远赴美国参加职业篮球大赛的时候,他就失去了考取北大清华的机会。有一得,必有一失。因此,我们必须不断地决定如何使用我们有限的时间或收入。

当爱情即将走向婚姻的时候,大致有这么几类机会成本:

第一,选择你爱的人,还是选择爱你的人。这是一个相当纠结的问题,很多人都曾经遇到过此类问题。选择你爱的人,意味着你要牺牲掉自我,为了他(她)而无私奉献爱情,你也许身体很累,但是心里相当美,因为你认为你找到了生命中最美好的爱情,他(她)是你幸福的源泉。选择爱你的人,你会因此而过得无比幸福,他(她)总是围着你转,让你满足,可是你的心灵深处却不安,甚至不会快乐,因为你爱的是别人。如果是一个理智的人,选择爱你的人总是收益最大的,因为你能够在除了爱情以外的领域实现你的利益最大化。唯一损失的是真爱。可是,现实生活中,人们还是喜欢找个自己爱的人,宁愿牺牲其他一切也要得到真爱。这样的实例太多了,英国国王爱德华八世就是这样的,还有查尔斯王储。当然,作为一个不知贫穷为何物的国君,他的选择总比普通人更洒脱,作为工薪阶层的无产阶级还是需要好好掂量一番的。

第二,是选择和你同龄的还是老少配。不论是老夫少妻还是老妻少夫,总是会有机会成本,男女双方的机会成本还是不对称的,一般来说,年轻的女方收益大,年轻的男方收益小。作为女性倾向于选比自己大的,作为男性倾向于选比自己小的。

第三,是选择富人还是穷人,虽然很多人介于贫富之间,但是总还是有相比较的穷人和富人。从理论上分析,选择富人让你的机会成本降到了最小,因为你失去的只是一个微不足道的贫苦生活,甚至是抛弃了自己的苦难走进了富足和幸福，这也是大多数人的选择。因此我们身边不断上演灰姑娘的故事。可是，大多数的灰姑娘的结局都很悲惨，像慈禧太后那样出身贫寒却进入权力巅峰的人太少了。选择穷人的话，你将有很大的机会成本，但是唯一的收获是你可以活得很自我、很洒脱。最为关键的是，这个社会总是有机会改变自己的贫富，所以，从这个角度上看，机会成本反倒降低了不少。所以，当下的适龄男女青年应该更审慎地选择自己的结婚对象。

回到我们前言中的一个离婚问题，那就是离婚的机会成本。如果离婚了可以找到更好的归宿，那么男女都会倾向于离婚；如果他们离婚之后，找不到更好的，或者只能单身下去，那么这对年轻夫妻就很可能选择继续把婚姻维系下去。

工作也是有机会成本，大学刚刚毕业的你，因为对工作认识不深，迷茫中选择了一个职业，并在已经过去的两年时间里通过自己勤奋努力取得了一定成就，积累了大量的资源。但是，现在你才意识到它并非自己所理想的职业，于是想跳槽转行。那么，这个时候问题出现了——你在目前这个行业的发展前景就变成了你的机会成本。

俗话说：男怕入错行，女怕嫁错郎。机会成本越高，重新选择的难度就会越大。所以无论是选择行业，还是选择伴侣，都要慎重地考虑机会成本。

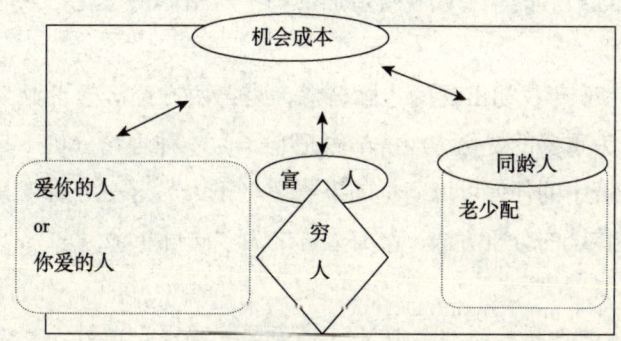

在日常生活中，学会利用机会成本进行抉择，能有效提高生活效率，获得更大的收益。这个收益有物质收益，也有精神收益，收益的获得会让我们拥有的幸福更完美。

我们身边的经济学

好事亦有度的边际革命

　　一个人中午肚子饿了，去麦当劳吃汉堡，吃第一个的时候觉得汉堡太好吃了，于是又买了一个，吃第二个的时候，感觉没第一个好吃了，但也还行，于是再买了一个，吃完第三个，觉得自己饱了。碰巧的是一同事来了硬是拉他又吃了一个汉堡，吃这个的时候他就会觉得有些腻了，如果再要他吃一个，他可能以后看到汉堡就会想吐。

　　每一个汉堡带给你的满意度是递减的，从好吃到想吐。这就是边际效用递减。在经济学上，边际的意思是"最后的"，或者"新增的"。边际考虑就是只考虑最后的一个或者新增加的一个所引起的变化，从而判断事情的整体性质。

　　19世纪70年代初出现的边际概念，是自西方经济学自亚当·斯密以来的一个极为重要的变化。经济学家把它作为一种理论分析工具，可以应用于任何经济中的任何可以衡量的事物上。正因为这一分析工具在一定程度上背离了传统的分析方法，故有人称之为"边际革命"。

　　《世说新语》贤媛篇里有这样一则故事：三国时，吴国有个叫赵姬的女人，闺女出嫁前，她神色凝重地叮嘱道："到了婆家，你可千万不要做好事哦。"闺女不解，思考后小心翼翼问母亲："您不让我做好事，那我可以做坏事吗？"母亲立刻正色道："好事都不能做，更何况是坏事！"

第1章 十大经济学原理：生活中无处不在的经济学

这位母亲正是深谙边际效应递减。母亲担心女儿一直做好事，婆家会认为这个媳妇天生就是这样，对她所做的好事不会记上心，反而会有更多的要求，甚至不允许她日后出现一点点的细小差错。

余嘉锡在其《世说新语笺疏》中为赵姬的话语心生感慨，他说："盖古之教女者之意，特不愿其遇事表暴，斤斤于为善之名，以招人之嫉妒，而非禁之使不为善也。"好事不是不可以做，怕的是他人习惯了这样做，甚而认为天生就该这样做。

一个人在饥寒交迫的时候，得到一把米，能解决他的生存问题，他自然会感激不尽。不过，如果继续给他米，那么这个人就会觉得理所当然，慢慢会变得心安理得。一把米已经不够了，两把、三把，甚至更多，对他来说，欲望已经被放大。

施恩不图报，这是很多人帮助他人的初衷。然而，当"滴水之恩，涌泉相报"走向了"理所当然，恩而不谢"，你还能坚持把好事做下去吗？

所以做好事也有度，如果你长期帮助一个人，而让他依赖于你，如果有一次你出了纰漏，那么你就会被怨恨。

边际效用递减规律还可用来解释生活中的许多事。比如，对有钱人来说钱不值钱，而对穷人来说钱更加值钱。

如果你要给员工发两万元的奖金，那么最能产生效用的方式是分两次发放——每次给他一万元，这样奖金的总额未变，但他所获得的快乐比一次性拿到两万元更大。有人会想，假如我把两万元奖金分成两万次发放呢？这个时候，员工对你的厌恶感会呈现边际效用递增趋势。你这样做，只能使员工在背后说你"六个手指抓痒——多一道印"。

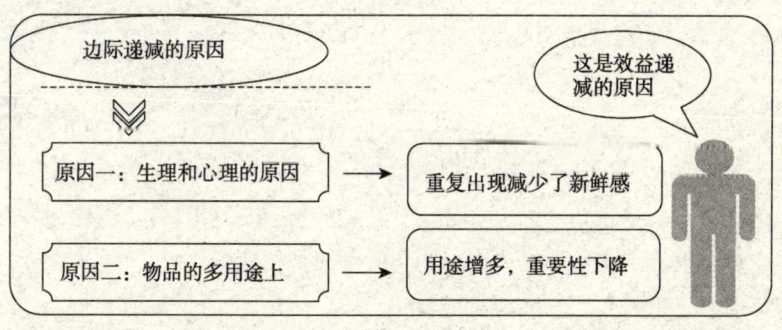

我们身边的经济学

"多买少算"这一不成文的市场交易规则,也是边际效用递减规律最生动的体现。一般来说,当一个人想在同一个商家手中购买两个以上的同一物品时,总要与商家讨价:买了两个,便宜一点儿。因为,按照边际效用递减规律,对于同一物品,第二件的边际效用低于第一件,而第三件又会低于第二件。所以,只有"多买少算",消费者才会有划算的感觉,从而刺激消费。然而在现实生活中,似乎商家比消费者更深切理解边际效用递减规律。"多买少算"往往并没有表现为消费者的直接要求,而是商家吸引消费者的手段,真可谓买的不如卖的精。可以说,"多买少算"对商家来说就是薄利多销的经营策略,对消费者来说就是边际效用递减心态。

婚姻中之所以会有喜新厌旧,就是由于边际效用递减的缘故。一般来说,结婚头三年都是很幸福的,而到了后来夫妻双方习惯了家庭生活之后,每个人从婚姻获得的效用都是边际递减的,婚姻不再有新鲜感和刺激感,更多的是安稳和平静。那么对于生性喜欢追求刺激的人来说这样的生活太没有挑战意义,那么婚姻中的他很有可能通过外在异性的获得来填充这种心理需求。所以,保持婚姻持久的最好方法就是保持婚姻的新鲜度,让感情常新。

犯罪是过度的物质激励在作祟

苏比躺在麦迪生广场的那条长凳上,辗转反侧。每当雁群在夜空引吭高鸣,每当没有海豹皮大衣的女人跟丈夫亲热起来,每当苏比躺在街心公园长凳上辗转反侧,这时候,你就知道冬天迫在眉睫了。

苏比明白,为了抵御寒冬,布莱克威尔岛监狱是他衷心企求的。在那整整三个月不愁食宿,伙伴们意气相投,也没有"北风"老儿和警察老爷来纠缠不清,在苏比看来,人生的乐趣也莫过于此了。

于是,苏比打定主意实施自己的入狱计划。

他先是想在哪家豪华的餐馆饱餐一顿,然后声明自己身无分文,这就可以把自己交到警察手里。然而,侍者嫌弃他裤子和皮鞋过于破旧,没让他进门。

在马路拐角上有一家铺子,灯火通明,大玻璃橱窗很惹眼。苏比捡起块鹅卵石往大玻璃上砸去。苏比站定了不动,笑着等警察抓他走。警察认为他连个证人都算不上,没人会这么蠢,转而去追一个赶车的人去了。

接着,苏比想通过调戏一个衣着简朴颇为讨人喜欢的年轻女子来引起不远处的警察注意。

"啊哈,我说,贝蒂丽亚!你不是说要到我院子里去玩吗?"

"可不是吗,迈克,"她兴致勃勃地说,"不过你先得破费给我买杯猫尿。要不是那巡警老盯着,我早就要跟你搭腔了。"没想到她竟反过来勾引起了苏比。

我们身边的经济学

最后,苏比只好游荡在教堂旁,结果他因为闲荡的罪名被捕了。

第二天早上,警察局法庭上的推事宣判道:"布莱克威尔岛,三个月。"

流浪汉苏比在冬季来临时,为了解决自己的温暖与食宿问题,才不得不一次又一次地实施自己的犯罪行为。人们为什么要犯罪,如故事中的苏比一样,很大一部分原因是物质激励在作怪。

什么是激励呢?简单地说,就是当外界环境变化时,人们在重新比较成本和收益之后,会相应改变自己的行为,这些促使人们改变行为的因素就是激励。人们会对激励做出反应。例如,2007年猪肉价格上涨时,养猪场决定投入更多资金养更多的猪,因为养猪的收益高了。增加养猪就是养猪收益的激励。

据媒体报道,日本在押犯人有10%是老年人,而大多数犯罪根源是对社会福利保障不满。可见,物质是人生存的基本前提,物质的短缺会直接诱发犯罪。其实,在日常生活中我们每天奔波劳累,目的只有一个,即最大限度地占有物质资料。犯罪不过是人在物质资料短缺的情况下的一种极端表现。

三国时期,有一年,曹操率领部队去讨伐对手。当时正值夏季,天气炎热,到中午时分,士兵们汗流浃背,部队行军的速度明显慢了下来,有些体弱的士兵甚至出现昏厥的症状。

曹操看着行军的速度越来越慢,担心贻误战机,心里很是着急。可是,部队却一直缺乏饮水,速度很难加快。于是,曹操叫来向导,悄悄问他:"这附近可有水源?"向导摇头道:"水源在山谷的那头,还得翻过这个山头,路程可不远。"曹操知道,士兵们很可能支撑不了那么久。他看着前边的树林,沉思了一会儿,对向导说:"你什么也别说,我有办法。"

曹操纵马赶到队伍的最前面,用马鞭指着前方说:"士兵们,去年我曾征战路过此地。前面有一大片梅林,那里的梅子又大又好吃,我们加紧赶路,翻过这个山头就能看到梅林了!"

此言一出,士兵们精神大振。想到梅子带来的酸甜感觉,士兵们

第1章 十大经济学原理：生活中无处不在的经济学

受到了极大的激励，部队的步伐不由得加快了许多。

曹操能够三分天下，与他的驾驭人之术，尤其是激励手段不无关系。美国哈佛大学的教授威廉·詹姆斯，通过研究发现，在缺乏激励的环境里，人们的潜力只发挥出五分之一，而在良好的激励环境中，同样的一个人可以发挥出其潜力的五分之四，甚至百分之百。可见，无论在什么样的环境里，一个人要想获得成就，就必然离不开激励。

人们为什么喜欢嗑瓜子，而且一旦嗑起来就会持续下去，这也是源于激励：每嗑开一颗瓜子，人们马上就会享受到一粒香香的瓜子仁。这是对嗑瓜子人的即时回报，在这种即时回报的激励下，人们会继续嗑下一颗瓜子。一盘瓜子嗑起来，不一会儿就有一堆瓜子壳产生，这也会使人们产生明显的成就感。

士兵因为有激励而士气大涨，犯罪则是过度的物质激励在作祟。这告诉我们，在设计一项制度时，我们不仅应该考虑制度激励的正面影响，而且要考虑到制度激励的负面影响。只有最大化其正面影响，而最小化其负面影响，这项制度才是科学的。

我们身边的经济学

皇帝愁嫁女源于资源配置不合理

东汉光武帝刘秀想把自己的姐姐湖阳公主介绍给大臣宋弘,这位宋大人以"贫贱之交不可忘,糟糠之妻不下堂"婉辞峻拒。光武帝刘秀知难而退。

公元848年,唐宣宗请宰相白敏中为爱女万寿公主选婿。白敏中挑来拣去,最后将以文雅著称的校书郎郑颢推荐给了皇帝。这年十一月,宣宗为公主与郑颢举行了隆重的婚礼。依咱们常人的眼光,郑颢似乎该对白敏中感激不尽;但事实却是,郑驸马对白宰相恨得咬牙切齿。

公元681年,武则天唯一的宝贝女儿——太平公主相中了薛绍,薛家的族祖薛克构冷言冷语道:"娶妇得公主,无事取官府,不得不为之惧也。"后来的发展倒也的确验证了他的预言,688年,薛氏兄弟因参与推翻武则天的密谋,全家悉数被斩,薛绍以尚主之故,特予全尸,杖一百,饿死在监狱里。

唐太宗时就曾经讲过:"我贵为天子,可是一般社会人士都宁愿跟门阀世族联姻,却不愿意跟我们皇室结为亲家,我不知道为什么会这样?"

唐太宗这点疑惑,就是因为他不懂经济学的缘由。在婚姻市场上,一般也遵循市场规律,婚姻资源的配置强调的是门当户对,公主是皇帝的女儿,所以身份尊贵。公主下嫁以后,常常不肯用当时家庭礼仪来跟公公婆婆行家礼,反而要公公婆婆跟她行君臣之礼,也就是要公公婆婆来拜见媳妇。与其这样,公主还不如和一个对等的人结为姻亲关系。

而皇帝家的女儿,断不能像小户人家似的草草出嫁,总得选一个声名显赫的阀阅世家,挑一个才貌双全的乘龙佳婿才称心意。所以,皇帝嫁女儿很难很难。

从某种意义上来说,经济学就是关于资源配置的学问。资源配置直接来源于资源稀缺与欲望无穷的永恒矛盾,所以资源配置非常重要,而且永远都存在如何更好配置的问题。经济学就是关于资源如何配置的学问。配置,就是放;资源配置,就是把资源放到哪里去。资源配置的实质是权衡取舍,即在取舍之间实现利益的最大化。

美国经济学家保罗·萨缪尔森说:"经济学研究人与社会如何做出最终抉择,在使用或者不使用货币的情况下,来使用可以有其他用途的稀缺的生产性资源,在现在或将来生产产品,并把产品分配给各个成员以供消费之用。它分析改进资源配置形式可能付出的代价和可能产生的效益。"

而现代社会,婚姻没有了皇亲贵戚的概念。但仍然有资源配置的概念,那就是郎才女貌。从大众心理出发,帅哥与美女喜结良缘才是"资源"的"最优配置"。郎才女貌,从资源配置的角度来看,是俊男配美女,好马配好鞍。生意上成功的男人与漂亮妩媚的女人结婚,李嘉欣嫁入豪门的婚姻就是这个道理。

人们其实深受资源配置的影响,上学难、看病贵等,无一不是资源配置的低效率所引起的。所以人们应该考虑的是资源的最优配置。

帕累托是意大利的一位经济学家,他最伟大的成就,是提出了"帕累托最优"这个理念。经济的效率体现于配置社会资源以改善人们的境况,主要看资源是否已经被充分利用。简单地说,就是资源配置的最佳状态。

如果资源已经被充分利用,要想再改善就必须损害别人的利益。换句话说就是,你的得到是以他人的失去为代价的。

为什么不能实行一夫多妻或一妻多夫?用简单的话说:一夫一妻制已经形成了帕累托最优,一夫多妻或一妻多夫会打破市场的均衡。有些又帅又有钱的王老五可能会形成市场垄断,轻则引起内分泌失调,重则引起社会失调。

人类社会始终存在着资源稀缺性与需求无限性的矛盾,有效地配置有限的资源,也不仅仅是婚姻的问题,工作搭档的搭配、工作时间的分配等等都涉及资源配置问题。提高资源的配置效率,可以让我们的婚姻更幸福、工作更高效。

我们身边的经济学

比较优势让乔丹不需自己修草坪

曾有人提了一个类似笑话的问题：为什么乔丹不自己修剪草坪？

迈克尔·乔丹曾是一名优秀的运动员，是NBA中最优秀的篮球运动员之一。乔丹会亲自修剪自家的草坪吗？这里排除他某天心血来潮想要体验一下劳动的乐趣之类的意外情况。

我们假设乔丹能用3小时修剪完草坪。与他相比，住在隔壁的小伙子杰尼弗能用4小时修剪完乔丹家的草坪。这样看来，乔丹在修剪草坪上有绝对优势，因为他可以用更少的时间干完这些活。那么，乔丹就应该自己修剪草坪吗？我们接着看。

乔丹在这同样的3小时中，能拍一部运动鞋的电视商业广告，并赚到200万美元。而在这同样的4小时中，杰尼弗可以在麦当劳工作赚40美元。

比较之下，乔丹不应该修剪草坪，而应去拍广告而雇用杰尼弗修剪草坪。只要他支付给杰尼弗的钱高于40美元而低于200万美元，双方的状况都会更好。

无论个人、企业还是国家，只要坚持"比较优势"，在与别人的交换中就可以获得对自己来说最大的效用收益。

在经济学上，比较优势的意思是说生产一种物品机会成本较少的生产者在生产这种物品中有比较优势。除非两个人有相同的机会成本，否则一

第 1 章 十大经济学原理：生活中无处不在的经济学

个人就会在一种物品上有比较优势，而另一个人将在另一种物品上有比较优势。

18世纪的英国经济学家李嘉图提出比较优势理论。李嘉图指出，贸易交换的基础并不是绝对优势，而是比较优势。生产并出售自己有比较优势的产品或劳务，购买自己不具有比较优势的产品或服务，各方都可以获益，这就是贸易的双赢原则。

比较优势的原理是国际贸易的最基本的理论，直到今天，它仍然是指导国际贸易实践的核心理论。一个国家究竟生产什么呢？很简单，生产自己具有比较优势的东西，放弃自己不具比较优势的东西。贸易的基础并不是绝对优势，而是比较优势。生产并出售自己比较有优势的产品或劳务，购买自己不具有优势的产品或服务，各方都可以获益，这就是贸易的双赢原则。按照比较优势进行分工，即使是再落后的国家，也可以找到自己的比较优势，也可以通过贸易强国。

举个例子来说，越南的生产技术不像美国那样进步，但越南生产的东西还是可以大量出口到先进国家。越南人力资源丰富，可以大量制造美国人所需的球鞋，美国购买由越南造的球鞋，这样美国人就不用把时间和精力投入到制鞋上，而是投入到自己更有利的生产上，如制造波音飞机。正因为美国的工程师制造飞机的生产力比制鞋要高，而越南工人制鞋的生产力又比其他工作要高，每个国家都利用本国的比较优势进行国际分工，再通过自由贸易互通有无，让各国人民从中受惠。

比较优势的思想虽然深入人心，但是有不少人不以为然。曾有人建议林肯从英国那里购买便宜的铁轨去建成横跨大陆的铁路，林肯却回答说："在我看来，如果我们从英国购买铁轨，我们得到铁轨，他们得到钱，如果我们自己制造铁轨，我们得到我们的铁轨，并且我们得到我们的钱。"林肯的回答看似无懈可击，只不过从贸易的角度来说，并没有运用比较优势为美国谋得最大的利益。

在经济生活中，比较优势的差别引起了交易（交换）的好处。每个人都知道，如果一件东西在购买时所费的代价比自己独自生产时的费用小，就永远不要自己独自生产。例如，裁缝不想制作他自己的鞋子，而向鞋匠购买。鞋匠不想制作他自己的衣服，而雇裁缝制作。

比较优势的原理告诉我们，对一个各方面都强大的国家或个人，聪明的做法不是仰仗强势、四面出击、实施逞能或者事必躬亲，而是将有限的时间、精力和资源都用在自己最擅长的地方；反之，对一个各方面都处于弱势的国家或个人，也不必自怨自艾，抱怨自己的先天不足。

要知道，所谓强者，它的资源也是有限的，为了自身利益，强者一定会留一定资源给弱者。就像"天生我材必有用"一样，将自己较擅长的方面发挥到极致。

杨振宁曾在芝加哥大学做实验物理的研究，然而他的研究工作并不太顺利。虽然师长们对他的见识非常欣赏，但动手能力缺乏却成了杨振宁的死穴。杨振宁后来在他的导师特勒的建议下，转攻理论物理学。因和李政道合作提出了宇称不守恒理论，1957年，最终获得诺贝尔物理奖。

可见，如杨振宁这样的大科学家，也有自己非常不擅长的方面，也因此走了一段时间的弯路，但他及时地纠正自己的失误，从事较擅长的理论物理学的研究，最终获得了诺贝尔物理奖。

同样，我们每个人，每个组织，甚至每个国家也一样，都有所长有所短。当每个人都能够专门地从事自己最擅长的事情时，生产就会变得更有效率。

所以我们任何一个人都不要看轻自己，极端地假设你在各个方面都不如别人，但是你总能找到自己的比较优势，就总是有自己有价值的地方。因此，有的时候你不能盲目跟风。看到别人都去做一件事情，自己也匆匆跟上，殊不知这可能是别人比较优势的项目，你花了同样的时间，在这个方面的差距却和别人越拉越大，而不如把这些时间花在自己有比较优势的方面，可以更好体现你的价值。

了解比较优势原理，有助于我们在人生中做出正确的决策，在经营商业、在选择学习科目，甚至在恋爱中，如何把自己变得更加专业化，如何发挥自己的比较优势，都是我们必须考虑的问题。

第1章 十大经济学原理:生活中无处不在的经济学

 勤奋地消费拉动生产力

一个名叫孟迪维尔的英国医生写了一首题为《蜜蜂的寓言》的讽喻诗。这首诗叙述了一个蜂群的兴衰史:

  一群蜜蜂为了追求豪华的生活,大量消费,结果这个蜂群很快兴旺发达起来。而后来,有一位有识之士站出来说,弟兄们,咱这么消费,对资源是多么大的浪费,那可不应该啊!众蜜蜂认为言之有理。于是大家吃也少了,用也省了,开支立马小了许多。也正因此,大家每天干活都不必那么起劲了,因为不必挣那么多呀!没过多久,这群本来挺兴旺的蜜蜂,变得没了生气,日渐衰落。

由于这群蜜蜂改变了习惯,放弃了消费的生活,崇尚节俭,结果却导致了整个蜜蜂社会的衰败。这本书的副标题是"私人的罪过,公众的利益",意思是消费是"私人的罪过",但可以刺激经济,成为"公众的利益"。这部作品在当时被法庭判为"有碍公众视听的败类作品",但是200多年后,英国经济学家凯恩斯从中受到启发,提出了"节俭悖论"。引起20世纪30年代大危机的正是总需求不足,或者用凯恩斯的话来说是有效需求不足。

以上推理看似荒诞,但是若跟我们每个人的日常生活相联系,就不难发现其合理之处了。

一是"过分节流"看似积攒下不少财富,实则忽视了"开源",从而

我们身边的经济学

失去了获取更多财富的可能性。靠精打细算、紧衣缩食,只能达到小富即安的状态,并且这种安逸有时候是以牺牲生活品质为代价的;用控制欲望的方法最多只能是缩小收支缺口,而无法填平这一缺口。

二是节俭有可能让人安于现状,没有动力去投资理财。人们常说,心有多高,天就有多高。当满足于目前消费水平时,自然会想,何苦再去费力地赚更多的钱。

三是某些日常用品的重复性消费,好像每次都很节省,但加在一起却是惊人的浪费。上中学时,很多人都有一台随身听或是MP3,为了省钱大多舍不得买贵的耳机,而是用摊儿上花十几元买的便宜货。结果是,经常断线,过段时间就不得不更换耳机。几年下来,花在廉价耳机上的钱要比买品牌耳机的钱还多,而且还得忍受很多时候仅一只耳机响或是音效不好的状况。生活中类似耳机消费的事还很多。

1933年当英国经济处于萧条时,凯恩斯曾在英国BBC电台号召家庭主妇多购物,称她们此举是在"拯救英国"。在《通论》中他甚至还开玩笑地建议,如果实在没有支出的方法,可以把钱埋入废弃的矿井中,然后让人去挖出来。

已故的北京大学经济系教授陈岱孙曾说过,凯恩斯只是用幽默的方式鼓励人们多消费。我国经济发展的一个突出特点就是:储蓄率过高而消费率过低。因此,正确理解节俭悖论,有助于提高我们对高储蓄可能带来的不良后果的认识。

2011年,3月27日德国金融时报记者鲁特·芬德写了一篇文章《重庆,所有大都市之母》:

> 现在,这个巨型城市将晋升为超大消费圣殿,并成为同类项目的典范。这是一个让西方瞩目的计划。多年来,欧洲和美国企业一直抱怨来自远东的廉价竞争。现在中国终于准备成为销售天堂。

"内地潜力巨大,"一位在中国工作了十多年的德国经理说。德国巴斯夫公司现在正在等待最后审批,之后它将在重庆投资10亿欧元建设一个比德国总厂还大的生产厂,为其他企业提供初级化工产品。通用、菲亚特和福特公司早就在重庆和中国合作企业生产汽车了——只为当地市场。

第1章 十大经济学原理：生活中无处不在的经济学

此外，仍然很低的工资正吸引更多企业进入内地。苹果公司的供货商富士康公司已经把一部分生产转移到重庆。也由富士康供货的惠普公司去年在这里建造了其最大的工厂，打算今后每年生产8000万台笔记本电脑。

古老和现代在那里的每个角落相互碰撞。热衷于消费的中国年轻人在售卖阿迪达斯等西方品牌的商店里闲逛，附近街上则有瘦弱的商贩挑着水果筐叫卖，工人都挤在狭小的餐馆里吃。

德国记者是从中国的消费中看到德国企业的生产机会，毫无疑问的是，随着重庆农民转为市民，其潜在的消费能力被挖掘出来，必将带动汽车、电脑、餐饮等各个行业的生产。

在美国，消费被提升到了一个爱国的高度：大家会产生一种感觉，似乎"勤奋"地消费也可以增加国民生产总值。就在"9·11"恐怖袭击之前，时任达拉斯联邦储蓄银行行长罗伯特·麦克蒂尔（Robert McTeer）还对消费者说，只要人人都购买一辆运动型多功能车（SUV Sports Utility Vehicle），一切都会变得非常顺利。"让我们大家伸出手，人人都购买一辆运动型多功能车吧！"这是达拉斯联储主席罗伯特·麦克蒂尔（Robert McTeer）在得州理查德森市商会的讲话。

在德国，政府劝告居民要对未来持更加积极的态度并鼓励个人更多地去消费。迈因哈特·米格尔（Meinhard Miegel）认为，政府在这个问题的政策是"非常矛盾"的。一方面，政府要求居民要为养老积累资产，而另一方面，居民在购物时又应该表现得更加积极。

2007年，德国政府为了解决经济增长乏力、失业率高居不下、财政赤字屡屡超标等财政问题，提出一项向富人加征税收的决议，将增值税率从16%提高到19%，并将年收入25万欧元的单身个人和年收入超过50万欧元的夫妇，税率由42%提高到45%。结果这一措施不但没能积极促进经济的发展，却在压抑了富人消费后，严重地打击了零售业的发展，并让更多人因减少的消费需求而失业。由此，还引发了产业界和民众的诸多不满。

我们身边的经济学

  只有消费才能拉动生产，才能让整个经济活动持续和循环起来，明白了"节俭悖论"的内涵对于我国这样一个崇尚节俭的社会具有积极的意义，我们应该根据自身的收入水平适当消费，而不是一味地去节俭，这样对自身、对社会都具有积极作用。但是，"节俭悖论"并不是要求我们要选择一种奢侈的生活方式，我国是一个人口众多的国家，自然资源尤其是能源非常紧缺，非常有可能成为制约我国未来经济发展的主要因素，所以理性的选择是"有选择地消费"，而不是一味的、不分场合的奢侈。因此，我们不仅要让自己合理增加消费，也要大力提倡理性消费，理直气壮地反对浪费。

  钱本来就是拿来用的，只要条件允许，该花就花。过去许多人很穷，结果就穷怕了。有钱时，就秉着"能不花就不花"的信念，一分都不敢乱花。可你是否想过，那些一点点增加的数字能带给你现实中的快乐和享受吗？有很多人存了一辈子钱，到最后，很富有，可是连飞机都没坐过，连电影院都没进过。条件允许的情况下，就不该再委屈自己了。我们既享受到了物质生活改善所带来的幸福，同时又保障了生产的循环。

外部性不一定有益

在波兰和捷克等国,一包香烟的平均价格在 1.5 欧元到 1.7 欧元之间,而德国的价格却是 3.5 欧元至 4 欧元,高额的利润使得走私分子挺而走险,将大批香烟走私到德国。

在德国,烟草走私给德国税收造成的损失已经达到几十亿欧元。造成德国烟草走私猖獗的主要原因是德国提高烟草税,而烟草税的提高直接导致德国香烟价格的上扬。

英国海关的调查也表明,英国每年总的商品征税的流失额中,有 75%是由于卷烟走私造成的,也即仅卷烟走私就使国家造成税收流失高达 5.6 亿英镑,占税收流失总额的 3/4。

据英国烟草制造商协会主席吉尔先生称,由于英国已加入了欧洲单一市场体系,政府又一味地片面认为增加烟税能提高国家的财政收入,使得打击卷烟走私工作力度有限,其走私活动已陷入了一种屡禁不止的怪圈。

英国和德国政府愈增加烟税,卷烟走私活动就会愈加猖獗。高额烟草税是走私的主要原因,政府提高烟草税原本是想增加税收,却没想到犯罪分子从中受益,这就是烟草税的负外部效应。

从经济学的角度来看,外部性的概念是由马歇尔和庇古在 20 世纪初提出的,是指一个经济主体(生产者或消费者)在自己的活动中对旁观者的福利产生了一种有利影响或不利影响,这种有利影响或不利影响,就是外部性。汽车运输必然会产生废气污染环境，而植树造林发展林业就会形成改善环境的结果。这就是经济的外部性。

某人养了一只狗，这只狗喜欢每天夜里不停地叫。这个人由于习惯于夜生活，所以并不会对此感到困扰。可是他的邻居习惯于早睡，每天就会被狗的叫声弄得失眠，于是不得不花钱买安眠药。失眠是养狗所造成的负外部性。

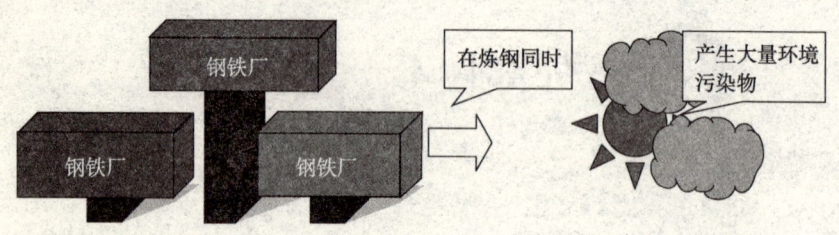

有益的影响被称为外部效益，外部经济性，或正外部性。例如，一个养蜂人的到来增加了果园的产量，反过来果园的扩大又会增加养蜂人的收益。新技术研究也具有正外部性，因为它创造了其他人可以运用的知识。如果一个公司知道自己的创新技术会被其他公司所利用，那么它就不会去创新。或者往往倾向于用很少的资源来从事研究，这当然不利于科技创新。所以，各国的专利法正是为了解决这一外部性设立的。专利制度使发明者可以在一定时期内排他性地使用自己的发明。其他公司依据法律没有使用该技术的权利。所以，由于专利法的保护，知识产权得到了保护，促进了科技创新。

有害的影响被称为外部成本外部不经济性，或负外部性。企业排放生产污染物，是一种典型的负外部性。企业排放的废水废气，不对企业造成任何影响，所以，企业不会在它们的生产成本里去考虑这种影响。但是，这种排放出来的废水废气，确实会对周围居民的生活造成影响。因为废水的随意排放，人们日常的饮用水可能受到污染，由于废气的排放，人们呼吸的空气不再新鲜。生活中，除了废水废气的例子属于负外部性，负外部性的例子还有很多。

外部性的主要问题在于外部性会影响其他人，但却无法以市场机制来达到最适的数量。既然负外部性是由于缺乏市场所造成，所以政府就可以

第1章 十大经济学原理：生活中无处不在的经济学

实行一些政策，可以把这些社会成本都转换成私人成本，也就是把这些外部效应"内部化"。政府经常采用的社会成本"内部化"的方式有三种，许可证制度、污染费用和污染标准。

根据2008年2月全国人民代表大会常务委员会修订通过的《中华人民共和国水污染防治法》规定：直接或者间接向水体排放工业废水和医疗污水以及其他按照规定应当取得排污许可证方可排放的废水、污水的企业事业单位，应当取得排污许可证；城镇污水集中处理设施的运营单位，也应当取得排污许可证。排污许可的具体办法和实施步骤由国务院规定。并明确规定："禁止企业事业单位无排污许可证或者违反排污许可证的规定向水体排放前款规定的废水、污水。"

我们身边的经济学

欺骗的根源在于信息不对称

一农户在杀鸡前的晚上喂鸡，不经意地说："快吃吧，这是你最后一顿！"第二日，见鸡已死并留遗书："爷已吃老鼠药，你们别想吃爷了，爷也不是好惹的。"

鸡自杀就是因为农户不经意间泄露了信息，信息在决策中占有至关重要的作用。纳什说："当对手知道了你的决定之后，就能做出对自己最有利的决定。"信息不对称引起信息多的一方欺骗另一方的可能性。政府与公众信息不对称会使行政权力失去监督，滋生政府腐败；企业委托人与代理人信息不对称会引起机会主义行为；劳动力市场上信息不对称会使雇主和求职者受到侵害。

当交易的一方无法观测另一方的行动，或无法获知另一方的完全信息，抑或观测、监督和获取对方信息的成本过高的时候，就会出现市场失灵，造成"优汰劣胜"、次品驱逐优等品；扩展到道德领域，就是老实人吃亏、奸猾之徒占便宜。

在我们的生活中，我们也可以发现随处可见的信息不对称。比如，如果你加倍努力干好工作，你的老板理应多付你工资，但因为他对你的努力程度只是有个模糊概念，所以你的业绩奖金只是你薪水的一小部分。如果老板能完全看清楚你的能力与努力，他就可以将你的薪水与表现挂钩。再举一个例子：比如你想在附近的餐馆吃饭，但是不知道哪家最好，所以最好的办法还是找一个大家都熟悉的品牌店，因为大家都知道品牌店不会差。由于顾客不会一家家去寻找最好的餐馆，所以一般来说老字号餐馆能

第1章 十大经济学原理：生活中无处不在的经济学

够收费更高。

在生活中，有些人常常会因虚假广告上当受骗，蒙受损失，这便是由信息不对称造成的，如我们常见的那些神奇的"减肥广告"。下面我们就从"减肥广告"这个具体案例中了解信息不对称是如何造成逆向选择的。

铺天盖地的减肥产品一路咆哮着向市场压来，什么"一个半月能减48斤"，"快速减肥"，"签约减肥"，"不反弹不松弛"……单从这些字眼来看，那些渴望瘦下来的人士无疑会心动。再加上那些华丽的包装、煽情的语言，还有一些不曾为人知的噱头。但是，等你尝试之后就会发现，根本不是那么回事。

商家正是利用消费者对减肥原理、减肥器械、"无效退款"等不了解或了解不深的情况，故意隐瞒一些真实信息，置买卖双方于信息不对称的情境下，以此诱惑消费者作出对他们并非最有利的逆向选择，损害了消费者的利益。

因为虚假广告上当，从表面看是因为受害者目光不够准确，一时冲动花钱当了冤大头，但是以信息经济学的眼光看，则是由于受害者掌握的信息不够充分，只能根据手头仅有的信息作出选择。消费者总是希望买到质优价廉的商品，但是现实生活中常常出现等到真正使用时才发现质量糟糕的状况，这就是因为他当初购买该商品时掌握的信息处于劣势，不能发现真相。

当然，经济生活中存在的大量信息不对称问题，但人们总是能够想出高超的解决办法，用以提高信息的质量，或减少因信息不对称所造成的损失。举个例子来说，当你需要购买电脑但同时对电脑硬件又不了解时，你会找懂行的朋友咨询，参考网站和杂志，希望借此能得到实用信息，在想购买的产品中作出理性的选择。正是通过不断地搜寻信息，以希求获得最全面的信息，给自己的决策提供有价值的参考。

信息不对称的另一个解决之道，是建立"委托—代理模式"，委托人自由选择代理人，由代理人负责了解信息、处置情况。诸如承包制、证券监理制、保险代理制、效益工资制等等，都是为了解决信息不对称导致败德行为这一难题而进行的制度设计。

21世纪就是一个信息社会，对于个人来说，拥有信息越多，越有可能作出正确决策。对社会来说，信息越透明，越有助于降低人们的交易成本，提高社会效率。

附：世界上最聪明的经济学头脑

1. 亚当·斯密——现代经济学之父

亚当·斯密被称为"现代经济学之父"。1768年，亚当·斯密受朋友之邀，着手著述《国民财富的性质和原因的研究》。它的影响所及之地，除英国本土外，连欧洲和美洲也为之疯狂，亚当·斯密也因此获得"现代经济学之父"和"自由企业的守护神"的称号。

2. 李嘉图——最富裕的业余经济学家

在1817年出版了古典经济学《政治经济学及税赋原理》，由此成为国际贸易理论的奠基人，并提出了著名的比较优势贸易理论。从27岁第一次接触经济学著作，到37岁发表他的第一篇经济学论文，随后一发不可收拾，在他14年短暂的学术生涯中，为后人留下了大量的著作、文章、笔记、书信、演说。在经济理论研究方面，大卫·李嘉图算得上是一位大器晚成的奇才。

3. 威廉·配第——政治经济学之父

威廉·配第（William Petty，1623—1687）是英国古典政治经济学创始人，统计学家。他一生著作颇丰，主要有《赋税论》（写于1662年，全名《关于税收与捐献的论文》）、《献给英明人士》（1664）、《政治算术》（1672）、《爱尔兰政治剖析》（1674）、《货币略论》等。

马克思对配第的经济思想给予了极高的评价，称他为"现代政治经济学的创始者"、"最有天才的和最有创见的经济研究家"，是"政治经济学之父，在某种程度上也可以说是统计学的创始人"。

4. 马歇尔——将弹性引入经济学

马歇尔发表于1890的著作《经济学原理》是继《国富论》之后最伟大的经济学著作。该书所阐述的经济学说被看做是英国古典政治经济学的继续和发展。

马歇尔最重要的贡献之一是建立了弹性的概念和计算弹性的公式。他分析了需求的价格弹性和供给的价格弹性，得出结论，在短期里，需求是影响价格的决定性因素；而在长期里，供给或生产成本是影响价格的决定因素。

5. 萨缪尔森——经济学界的最后一个通才

在几乎所有的经济学领域，诸如：微观经济学、宏观经济学、国际经济学、数理经济学，人们总是能从萨缪尔森的有关著作中获得启示和教益。他是当今世界经济学界的巨匠之一，他所研究的内容十分广泛，是世界上罕见的多能学者。

萨缪尔森的著作颇丰，主要著作有：《经济分析的基础》、《经济学》、《线性规划与经济分析》（以及独自撰写和与多夫曼、索罗等合著的大量文章，这些文章被选编入《保罗·A萨缪尔森科学论文集》第一、二、三、四、五集。并且写出了一部被数百万大学生奉为经典的教科书。该教科书就是流传颇广的《经济学》，被翻译成日、德、意、匈、葡、俄等多种语言版本，据报道销售量已达1000多万册，成为许多国家和地区制订经济政策的理论根据。现在，许多国家的高等学校将《经济学》列为教材。

6. 刘易斯—— 个对经济发展深究的经济学家

1955年他出版了《经济增长理论》一书，对经济发展的相关问题进行了广泛而深入的分析，至今仍被认为是"第一部简明扼要地论述了经济发展问题的巨著"。

他一生出版了12本专著，撰写了10余篇政府发展报告和70余篇论文。1979年的诺贝尔经济学奖颁发给他，正是对他一生工作的肯定。

7. 约瑟夫·斯蒂格利茨——世界银行副总裁

1970年，年仅26岁的斯蒂格利茨被耶鲁大学聘为经济学正教授。1979年，他获得了美国经济学会两年一度的约翰·贝茨·克拉克奖，该奖项用于表彰对经济学作出杰出贡献的40岁以下经济学家。1993年，开始成为克林顿总统经济顾问团的主要成员。

他的入门教材《经济学》（诺顿公司，1997年），虽然在本国销量一般，但在中国和日本非常畅销。

8. 约瑟夫·熊彼特——美国经济学会会长

1932年迁居美国，任哈佛大学经济学教授，直到1950年初逝世。1937—1941年任"经济计量学会"会长；1948—1949年任"美国经济学会"会长。

"创新"（Innovation）与资本主义的创造性破坏（The creative destruction of capitalism）——将原始生产要素重新排列组合为新的生产方式，以求提高效率、降低成本的一个经济过程。在熊彼特的经济模型中，能够成功"创新"的人便能够摆脱利润递减的困境而生存下来，那些不能够成功地重新组合生产要素之人会最先被市场淘汰。

9. 谢林——冲突经济学家

谢林最著名的著作《冲突的策略》（哈佛大学出版社，1960），开创了对议价和策略行为的研究，被认为是1945年以来西方影响最大的一百本书之一。

诺贝尔经济学奖评委会主席在颁奖典礼上给诺贝尔经济学奖得主罗伯特·奥曼和托马斯·谢林的获奖理由是："为什么有些国家、团体和个人可以和平地解决冲突，而另一些国家、团体和个人却不断地被冲突困扰呢？感谢奥曼和谢林的研究，为这一自古以来就困扰我们的问题带来启迪。"

10. 保罗·克鲁格曼——敢于向传统理论开战

克鲁格曼创建的新国际贸易理论，分析解释了收入增长和不完全竞争对国际贸易的影响。他的理论思想富于原始性，常常先于他人注意到重要的经济问题，然后建立起令人赞叹的深刻而简洁优雅的模型，等待其他后来者的进一步研究。他在1994年对亚洲金融危机的预言，使得他在国际经济舞台上的地位如日中天。

克鲁格曼是主流经济学派的衣钵传人和捍卫者，是萨缪尔森和索罗的爱将（他们三人同处一个办公套间）。他出版了近20本著作，发表文章几百篇。他的著作和文章中文笔清晰流畅，深入浅出，不仅是专业研究人员的必读之物，更是普通大众的良师益友。

第 2 章

需求与供给
推动价格变化的神奇力量
XUQIUYUGONGGEI
TUIDONGJIAGEBIANHUADESHENQILILIANG

第2章 需求与供给：推动价格变化的神奇力量

丈母娘需求是房价的幕后推手

2009年9月，顾云昌在成都的"中国地产金融年会2009区域巡回峰会"上，"剖析"房价上涨是因为"丈母娘需求"。

顾云昌称，小两口快结婚了，却一直不买房，于是丈母娘把女婿找来"探讨"，这下小女婿坐不住了，只好清仓、典当，筹钱买房，这就是"特刚需求"。顾云昌指出，"特刚需求"不是个别现象，目前在京沪杭和深圳等地，这种"需求"在持续，改善性需求、投资性需求都在持续，长远来看，中国房价还会缓慢上涨。

顾云昌的言论一出，遭到了多数人的炮轰。有人调侃说，估计很多"丈母娘"还没搞清楚状况，突然就被推到了房市的最前沿，买不起房的，因为结婚被逼买房的，都向"丈母娘"开炮吧。

熟悉房地产专家"雷言骇语"的朋友，恐怕都已经发现，"丈母娘炒房论"并非独创，而是沿袭了两年前万通集团主席冯仑的"未婚女青年推动房价上涨"的理论，并将其发扬光大。

2007年底，房地产商冯仑提出"未婚女青年"推高房价，冯仑说："年轻女孩，没有房子嫁不嫁90%的女性是不嫁的。所以说，未婚女青年推动了房价上涨，这具有很浓的中国特色。"他认为买房应限制在35岁以上，他认为房价上涨跟需求有很大的关系，很多人结婚的要求就是首先要有房，至少要交得起首付。如果政府强制规定35岁才能买房，将降低对住房的需求，从而降低房价。

我们身边的经济学

从冯仑的"女方的适度施压,是房价的隐性推手"到"丈母娘推高了房价"向我们揭示了两个问题:供给和需求。

美国著名经济学家萨缪尔森曾经说过,学习经济学是再简单不过的事了,你只需要掌握两件事,一个叫供给,一个叫需求。

什么叫供给和需求?在经济学中,供给是指生产者有出售的愿望和供应的能力。例如:当房价在一万块的时候,开发商愿意盖多少套房子;而按照他的生产能力,他最终又能提供多少套房子。

构成需求的因素有两个,一是购买欲望,二是购买能力。例如:当房价在一万块的时候,有多少人买得起房子;在一定的时期内,有多少人需要买房子,如结婚的需求、工作变动买房的需求等。购房者因为结婚、投资、居住等愿望,需要购买房子;另外,他还要负担得起首付、利息……

经济学家巴曙松说,当前房价上涨过快最主要的问题还是供给与需求问题。开发商开发的房子过少,2009年金融危机爆发以后,很多开发商不敢拿地,不愿意拿地盖房子,而当前,80后一代又需要结婚、工作,供给的严重不足和丈母娘需求过旺导致房价高涨。

20世纪90年代摩托车曾风靡一时,在有利可图的情况下很多厂商投资生产摩托车;当摩托车市场饱和,利润率下降的情况下,厂商又纷纷转产汽车或进入其他行业。影响厂商供给的另外一个重要因素就是产品的成本。当一种物品的生产成本相对于市场价格而言较低的时候,生产者大量提供该物品就有利可图。例如,20世纪70年代,石油价格急剧上升,提高了制造商的能源开销,从而提高了其生产成本,进而便降低了其产品的供给。

鲁迅先生在《朝花夕拾》中的《藤野先生》一文中有这样的句子:"大概是物以稀为贵吧。北京的白菜运往浙江,便用红头绳系住菜根,倒挂在水果店头,尊为'胶菜';福建野生着的芦荟,一到北京就请进温室,且美其名曰'龙舌兰'。"

是供需不平衡导致这些商品的尊贵,因此,白菜在浙江能卖出好价钱,而芦荟在北京也能卖出好价钱。而丈母娘需求的故事也从一个侧面说明了房子供不应求,从而导致房价持续增长。

第 2 章 需求与供给：推动价格变化的神奇力量

女追男是市场先生导演的杰作

一女孩到了青岛之后，发现了一个很严重的问题：男同胞普遍质量不高，但都很抢手，一般工作稳定身高没有太大问题的男孩简直就是炙手可热。据说，青岛的相亲大会，去的80%都是未婚女孩。一个叫小美经朋友介绍与一男孩相亲，见面的时候发现那男孩无论是身高长相都实在太挫，也看不出他有什么其他闪光点，她压根没看上，就拒了。

半年之后，小美跟当时那个朋友一起吃饭，朋友透露："你知道他结婚了吗？刚结婚！娶的老婆可漂亮啦，家庭条件还非常好。"小美几乎背过去："不可能吧？就他？"她着实好几天想不通。

实际上，小美在青岛这座男少女多的城市就处于卖方市场，供给（男孩）太少，即使商品不太好（身高、相貌、财富）、价格很高（男孩子要求高），也不得不买。因为你不买（女追男）很快就会被其他女孩子给买走了。

在现实生活中，却出现了一个让人难以理解的问题：数量庞大的"剩女"异常焦灼却无法找到新郎，被迫女追男。而剩女的根本原因是因为婚姻市场中女多男少！如果这个现象用经济学来解释就是供求关系中的买方市场与卖方市场的失衡。

买方市场是交易由买方左右的市场，市场在具有压倒优势的买方控制下运行的。在买方市场上，商品供给过剩，卖方之间竞相抛售，价格呈下

我们身边的经济学

降趋势，买方在交易上处于主动地位，市场商品丰富，货源丰富，有任意选择商品的主动权。比如在深圳，女：男（人数）大约为7:1，所以男人都比较抢手，不愁娶不到老婆，男方处于买方市场的地位。

卖方市场是交易由卖方左右的市场，卖方在交易上处于有利地位的市场。在卖方市场上，商品供给量少，由于供不应求而不能满足市场的需求，即使商品很次、价格很高，也能顺利销售出去，商品价格呈上涨趋势。贵州省贵阳市牌坊村原名牌方村，处在丛山峻岭之中。村里几乎没有适龄未婚女孩，在册的60名其实早已"逃离"这里在外打工。相反，这个2249人、665户的山村有282条光棍，约占男性总数的1/5。30岁以上的光棍俯拾皆是。最大的光棍65岁。这里的男女比例（以女性为100，男性对女性的比例）是134:7。所以在这里，女性就比较珍贵，可以挑挑拣拣，婚姻就处于卖方市场，由女的决定。

据国家统计局网站的一张中国人口分布（年龄）调查表显示：在我国，男性比女性多了2.74%。超过70岁以上年龄段中，女性人口远远多于男性。但是令人吃惊的是，在22—46岁这个年龄阶段中，女性比例超过了男性。极端数据出现在27—31岁这个年龄阶段，女性人口数量比男性多出了6.21%。这个年龄段恰好是大龄剩女频发的阶段。

更令人叹息的是，女多男少的情况在22岁以下年龄阶段的人口中突然转变了，极端情况出现在7~11岁的年龄段中，此时男性竟然比女性多出了23%。这个相差20多岁的年龄差距根本没法弥补现在男多女少的严峻现实。

看完这个，也许你就会明白为什么媒体天天嚷着说我国男多女少却有大量"剩女"囤积的根本原因了。总体上我国人口是男多女少的，但在适婚年龄阶段却是女多男少的。男性处于有利的买方地位，可以挑挑拣拣。但女性却不幸处在非常被动的卖方地位，稍不注意就会被挤出局，买不到商品（男性）。由于供小于求，所以女追男成了一种流行趋势。

第 2 章 需求与供给:推动价格变化的神奇力量

均衡是买东西时还价的指挥棒

买者:你这件衣服多少钱?

卖者:500 元。

买者:太贵了,我最多能给 250 元。

卖者:250 多不好听啊,干脆我以进价卖给你!450!

买者:还是太贵了,300 元怎么样?

卖者:300 元太便宜了,要不咱们都让让,400 元就成交。

买者:350 元给不给?不给我就走人。

卖者:等会儿等会儿,350 就 350 吧。这次绝对是亏本卖给你了!

当人们在购买东西杀价时,绝大多数商家都还是会和你讨价还价的。这是因为在双方的博弈中,卖衣服的商家处于为商品定价的优势地位,他通常愿意为自己的商品定个最高的价格。相反,消费者因为不知道进货价格而处于劣势。在这种情况下,消费者对商家逐利本性的怀疑,就会促使其不断地用砍价的方式来测探商家的心理底线,进而摸清最贴近物品真实价值的价格。

均衡本来是物理学上的一个概念,指一个物体在大小相等方向相反的两个力的作用下,而暂时保持一种静止不动的状态。经济学把这个概念借用过来,作为自己分析问题的基本方法之一。

均衡理论的创始人是法国经济学家瓦尔拉斯。瓦尔拉斯的均衡理论中有一个拍卖喊价人又称"瓦尔拉斯拍卖者",通过对商品的竞卖,得到商品的均衡价格。在这一点上，供给量与需求量恰好相等。既不存在短缺的现象，也不存在供给过剩的现象，因此也就不存在使价格进一步变化的压力。买卖双方都满意并愿意接受和保持下去的状态，一种不再变动或没有必要再变动的状态。

我们不妨做个假设，来分析这一过程。

1. 商家给出实价，双方都不讨价还价

显然，这种行为对商家是极为有利的，但从商家这一方来说，就不符合前提假设——经济学中理性人的关键特征就是追求个人利益最大化。商家这样的行为将导致生意没有继续运营的成本，时间久了，商家自然亏本，退出市场。

2. 商家给出远远高于成本的价格，双方不讨价还价

这种情况下，商家处于优势，但是对于消费者来说，他感觉到商品质量和价格不符，不讨价还价，也不符合假设的前提。没有人明知吃亏还会持续购买下去。若商家一直不降价，长此以往，消费者也会因为价格太高，自己的利益无法得到满足而不再购买商品。

3. 商家给出远远高于成本的价格，但双方讨价还价

只有在这种情况下，商家能够满足自己定高价的倾向，消费者也能满足自己压低价格的倾向。两者都感受到了彼此利益能够有达到最大化的可能。就像上面买衣服的人，他认为自己将衣服压价到350元，感觉到很划算；而卖衣服的人，就算嘴上说自己做了赔本的生意，实际上还是会赚到一些。

分析的结论就是，在商家和买家双方都愿意选择讨价还价。在市场经济中，商品生产者和消费者处于平等地位，所以，彼此能够充分地在交易中对价格进行协商，表达自己的看法，即讨价还价。这样的市场环境，也为讨价还价提供了社会基础，刺激了人们讨价还价的行为。

所以，乔治敦大学教授克里德·威尔康斯说："市场经济就是讨价还价的经济。"所以，现在上至国家之间的国际贸易，下至街边的小商小贩，交易的双方都会讨价还价。

掌握均衡，目的是为了掌握价格变化的规律，商家可以依据供需均衡

第 2 章 需求与供给：推动价格变化的神奇力量

及时调整库存。

例如，当水果市场上存在超额供给时，水果商就会发现，他们的冷藏室中越来越装满了他们想卖而卖不出去的水果，他们对这种超额供给的反应是降低其价格，价格要一直下降到市场达到均衡时为止。

当水果市场出现超额需求时，买者不得不排长队等候购买可提供的几个水果的机会，由于太多的买者抢购太少的物品，卖者可以作出的反应是提高自己的价格而不是失去销售量。随着价格上升，市场又一次向均衡变动。

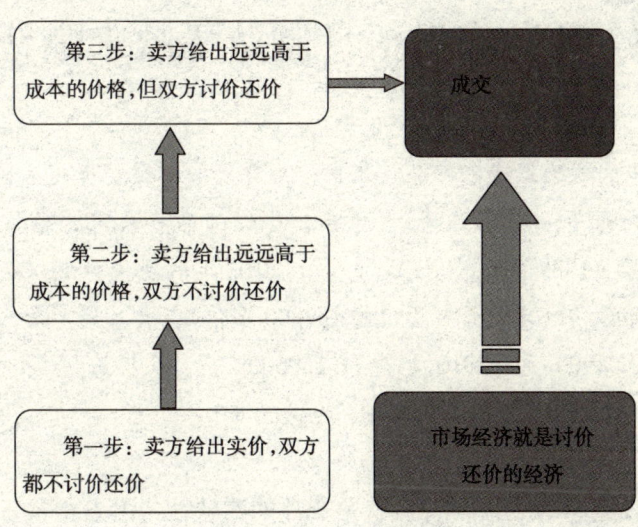

弗里德曼："均衡状态是这样一种状态，它一经确立，就将被维持下去。"这时市场上最稳定的价格形成了，卖苹果的和买苹果的都会以这个价格来提供或消费货物，所以他们最终共同决定了这个物品在市场上的价格。

我们身边的经济学

开发商靠捂盘制造稀缺来赚钱

有位很有眼光的邮品收藏家谈到自己的收藏经历的时候,说自己的成功源于一个字"捂"。原来,这位邮品收藏家"捂"的"庚申猴"票,1988 年底价是 25 元/枚,2010 年的现价为 11000 元,22 年涨了 440 倍(现价是其面值的 137000 多倍);文革票大全,1988 年底价一套 1900 元,2010 年现价 150000 元,22 年涨了 78 倍。看来,"捂"对邮品身价扬升的奉献,令人惊奇!

邮品收藏家的"捂"背后就是资源的稀缺性。因为"捂"的时间长了,本来很普通的邮品成了稀缺的产品,自然价值就提升了。

稀缺是经济学上一个重要的概念。我们都知道,人的需求是无限的,而物质总是有限的。满足这种欲望的物品,有的可以不负任何代价随意取得,称之为"自由取用物",如阳光和空气等;但绝大多数物品是不能自由取用的,获取它必须付出某种代价,称之为"稀缺物品"。

梵高生前一直不得志,直到死后才声名大噪。这些原因就有梵高的画艺术价值很高,高不可攀、存世数量很少、卖家炒作等原因。他的画是独一无二的,没有和他一样画风的画家,虽然印象派很多,但是用那么鲜明颜色点汇成画的笔法的画家当时应该只有他吧。毫无疑问,他的画是稀缺的。所谓的稀缺,并不是绝对的数量多少,而是指相对于人们无限多样、不断上升的需求来说,用以满足这些需求的多寡,极有用的资源总是相对不足。再也不会有第二个梵高,这就具有极小的价格弹性,所以他留下

第 2 章 需求与供给：推动价格变化的神奇力量

的仅有的画作就会价值连城。

而对某些稀缺的产品来说，其价格往往会高到令人瞠目结舌的地步。以手机号为例：在 2009 年新版的吉尼斯世界纪录中，卡塔尔电信运营商 Qtel 被认定拍出了全球最昂贵的手机号码。一个 6666666 的手机号是于 2006 年 5 月 23 日被拍卖的，最终成交价格为 1000 万卡塔尔里亚尔，根据当时汇率水平计算约合 275 万美元。吉尼斯世界纪录此前记载的最昂贵的手机号码是中国四川航空以 48 万美元拍得的 88888888 手机号。

花钱买房产、汽车等，这些都是实实在在的物品，或有一定的使用价值，或日后有升值的潜力；花钱买服务，也能得到实实在在的享受。而天价手机号码既不是实在的物品，也不是实在的服务，那么，人们如此狂热地追捧本身并没有什么特殊价值的号码，甚至不惜血本将其收入囊中，到底图什么呢？

我们从资源的稀缺性角度来分析。这些数字往往由于谐音或传统的思维习惯形成，比如说，我国有很多人认为"8"字能给自己带来好运，主要就是因为 8 与"发"谐音，例如"168"（一路发）、"888"（发发发）、"518"（我要发）等号码很受人们的喜爱。

但是这些号码毕竟是有限的，有限的资源不可能使每个人得到满足。因此，在资源稀缺的前提下，对于这些吉祥号码，就必须以高价才能获得。这也正是"物以稀为贵"的一个佐证。

火车上有一个推着车卖盒饭的列车员，那盒饭在市场上最多价值 5 元左右，但是在这趟火车上却卖到了 20 元。奇怪的是，她每次在车上就放三盒，卖完了还要回去取，来回跑。于是有乘客问：你车上不会多放几盒，又不是放不下，为何只放三盒，何必卖完又回去取呢！

列车员就说道：你没见过卖楼的以捂盘惜售的办法，不但可以卖高价房还可以赚人气吗！我们这是捂饭惜售，乘客看到饭少，再加上吆喝卖完就没有了的心理预期，不但乘客不讲价格，就连买饭与掏钱的时候也不会不犹豫，这样卖得又快又不会降价。

如果车上放的饭盒多，你吆喝得再好听，有的乘客还是会跟你讲价钱，还有些乘客心里想，等你卖不完的时候肯定会降低价格，到降价的时候再买呢！这样不但不好卖，最后还要降价卖出。

61

我们身边的经济学

这就是以"捂"形成的"物稀"的假想市场，从而抬高"价贵"的格局。很多人都会以为"物以稀为贵"，万万没有想到有时候"物稀"可以通过人"捂"的手段形成，让本来是自然形成的市场灾难演变成人为的市场灾难，成为一些人赚取钱财发不义之财的衍生手段。

在汽车市场也有通过捂车加价的手段，赚取更多的钱。利用捂车的手段，制造一种车型紧张的假想，通过这种市场缺货的心理预期，来欺骗消费者，逼迫消费者多掏钱或加价早提车为目的。

当然，将"捂"字运用最为精妙的当然还是房地产开发商。按理说，开发商把房子建好了，赶紧出手套现为上。之所以出现"捂盘惜售"的怪现象，表面上看来，是开发商采取的一种精心选择销售时机、谋求一个利润最大化的销售策略。但是，房地产市场不是一般的交易市场，根本原因在于房地产存在一定的稀缺性，特定区位的房源只能是有限的，而"捂盘"无疑深化了这种"稀缺性"。

不少楼盘以"定购"、"拟定合同"为由捂盘惜售，从而让购房人形成房源紧张、供不应求的恐慌心理，开发商获取利润最大化。房子早盖好了，但是，就是迟迟不拿出来卖。许多楼盘采取"挤牙膏"式推盘策略，让很多买家感觉"可买的房子越来越少"。"捂盘惜售"这个楼市老生常谈的现象，常常会引发购房人的"恐慌心理"，导致房价非理性推高。

就是这种捂盘惜售，让百姓痛恨的销售欺骗手段，却在中国资本市场被复制应用，似乎有种泛滥的一种趋势。

第 2 章 需求与供给：推动价格变化的神奇力量

缺乏价格弹性的粮店从不促销

某粮店开张，但顾客并没有老板预想的多。当老板看到满街的商店降价促销的吆喝声不绝于耳，打折出售的招牌随处可见，而看到这些红红火火的顾客盈门的场面，老板心想"薄利多销"是很有道理的。

于是，老板将贴在外面的价目表改了一下，在原来的"1.8元1斤"上用红笔划去了"1.8"改成了"1.7"，即"1.7元1斤"。价格便宜了1角，但是并没有多吸引多少顾客。老板想，可能是因为降价的幅度不大，于是将"1.7"改为了"1.5"，变成了"1.5元1斤"，这是非常便宜的价格了。但老板发现，吸引的顾客还是不多。等到晚上算账的时候，销售收入竟然几乎没有增加。

这使粮店老板十分纳闷：为什么会出现这样的结果？

经济学告诉我们，影响一种商品价格的因素有很多，除消费者的偏好和对该商品的预期价格外，主要有该商品的价格、其他相关商品的价格，以及消费者的收入等。价格弹性是用来测量一种商品的需求量对其影响因素变化的敏感程度，价格弹性反映的是在影响该商品的需求的其他因素给定不变的前提下，改变其价格，其需求发生变化大小的程度。

如今，商品打折已经成了一种风气，无论大街小巷，总会看到"大甩卖"、"跳楼价"、"大放血"等字样。但我们很少看到粮食、食盐等商品打折销售，零食缺乏弹性就是其主要原因！

我们身边的经济学

在商业活动中,对于需求富有弹性的商品可以实行低定价或采用降价策略,这就是薄利多销。"薄利"是价格低,每一单位产品利润少,但销量大,总利润也就不少。因此,降价策略适用于这类物品。但是对于需求缺乏弹性的商品不能实行低定价,也不能降价出售。降价反而使总收益减少,所以现实中很少有米面、食盐之类的商品降价促销。

那么,究竟是什么因素决定一种物品的需求富有弹性,还是缺乏弹性呢?由于任何一种物品的需求取决于消费者的偏好,所以,需求的价格弹性取决于许多形成个人欲望的经济、社会和心理因素。

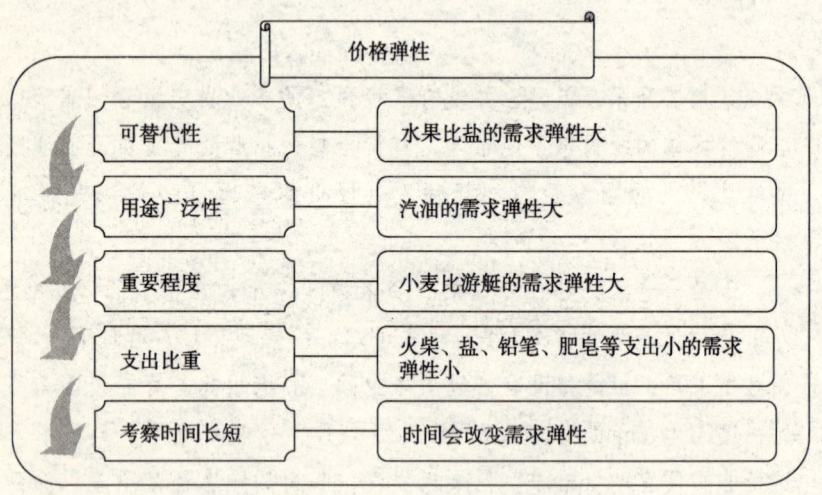

在生活中,我们也能得到这样的体会,生活必需品倾向于需求缺乏弹性,而不必需品倾向于需求富有弹性。小麦、大米这些生活必需品的需求量并不会因为价格的变动而起太大的改变。与此相反,当大蒜价格上升时,大蒜需求量会大幅度减少,原因是大多数人把小麦、大米作为必需品,而大蒜作为一种作料,没有了大蒜,我们一样能吃饭。

1979年我国农副产品调价,猪肉上调20%左右。在当时我国人民的生活水平下,猪肉的需求富有弹性,猪肉涨价后人们的部分购买力转向其他代用品,导致猪肉的需求量迅速下降。国家不得不将一些三、四级猪肉降价出售,加上库存积压,财政损失20多亿元;再加上农副产品提价后给职工的副食补助20多亿元,整个财政支出增加40多亿元。

另外,有相近替代品的物品往往比较富有需求弹性,因为消费者从这种物品转向其他物品较为容易。2004年禽流感的出现在一定程度上打击了家禽类相关产品的生产,但并没有从整体上影响整个农村经济的发展。因为在禽流感流行期间,人们在饮食上对鸡肉的抵制是最明显的,对于鸭、鹅等家禽的相关产品也颇有顾忌。家禽本来是人们的主要肉食对象,而如今它们的供应量大幅度减小。于是,人们的肉食对象集中在猪、牛、羊、鱼等动物上。

我国粮食交易却在10多年前就逐步放开了,而食盐到现在仍继续实行专营,并且不光是我国,世界上许多国家对盐都控制得很严。例如,美国号称市场经济的典范,什么商品的生产销售都是由市场供求来决定,可对食盐却控制得特别严格。美国采取的管理模式是协会和政府共同管理,政府负责盐开采的审批,制盐企业都必须在美国食品医药管理局进行登记,而美国盐业协会等行业协会和政府部门制定各种盐的技术指标,并有专门机构对不同用途的盐的指标进行监督检查。

这种对盐的严格控制,有很多种原因。但从经济学的角度来说,价格弹性是其中的一个主要因素。由于食盐没有替代品,其需求弹性很小,所以国家对食盐的管制非常严格。对于人们来说,不管食盐价格涨多高,都必须消费。如果国家放开对食盐的控制,导致食盐市场出现混乱,则对人们生活影响非常大。

值得注意的是,价格弹性也是不断变化的:现代社会的商品的价格弹性和汉朝时的商品价格弹性,早已产生了天翻地覆的变化。

手机,刚出现时,还属于"有钱人"的弹性需求,这些年下来,手机已经成为了"人人必需"的刚性需求(刚性需求是指弹性较小的需求)商品;电脑,过去并非刚性需求,如今已经变成最坚挺的"刚性需求产品","而电脑都离不开的基本软件——操作系统,也毫无悬念地成为了"刚性需求";而私家车,在"城城皆堵"的中国,也是越来越"刚性"。

我们身边的经济学

 **遭商贩哄抬的吉芬商品**

  英国学者罗伯特·吉芬19世纪在爱尔兰观察到一个现象：1845年，爱尔兰爆发了大灾荒，虽然土豆的价格在饥荒中急剧上涨，但爱尔兰农民反而增加了对土豆的消费。后来人们为了纪念吉芬，就把吉芬发现的这种价格升高而需求量也随之增加的经济现象叫做吉芬现象，简单地说就是越买越高。

  按照正常的供求规律，商品的价格上升，需求量下降，但是为什么土豆的价格贵了一倍，却销售一空呢？原来供求关系也是有例外的。我们不妨了解一下价格上升但需求量却上升的商品——吉芬商品。

  需求量随消费者的实际收入上升而增加的商品称为正常商品。需求量随消费者的实际收入上升而减少的商品称为低档商品。一个普遍的现象是，当人们的口袋越来越鼓时，他们就越来越在意消费商品的档次：在有能力"鸟枪换炮"的时候，人们通常不会浪费这种能力。据此，我们可以把商品分为两种：正常商品与低档商品。对前者的消费会随人们收入的增加而增加，对后者的消费则恰恰相反。

  而爱尔兰的土豆吉芬现象出现的原因是，在饥荒这样的特殊时期，面包、肉类、土豆的价格都上升了，但人们的收入大大减少，更买不起面包、肉类，相对便宜的土豆便成为人们的首选，这样对土豆的需求反而增加，使得土豆的价格增长比其他食品类的价格增长更快。

  2010年，智利地震后，灾区物价飙涨，从食品、婴儿纸尿布、燃料等

第 2 章　需求与供给：推动价格变化的神奇力量

的一切价格都不断上升，这对震后灾民来说简直苦不堪言。恢复营业的超市和商店外大排长龙，物价比地震前上涨了至少三倍，虽然知道有人蓄意哄抬物价，但大家还是不得不接受现实，因为买不到就得饿肚子。

单就一种现象而言，天底下到处都有吉芬商品或者吉芬现象。很多"北漂"的人们选择在北京城郊结合部租房子住，但是那里的居住环境比市区要差，交通也不太便利，其房屋的性价比也比较低，房屋一般比较简陋。但是却有越来越多的人涌入城乡结合部，其背后的原因就是，虽然城乡结合部的租房价格不断上涨，但相比主城区而言价格还是比较便宜，对于刚刚在北京立足的年轻人来说，选择在这里租房还能享受到相对便宜的房租，哪怕房子的性价比并不高。

吉芬现象是市场经济中的一种反常现象，是需求规律中的例外，但也是一种客观存在的现象，是人们无法回避的。如果天降大雨，地铁口的雨伞尽管价格较平时上涨，但销量还在上升。在这种情况下，只要价格还不是高得离谱，人们就会购买。试想如果雨并不是很大，人们可以赶到商店再去购买的话，小贩们的高价雨伞自然就无人问津了。吉芬商品还常常在灾难时期被商家利用。比如在"非典"时期，个别商家就是利用了人们的恐慌心理，哄抬物价。

美国人罗伯特·西奥迪尼写的《影响力》一书中有这样一个故事：

> 在美国亚利桑那州的一处旅游胜地，新开了一家售卖印第安饰品的珠宝店。由于正值旅游旺季，珠宝店里总是顾客盈门，各种价格高昂的银饰、宝石首饰都卖得很好。唯独一批光泽莹润、价格低廉的绿松石总是无人问津。为了尽快脱手，老板试了很多方法，例如把绿松石摆在最显眼的地方、让店员进行强力推销等。
>
> 然而，所有这一切都徒劳无功。在一次到外地进货之前，不胜其烦的老板决定亏本处理掉这批绿松石。在出行前她给店员留下一张纸条："所有绿松石珠宝，价格乘二分之一。"等她进货归来，那批绿松石全部售罄。店员兴奋地告诉她，自从提价以后，那批绿松石成了店里的招牌货。"提价？"老板瞪大了眼睛。原来，粗心的店员把纸条中的"乘二分之一"看成了"乘二"。

我们身边的经济学

其实，生活中的"吉芬现象"并不少见。最突出的就是这几年来的房市。房价涨得越来越快，而买房子的人却越来越多，许多没钱的人也在想方设法购买，借钱、按揭、攒钱……无不希望自己"有房一族"的美梦早日成真。其实在股票市场上也存在吉芬现象，如某一种股票价格上扬的时候，人们都会疯狂抢购这种股票。而当一种股票的价格下跌的时候，购买这种股票的人反而很少，拥有的人也希望尽快抛出去。人们越高越买，是为了最大限度地获取利润，股票价格升高，说明投资者有利可图。

为了迎合部分高消费群体的需求，商家也不失时机地推出了高价礼品，价格越高，越能够显出对送礼对象的高度重视。于是中秋节出现上万元一盒的月饼，饭店里出现数十万一桌的饭菜也就不足为奇了。

第 2 章 需求与供给：推动价格变化的神奇力量

附：为什么电影院提供折扣电影票

这是 2009 年金融危机发生之后，一个做假证的人在互联网发了一个广告，广告是这样的：六月是外出旅行的好日子，如果你愿意，办理一张学生证可以为你省去不少经费。因一次长途旅行就可以把办理学生证的支出追回——对应经济危机的好办法，节省无处不在。

这多少有点笑话的成分，但我们可以看出这样一个现象。影院老板还经常给特殊群体（学生、老人等）打折，因为他们认为，这些人的需求对价格更为敏感。

有人说这样并不害怕学生从中套利吗？与黄金和食盐不一样，电影票无法随意转售。这是因为：

2006 年《达·芬奇密码》全球公映后票房节节攀升，5 月 26 日至 28 日，某市某影城推出学生优惠活动，在校生凭学生证购买电影《达·芬奇密码》夜场票，可打四折，只需 20 元/张，另随票赠送文乐书店会员卡一张，持卡购书可享受 8.5 折优惠。

这次影城推出的学生优惠活动为期三天，该影院当天 6 点 10 分开始的所有场次的《达·芬奇密码》都只需 20 元。另外，白天场《达·芬奇密码》原价 40 元，学生凭证购票打半折，也是 20 元/张。

另外，6 月 10 日至 7 月 10 日，为国产影片展映月，白鹿影城即将放映多部优秀国产影片，并推出针对学生的观影优惠活动。

我们身边的经济学

从上面这个案例我们可以看出，打折的学生电影票是夜场电影票，也就是从时间上进行了限制，所以一般的人，上班族可能不会牺牲晚上两个多小时的宝贵睡觉时间而耽误下一天的工作。

电影院为了避免学生转手套利的可能性想出了各种机智对策。不少诀窍都具备一个共同点：卖家允许顾客以折扣价购买，但前提条件是顾客必须首先跃过某种门槛。比如真维斯可能会短时贱卖，在某一天的下午三点进行打折，这样一来，顾客需要经常来真维斯店碰运气，也提升了企业的人气。愿意付出此种努力的买家，得知打折开始，就不怕麻烦专门赶过去买，从而享受折扣价。不愿费劲的顾客则要支付较高的价格。

年轻人不可能买一张学生票，然后再把它卖给成年人，从中牟利，因为只有拿着学生证的人才能使用折扣票。倘若卖家提供的是一种体验，而非切实的产品，那么从本质上来说，套利的机会是有限的。但一个学生看了电影，不可能把自己的体验转卖给别的成年人，所以也无法转卖；对于假证，影院也会设置门槛，研究生证不打折，一个三十多岁的中年人拿着一个本科的学生证去看电影，这多少会让自己脸红或者过意不去。

看过卖家为不同定价设置门槛的例子，你一定会发现，不管什么商品，卖家多少都要用到此类手段。有一个在入住酒店登记的时候，突然注意到办事员背后有幅海报上说："记得询问我们的特价。"他很好奇，问过之后，对方告诉他，他可以拿到150美元的房价。

房客为了获得折扣所要跃过的门槛是，问一个简单的问题。虽然这个门槛很容易清除，但往往很多人却并没有享受到折扣或者特惠。因为大多数人都没注意过。

第3章

生产与营销

为什么苹果建市场不建工厂

SHENGCHANYUYINGXIAO
WEISHENMEPINGUOJIANSHICHANGBUJIANGONGCHANG

第3章 生产与营销:为什么苹果建市场不建工厂

IPAD 图创新还是图高利润

美国市场研究公司分析师布莱恩·马绍尔指出苹果平板电脑 iPad 售价 499 美元的版本实际的制造和原材料成本在 270 美元左右。马绍尔对苹果 16GB 版、只能通过 Wi-Fi 上网、售价 499 美元的 iPad 进行了成本估算,认为这款产品的原材料及生产成本为 270.50 美元。这一数据包括了 10 美元的制造费用,但并不包括 20 美元的保修服务成本。如果加上保修成本,499 美元版本 iPad 的成本总计 290.50 美元。

在 iPad 原材料成本中,最为昂贵的是 9.7 英寸的 LCD 触摸屏,马绍尔对此估价为 100 美元。iPad 的 16GB 存储和铝制外壳预计造价各在 25 美元左右,而苹果 A4 芯片成本预计为 15 美元。按照这款产品 499 美元的售价计算,在算入 20 美元的保修成本之后,苹果的利润率为 42.9%。

自从苹果 iPad 首发以来,销售情况一路走高,不少苹果迷纷纷通过各种渠道订购 iPad,随后苹果借势放出 3G+Wi-Fi 版。具备 3G 上网功能的 iPad 实际上利润更高,因为苹果为这一产品增加了 130 美元的额外费用,但 3G 上网功能的实际硬件成本非常之低。

根据马绍尔预计,具备 Wi-Fi 和 3G 上网功能、16GB 版本 iPad 的成本为 306.50 美元,而实际售价为 629 美元;这款产品的造价比只能通过 Wi-Fi 上网产品只高出了 16 美元,苹果因此获得了 52% 的利润率,提高了 9 个百分点。

我们身边的经济学

对苹果来说,高利润的产品已经是习以为常。苹果的一切创新,其真实的目的就是为了追求利润。在市场经济中,利润最大化与成本最小化是企业永恒的主题。我们先聊聊利润最大化这个话题。

生活中有一句俗话:"有谁会嫌钱多?"甚至有人说得更加直接:"有谁会嫌钱扎手?"它表明的意思不言而喻——"钱,当然越多越好。"与之相应,对于作为市场主体的企业来说,也有一个鲜明的目标:"利润最大化。"它已经成为企业高呼的口号,行动的指南。身处市场大潮之中的任何一个企业,都不能、也不敢违背这一目标,而只能去尽力实现它。

在这里,我们可以先了解一个并不复杂的道理:一个从事生产或销售的厂商,如果他的总收益大于总成本,那么他就会有剩余。这个剩余就是利润。

利润是企业家经营企业和生产商品的原动力,提供产品的目的在于追求最大的利润。如果企业经营良好,他就能够获取利润。

2005年至今,有近40家上市公司由原来的主业转行房地产,占到目前地产类上市公司总数的35%。2005年有2家公司转行房地产,2006年迅猛增至11家,2007年更有14家,2008年至2010年有11家。雅戈尔2006年公司实现主营业务收入59.76亿元,其中,房地产收入为19.27亿元,远远超出西装和衬衫业务净利润的总和。

从这里就可以看出,高额利润是非房地产企业进入变身房地产开发商的原因,也是一些央企为什么不乐意退出房地产的原因。

所以在中国,无论是大的房地产商,还是小的炒房客,都是在图房地产行业的高额利润。而美国利润最高的是一些高科技企业,苹果就是其中最典型的代表。

一个企业要达到利润最大化,就必须对投入要素进行最优组合以使成本最小。因此,企业要想取得最大利润,就要遵循成本最小化原则。

苹果为什么要推出3G版的手机?利润最大化。那么,如何进一步深入理解利润最大化呢?经济学家们早已经给出了这一标准,即"边际收益等于边际成本"。

边际收益是每多卖出一单位产品所增加的收入,边际成本是每生产一单位产品所增加的工人工资、原材料和燃料等变动成本。需要指出的是,边际成本往往随着企业的生产发生变化。

简单地说，一个鞋厂生产十双鞋和生产十五双所投入的成本是不一样的，如果他生产10双鞋能赚到80块钱，生产12双鞋能赚到100元，生产15双鞋最后却只能赚到60块钱，那么这个厂商肯定只会生产12双鞋，超过12双需要增加投入——增加设备、人力，反而不赚钱了，所以他就选择生产12双鞋。

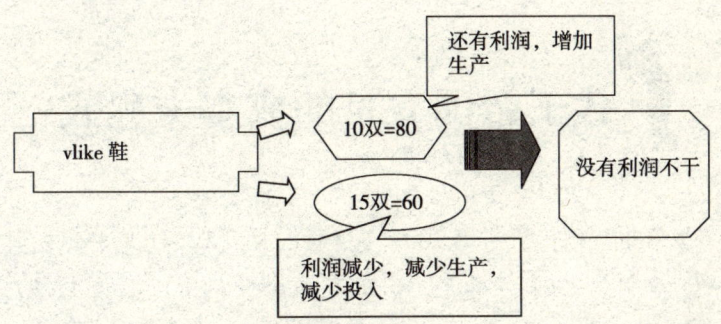

在现实当中，许多企业家并不清楚什么边际成本和边际收益，并没有刻意追求边际收益和边际成本的相等，也照样赚了不少利润。在市场之中，有一些成功的企业家确实如此。但是，规律就是规律，它的特点就是不管人们是否清楚，它总是在起着作用。那些实现了利润最大化的企业，有意也好，无意也罢，必然都遵循了这一规律。反过来，如果企业在生产中能够主动、自觉地按"利润最大化"规律办事，分析企业生产的边际成本和边际效益，就可以有效避免盲目、走弯路所造成的浪费。

我们身边的经济学

代工帝国立足的成本方程式

据富士康国际发布的2009年财报，收入72.41亿美元，同比下滑22%，净利润3962万美元，同比下滑68%。员工数量11.87万，相比2008年增加了9.7%，但人力成本支出却同比减少28%。

引用富士康的财报，目的是想引出"成本"这个话题，一台IPAD的代工费很少，只有11.2美元。而想要拿到可怜的11.2美元，富士康同样面临着激烈的竞争。在代工费用不能增加的前提下，为了多赚的一分钱的利润，包括富士康在内的很多代工企业必须要削尖脑袋，节约成本。

2002年底，台湾33家营业收入超过200亿台币的集团所组成的"三三会"，前往日本观摩，拜访日本东芝、佳能、鹿岛建设等有名的大公司。所有"三三会"的大老板都住宿在位于日本银座的"帝国饭店"，为了能够一起出发，帝国饭店也为"三三会"打折，一个房间从三万日元变成一万五千日元。但是，在参加完前两天行程后，郭台铭只住一晚就退房了，"我还是搬到我们东京工厂附近，一个晚上六千日元的房间，晚上还可以就近去看工厂。"郭台铭说。

成本控制一直都是富士康这个制造王国的立足法宝，在郭台铭撰写的《虎与狐》一书中提到"成本下降也是一种服务"的策略，企业能够以蚀本价接单，却以取得盈利输出货品，严控成本以至在微利之间险中求胜，成为富士康的成功方程式。

富士康的母公司鸿海能参与全球竞争的第一个关键，就是成本的竞

第3章 生产与营销：为什么苹果建市场不建工厂

争。鸿海三十年的发展，便是经营"成本策略"不可错过的精彩典范，特别是鸿海在变化快速的竞争环境中，还能持续保持成本领先。

俗话说："将欲取之，必先予之。"生产者要想获得利润，首先必须投入生产要素。生产要素的支出就是成本，也就是生产费用。成本，其实是会计学中的一个概念，但在经济学的分析中也广泛应用。在经济学中，企业生产者的目的就是实现利润最大化，为此就要尽可能降低成本，扩大供给，增加收益。

假设富士康生产的 IPAD，每台 IAPD 的平均生产成本是 10 元。若苹果公司付的代工费是每台 11.2 元，每台 IPAD 可以赚 1.2 元。若苹果公司付的代工费是每台 10 元，则不赔不赚，收支相抵。虽然利润是零，可是成本中包括了机会成本和会计利润，依旧可以继续生产。假如因为某种意外情况每台 IPAD 的代工费需要降到 8 元。每卖一台 IPAD 就要赔 2 元。那么，富士康现在还要继续经营下去吗？

如果想回答这个问题，我们必须分析成本问题。在经济学上，成本分为不变成本、可变成本和平均成本。

不变成本又称固定成本，如固定资产折旧，车间经费，企业管理费等，这些项目在产量增大或降低时都不会随之变化，故称不变成本或固定成本，对应的要素称为不变要素。在富士康，这些固定成本必须包括租赁的厂房、开厂所需资金的利息、手机生产设备的折旧，还有固定员工工资。

可变成本又称为变动成本，主要是原材料，燃料，动力等生产要素的价值，当一定期间的产量增大时，原材料，燃料，动力的消耗会按比例相应增多，所发生的成本也会按比例增大，故称为可变成本。在富士康，这些成本，包括生产手机的原材料、电费、临时工人工资等。

平均成本是指平均每单位产品所分摊的成本。假设总成本为 TC，总产量为 Q，则平均成本 $AC = TC/Q$。降低平均成本，一直是每个企业所追求的主要目标。

企业作为市场中的微观主体，是以盈利为目的的，所以，在研究企业问题时，考虑最多的就是成本问题。但是企业如何控制成本，使生产成本达到最小化呢？

第一，加强控制措施，减少无效消耗。对于获得一定产品而发生的有

我们身边的经济学

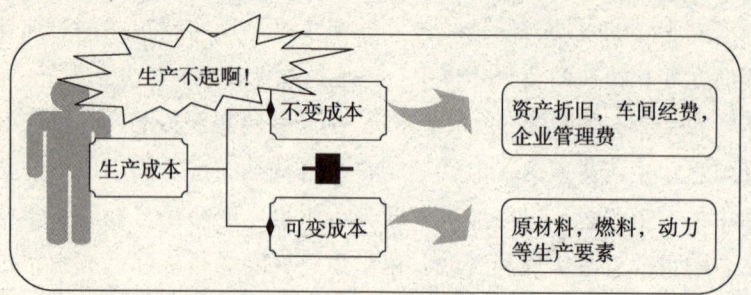

效消耗,在一定生产条件下是一定的,是相对固定不变的;对于获得一定产品而发生的无效消耗,是相对变化的,是普遍存在的。后者是控制的对象,要通过一系列措施对这一消耗进行控制,使其降低到最低点。

第二,加强企业管理,促进经济技术统一。从技术与经济相互影响、相互制约的关系出发,重视技术进步,对降低成本有着重要作用。通过新产品开发、质量的提高等,能够促进科学技术转化为生产力,从而有效降低企业的生产成本。

第三,既要加强内涵控制,又要推动外延控制。

总之,随着市场竞争的日益激烈,降低产品成本、实行低成本战略成为企业获得竞争优势、提高经济效益的重要途径之一。尽量降低成本应该成为企业始终追求的目标。

第3章 生产与营销：为什么苹果建市场不建工厂

诱发京东方巨亏的沉没成本

京东方是显示器制造商，2002年，京东方启动了总投资达12.5亿美元的5代线建设。在5代线投产的2005年，此前一直盈利的上市公司年底即陷入12亿元巨亏，2006年亏损额更创下17.7亿元的纪录。

按2006年底的资产评估，5代线的市值已经只剩27.4亿元。

京东方过去数年的大幅亏损，面板价格下跌只是原因之一，更关键的因素则在于5代线本身的大幅"贬值"。就在京东方5代线于2005年投产时，日本和韩国的多条5代线的折旧已经结束，当年17英寸液晶面板的价格从220美元下降到120美元，这直接导致了京东方连续两年巨亏。

在2009年5月，公司刚刚定向增发50亿股募资120亿元投入到第6代线。时隔6个月后，京东方再次决定定向增发募资100亿上马第8.5代线。

据企业财报显示，在京东方进入液晶行业的2002年至2009年期间，公司的固定资产折旧费用高达76.4亿元，平均每年折旧费用高达10亿元以上，其中80%以上来自液晶面板生产线的折旧费用。

京东方的巨额亏损的原因在于京东方5代线、6代线、8.5代线的巨额的设备折旧费用，由此引出经济学的一个话题——"沉没成本"。

2001年诺贝尔经济学奖得主斯蒂格利茨教授说，普通人（非经济学家）常常不计算"机会成本"，而经济学家则往往忽略"沉没成本"。

我们身边的经济学

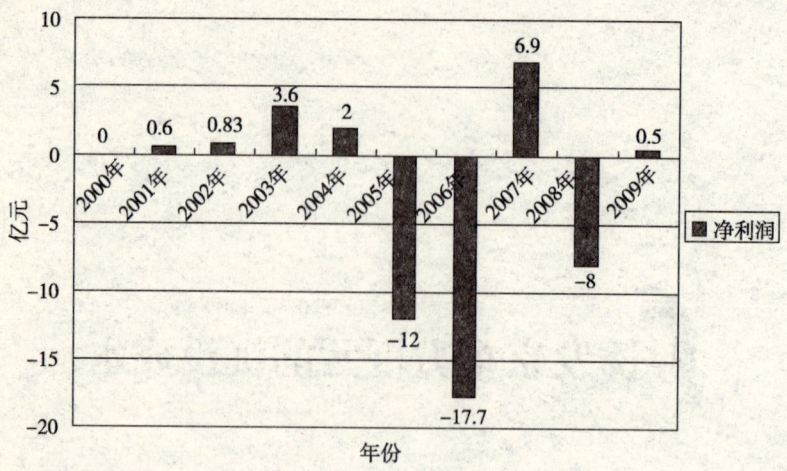

京东方净利润柱形图

沉没成本指已经付出且不可收回的成本。举例来说，当你受诱惑花100元买了张《非诚勿扰》的电影票，已经付了票款且假设不能退票。此时你付的100元钱已经不能收回，就算你不看电影钱也收不回来，电影票的钱算作你的沉没成本。

大多数经济学家们认为，如果你是理性的，那就不该在做决策时考虑沉没成本。比如在前面提到的看电影的例子中，会有两种可能结果：

付钱后发觉电影不好看，但忍受着看完。

付钱后发觉电影不好看，退场去做别的事情。

两种情况下你都已经付钱，所以应该不再考虑钱的事。当前要做的决定不是后悔买票了，而是决定是否继续看这部电影。因为票已经买了，后悔已经于事无补，所以应该以看免费电影的心态来决定是否再看下去。作为一个理性的经济人，选择把电影看完就意味着要继续受罪，而选择退场无疑是更为明智的做法。

通常，沉没成本主要是指厂商花在机器、厂房等生产要素上的固定成本。企业的机器、厂房也会随着时间的推移而逐渐丧失其价值，会无形之中就贬值了。这源自两方面的原因：一是机器和厂房都有一定的使用年限，超过了这个时间就得报废；二是由于有新的技术和生产手段会大量涌现，机器和厂房会无形中贬值。京东方的五代线随着韩国、日本5代线折旧的完成和6代的生产线出现而大幅贬值。

第3章 生产与营销：为什么苹果建市场不建工厂

沉没成本看似简单，实则复杂。银行对于经营不良企业的贷款同样或多或少存在这种情况：企业贷了银行一笔款子，经营不良无力偿还。于是银行陷入了被动——如果不继续追加贷款，则前期贷款无法收回。可是继续追加贷款的结果往往是更多的款子收不回来。京东方在液晶显示器上频频上线，追加投资也受着沉没成本的困扰。你不追加新的投资吧，那你以前的生产线因为技术的更替就要被淘汰，没有收获的成本就会打水漂，继续追加吧，能否挣钱还是个未知数。

沉没成本从理性的角度说是不应该影响我们决策的，因为不管你是不是继续看电影，你的钱已经花出去了。作为一个理性的决策者，你应该仅仅考虑将来要发生的成本（比如需要忍受的狂风暴雨）和收益（听电影所带来的满足和快乐）。不管做出何种决定，钱都已经花了，它是个确定的常数，不应该影响我们其后的决策。

在现实生活中，大多数人显然对"沉没成本"的态度并不理性。某企业在两个城市的交界处买了一块地皮。企业领导的起初用意是投资30万元办一座生产豆奶的食品加工厂。结果一生产就亏损，很不景气。如果就此打住，这30万元对于企业来说也不算什么。但是企业的领导很不甘心，不愿让这笔钱就此打了水漂，于是又投资70万从德国引进全套的进口设备，希望扩大生产规模，提高产品质量以赢得效益。结果还是一个字：赔。此时如果放弃这家工厂，将其折价处理，应该说损失还可以承受。但是领导的思维却是这样的：已经投入了100万，如果放弃损失太大，不如继续在这块地皮上投入，以期扭亏为盈，于是又作出决策：投入300万，在这里建立大型生产基地……然而，随着时间的推移，这个基地的产出已经成了笑谈。

事实上，京东方在短期内上马两条生产线，6代线和8.5代线，已经演变成了一场烧钱的游戏，比谁"烧钱"最快、最多，而未来的收益的确无法预测，这可以说是大多数京东方的投资者和股民所不愿意看到的。

一是尽量避免决策失误导致的沉没成本。这要求企业有一套科学的投资决策体系，要求决策者从技术、财务、市场前景和产业发展方向等方面对项目做出准确判断。当然，市场及技术发展瞬息万变，投资决策失误难免。在投资失误已经出现的情况下，如何避免将错就错对企业来说才是真正的考验。

我们身边的经济学

英特尔公司2000年12月决定取消整个Timna芯片生产线就是这样一个例子。Timna是英特尔公司专为低端PC设计的整合型芯片。当初在上这个项目的时候,公司认为今后计算机减少成本将通过高度集成(整合型)的设计来实现。可后来,PC市场发生了很大变化,PC制造商通过其他系统成本降低方法,已经达到了目标。英特尔公司看清了这点后,果断决定让项目下马,从而避免更大的支出。

二是通过合资或双边契约减少沉没成本。很多时候,沉没成本并不是由企业自身造成的,而是由合作方或供应链的上、下游方中断合作引起的。由于一项用于某一特定交易的耐用性投资往往具有专用性的特征,在这种情况下,如果交易突然终止,则所投入的资产将完全或很大部分会报废,从而产生相当一部分"沉没成本"。因此,通过合资或双边契约确保交易的连续性便显得格外重要,因为契约性或组织性的保障可以大大降低交易费用。

现代企业经营中,技术合作、策略或战略联盟已经成为一个重要的趋势,其内在原因,其实就包含了分散技术开发和市场拓展风险、减少沉没成本方面的考虑。

当然,沉没成本对大企业也有积极的一面。对一个行业或产业来说,其沉没成本的状况往往构成了进出壁垒的关键,并最终决定市场结构。贝恩咨询公司早在1956年就指出,若一个产业的固定成本或沉没成本很高,就会形成进入门槛。

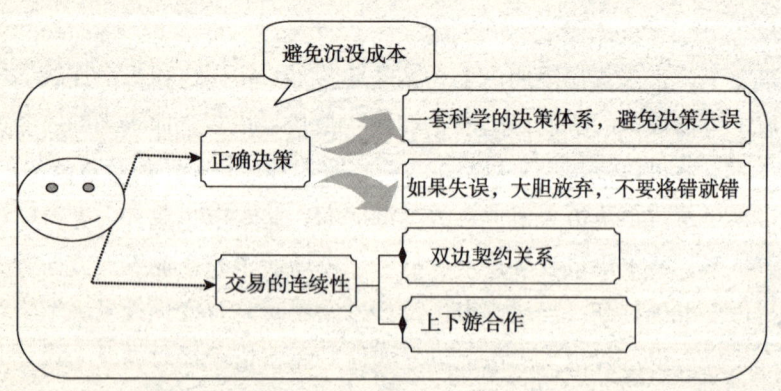

第3章 生产与营销：为什么苹果建市场不建工厂

那些具有明显规模经济和庞大硬件投入的资本密集型产业，如能源、通讯、交通、房地产、集成电路、医药等产业，其超额回报可谓诱人，但其惊人的初始投入和高退出成本则往往使许多市场"准进入者"却步，因为这首先是一场"谁输得起"的比拼。8.5代线动辄几百亿的投资从某种程度上来说，也阻止了一些小生产商的进入，无形之中，对现在包括京东方在内的厂商有一个保护作用。

"输得起"的一方最终会成为市场的赢家。许多资本实力雄厚的企业正是利用沉没成本来建立自己的竞争优势。小企业通常只能选择沉没成本较低的竞争性行业求得发展。

我们身边的经济学

鸡繁衍不息是产权明确的结果

鸡虽然被宰杀，而且宰杀数量很大，但鸡从来没当过濒危物种。这就引出了另一个问题：为什么有的物种濒临灭绝，有的却没有？

2007年，环保组织"海洋守护者协会"用已故澳大利亚"鳄鱼猎手"史蒂夫·欧文的名字重新命名它的一艘反捕鲸船。这艘长53米的船只以原绿色和平组织创始人之一、加拿大人罗伯特·亨特命名。誓言采取一切必要手段阻止日本的年度捕鲸活动。一旦日本被起诉到国际法院，按照国际法院的临时禁令，日本应当在听证会开始前立即停止所有捕鲸行为。

2009年12月11日，澳大利亚总理陆克文这样警告日本：如果日本不立即停止以科研名义从事捕鲸活动，将对日本提起国际诉讼。陆克文当天接受澳大利亚媒体采访时说："我们不接受日本所谓捕鲸是出于科研目的之类说辞，我之前说过，如果这事无法通过外交途径解决，我们就把日本告上国际法庭，我是认真的。"

日本以研究之名进行南极捕鲸作业，2009年准备要捕杀935头小须鲸和50头长须鲸。虽然1986年国际法院已经禁止商业捕鲸，但在科学研究的名义下，捕鲸还是允许的。

但是在日本，鲸鱼肉在市场上广为销售。日本人捕鲸的真正目的就是用来销售鲸鱼肉以牟利。日本外务大臣冈田克则表示，日本不打算停止在南极海域的捕鲸活动。冈田只字不提捕鲸是出于科研目的，辩称从事捕鲸是因为食用鲸肉是日本文化的一部分。"我认为饮食是一国文化中的重要元素,因此有必要相互尊重并认同彼此文化。"

日本商业捕鲸有400多年的历史,是目前世界上最大的捕鲸、食鲸国。1986年国际《禁止捕鲸公约》生效,世界各国宣布放弃商业捕鲸,包括日本。但日本从1987年开始打着"科学研究"的旗号,绕过国际公约,重新开始大规模捕鲸。因为日本捕鲸,鲸的数量已经急剧减少,濒临灭绝。

其实不仅仅是澳大利亚政府谴责日本捕鲸,几乎每年环保主义者都会上街游行,谴责国际捕鱼业对许多大型海洋哺乳生物的生存造成了威胁。可从来没有人上街抗议,号召大家拯救小鸡。这是为什么呢?

这个问题牵涉到产权问题。产权的问题之所以引起人们的重视,在于产权与经济效率有密切的关系。如果没有产权制度,就会导致资源浪费、效率低下等后果。

那么究竟什么才是产权呢?不同的经济理论和派别对其所下的定义是不尽相同的,一个为多数理论学派所接受的定义是这样的:产权不是指人和物的关系,而是指物的存在及关于它们的使用所引起的人们之间相互认可的行为关系。也许这个定义听起来有点拗口,我们不妨举个例子来说:

假设小黄有一只母鸡,他将这只鸡租给小李下蛋吃,小李每年付给小黄50元人民币。

实际上就表明,小黄就拥有这只鸡的完整产权,具体来说,他的产权包括以下方面:

1. 拥有这只鸡的占有权。这种占有权具有排他性,即产权是属于小黄的,他在占有这只鸡的同时,意味着其他人不能占有这种财产。换句话说,这只鸡是小黄的,而小李迟早是要还的。

2. 拥有这只鸡的使用权。小黄能够自主决定这只鸡使用的权力,比如他可以选择自己留着下蛋、宰杀了吃肉、也可以选择出租给小李,他对这只鸡有自主处理的权力。

3. 拥有这只鸡的转让权。小黄的这只鸡可以在市场上自由地买卖,小黄可以选择卖给小李、小王……

4. 拥有这只鸡的受益权。所有者可以获得并占有财产使用和转让所带来的利益，又称为剩余索取权。比如小黄向小李收取的每年50元的租费，就是这只鸡产权的收益。

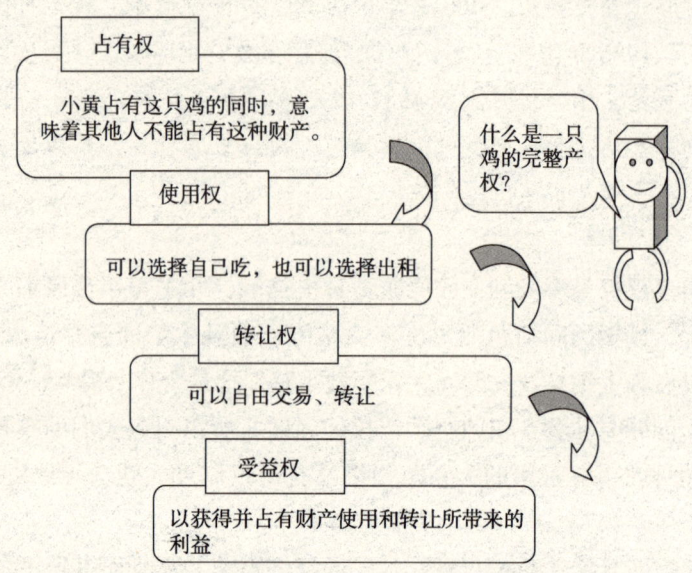

只有通过产权界定，才能使资源得到有效的保护和利用。鲸鱼的数量锐减，是因为鲸鱼不属于任何人。它们在公海里巡游，而好几个国家拒绝遵守保护鲸鱼的国际条约。日本捕鲸人绝对理解自己目前的做法会威胁到鲸鱼的生存，进而损害自身的生计。可每个捕鲸人也都知道，由于鲸没有主人，自己捕不着的鲸鱼，最终会被别的人捕获。因此，捕鲸人无法从自我限制中获益。

反过来看，世界上大多数的鸡都是有主人的。如果你今天杀掉了自己的一只鸡，明天你就会少了一只鸡。如果养鸡是你的谋生手段，那么，你必然有着强烈的动机，要使送去市场卖的鸡和新养的鸡在数量上保持平衡。

鸡和鲸鱼都有经济价值。人们对鸡能享有可靠的所有权，但对鲸鱼却不能。这一事实解释了前者繁衍不息、后者濒于灭绝的原因。

在产权明确的前提下，物可以得到物主的保护，即使物主鸡本身很弱小也不要紧，社会和法律会为物主提供产权保护。有了产权的保护，社会的经济秩序就可以建立起来。虽然宰杀的牛和鸡比猎杀的大象和鲸鱼要多得多，但是，市场仍然能够保证牛肉的供应。我们永远不会担心牛会灭

第3章 生产与营销：为什么苹果建市场不建工厂

种、牛群、鸡将永远繁衍下去。而大象、鲸鱼的命运可能就比较惨了点，濒临灭绝。

产权是市场交易得以进行的根本前提，如果不能保护个人的产权，市场交易秩序将不能维持，因此，现代法律强调个人的产权保护。

1866年，刚打赢对奥地利的战争的普鲁士国王威廉一世，来到他在波茨坦的一座行宫。他兴致勃勃地登高望远，然而，行宫前的一座破旧磨坊却让他大为扫兴。威廉一世让侍从去跟磨坊主交涉，付他一笔钱，让他拆除磨坊。磨坊主不肯，说这是祖业。威廉一世很生气，命令人强行拆除了磨坊。

不久，磨坊主一纸诉状将威廉一世告到法庭。法庭裁定：威廉一世擅用王权，侵犯原告由宪法规定的财产权利，被责成在原址重建一座同样大小的磨坊，并赔偿磨坊主的损失。威廉一世只好派人将磨坊在原地重建了起来。

现在这座磨坊还屹立在波茨坦的土地上，成为著名的游览景点。

皇帝与磨坊主的故事表明，磨坊属于磨坊主所有，他作为这一财产的所有者，其财产所有权和产权必须得到国家法律的相应保护。威廉一世的权力再大，也得服从法律。磨坊主的磨坊挡住了国王的视线，但磨坊的产权属于磨坊主，国王无权处置。也就是说，产权是受到法律保护的。

可以说，产权制度是市场交易的基础，建议一套完整、有效、可操作性强的产权保护制度，无疑是重要和必要的。

面对目前产权制度缺失的实际情况，我们更应该在实际的经济生活中，注意保护自己的财产权利，在经济活动中要保护好财产获得的法律依据，比如购买房屋的凭证，它是你合法取得房屋的主要凭据，据此你才可以在房产管理部门办理房屋产权登记证，有了这个证件，你的房产才能够被合法地使用、抵押、保险、出租、转赠、出售等。

我们身边的经济学

企业扎堆吹响产业集群化号角

早在金融危机前,关于珠三角台企可能另觅出路的传言已有不少,上世纪 90 年代,台湾企业纷纷到印度、印尼、越南等东南亚投资制造业,被人们形象地称为"南进策略"。金融危机后,很多海外学者预测,随着大陆经济、政策环境的变化,劳动密集型的电子企业"南进"将势不可挡。

但珠三角真正愿意动迁的企业并不多,综合考虑,珠三角还是制造企业发展最好的地方。"即使涨薪了,也不会轻易搬迁离开东莞,哪有那么容易,除了用工成本外,还要考虑产业链,东莞地区的制造业产业链是用 20 年的时间形成的,谁离了谁都活不了。"一位电子制造企业负责人说。"即使有涨薪潮,我们也不会轻易地搬走。"

台商不愿意离开的真正原因——东莞已经用 20 年培植起来的产业链。

"在最初的 5 年内,工厂使用的剪刀都要从台湾运过来,东莞不是没有,而是质量太差,一把剪刀用一天就坏了,台湾为工厂设计的能用半个月。"在东莞从事电缆生产的台商张锡帆感叹道。

如果现在放弃东莞前往新的地方设厂,很可能会重复 20 年前东莞的一幕:"配套的原料、产业链不完备,会给企业带来很大的麻烦,成本会大大地增加。"

在东莞方圆两公里之内,可以找到一台电脑的所有零部件,包括最低端的螺丝钉,换成在别的地方,光物流费用就不少。而且品牌商

第3章 生产与营销：为什么苹果建市场不建工厂

也青睐这样的地方，可以在短时间内采购到所有需要的商品，别处的零星企业难以与之竞争。

经济开发区、高新技术园区已经在全国遍地开花了，但形成产业集聚的只有长三角和珠三角，内陆省份还没有如东莞这样完备的产业链，东莞花了20年，这是别处不可能轻易学来的。

1990年迈克·波特在《国家竞争优势》一书首先提出用产业集群（Industrial Cluster）一词对集群现象的分析。产业集群实际上是指产业成群、围成一圈集聚发展的意思。也就是说在一定的地区内或地区间形成的某种产业链或某些产业链。美国的"硅谷"、台湾的新竹、印度的班加罗尔、北京的"中关村"，被誉为"东方纽扣之都"的温州桥头镇的纽扣产业集群、绍兴嵊州的领带产业集群、乐清柳市的低压电器产业集群、广东中山古镇的灯饰产业集群、苏州吴江盛泽镇的丝绸纺织产业集群、被授予"中国鞋都"的福建晋江的制鞋产业集群、河北邢台清河的羊绒产业集群、青岛的家电产业集群、西安的民办教育产业集群等，都可在一定意义上算做产业集群。

产业集聚包括以下几个因素：首先，必须是与某一产业领域相关的。一般来说，产业集群内的企业和其他机构往往都与某一产业领域相关，这是集聚效应的形成基础。其次，产业集聚的企业及其他机构具有密切联系。产业集群内的企业及相关机构不是孤立存在的，而是整个联系网络中的一个节点。再次，产业集群是一个复杂的有机整体。产业集群内部不仅包括企业，而且还包括相关的协会、银行、中介结构等，这是产业集群的实体构成。

一个产业集群要具备上、中、下游产业，缺了谁都不行。这些产业大家不要轻易离开，离开对自己和别的行业都有影响，就是一个螺丝钉，没有它，一台电脑就组装不起来。"这就是集群对企业生产的影响。

1. 集群有利于降低成本。简单地说，如果一家制造商设计了一款新的产品，他很快就能在本区域找到原材料和配套产品，从而可以在最短时间内生产出产品。如果联想电脑把它的生产中心搬到了马来西亚或者越南，周围没有相应的产业链，它需要买一个硬盘或者显卡，都要从东莞空运过去，这样就无形中增加了成本。

我们身边的经济学

2. 集群能够为企业提供一种良好的创新氛围。由于存在着竞争压力和挑战，集群内企业需要在产品设计、开发、包装、技术和管理等方面，不断进行创新和改进，以适应迅速变化的市场需要。在美国硅谷，集聚着大量的半导体电路、数字技术等新技术公司，跨国公司纷纷在这里设立分支机构，甚至将公司总部移到这里来，一个很重要的因素就是在硅谷能够得到本行业最新的与竞争有关的各种信息。

深圳华强北的手机创新让世界刮目相看，曾经推出了一个产品——苹果皮。作为一部手机的全部配置——电池、SIM 卡、听筒、话筒全部被集成在那个软壳上面。用"苹果皮"接入 iPod touch，从而可以把音乐播放器 iPod touch 变成可拨打电话的手机 iPhone。它只是利用了 iPod touch（苹果公司的一款音乐播放器）的界面。这个神奇的"马甲"，使两者价差在 3000 元左右。为什么苹果皮在深圳生产出来了，因为这里有着世界最大的手机产业集群——华强北。

3. 产业集聚对提高生产率的影响。同一个产业的企业在地理上的集中，能够使得厂商更有效率地得到供应商的服务，能够物色招聘到符合自己意图的员工、能够及时得到本行业竞争所需要的信息，能够比较容易地获得配套的产品和服务。

从事通讯电缆行业的台商张锡帆则一直认为，虽然东莞已经不具备人力成本的优势，但是其产业链的优势依然突出，"可以说拥有中国最完备的产业链"，一旦离开东莞，企业生产的效率就会降下来，而且许多不确定的成本也会增加，"谁也不能保证搬到内地就不会有民工荒、涨薪潮，东莞之所以能吸引全国的劳动力，就是因为这里是产业集聚地，机会多，而且东莞本地也有一批长年定居的熟练工人，换成别处，很难有这个吸引力。"

4. 集群有利于形成"区位品牌"。"区位品牌"即产业区位是品牌的象征，如法国的香水、意大利的时装、瑞士的手表等。单个企业要建立自己的品牌，需要庞大的资金投入，然而企业通过集群，集群内企业的整体力量，加大广告宣传的投入力度，利用群体效应，容易形成"区位品牌"，从而使每个企业都受益。珠江三角洲、深圳两个国家级电子信息产业基地

第3章 生产与营销：为什么苹果建市场不建工厂

和佛山市显示器件、惠州视听产品、顺德家用电子产品三个国家级产业园，拥有TCL、康佳、创维、步步高等一批在国内乃至国际上均有一定知名度的企业和品牌。

综合以上因素，珠三角的电子企业无法短时间外迁出东南亚或者转移到内陆地区。产业集群的优势左右着企业的财途和命运，所以很多企业厂家要注意到产业集群，不宜盲目搬迁。

我们身边的经济学

苹果制造抢购的饥饿营销计

你会不会在一个下雨阴冷的早晨，驱车十几公里，排六七个小时甚至更长时间的队，只为购买一款新的电子产品？这个问题问 10 个人，会有 9 个摇摇头，而另一个人会说，除非是苹果。

2010 年 9 月 25 日，苹果 iPhone4 在中国大陆地区正式发售，作为唯一社会渠道的苏宁电器几乎所有承销门店都经历了一个不眠的夜晚。9 月 24 日晚，向来安静的北京紫竹桥地区便开始陆陆续续出现排队购买 iPhone4 的年轻人，到晚上 22 点左右，已经有一小撮人聚集在苏宁门口。早有准备的店员也专门开辟出一片区域供等候者休息。25 日的销售状况更是空前壮观，据了解苏宁绝大部分门店的 iPhone4 在中午 12 点前就已经售罄，相关机构统计，每秒钟都会有两台 iPhone4 售出。

虽然有这么多需求，但苹果公司规定售出的 iPhone4 是 4 万套，可是在美国首日的订数是 60 万套，这你就能看出差距了。难道是中国每天只有 4 万个客户的原因吗？

绝对不是，这是苹果公司为了营造一个卖方市场所采取的营销策略，也是苹果公司一贯的做法，通过缓慢地释放货源，来达到市场抢购的效果。苹果公司要造出一个供不应求的现象，这样才能刺激购买力。

苹果所采取的"饥饿营销"策略是令苹果引起全国乃至世界疯狂迷恋的一个重要环节。所谓"饥饿营销"，是指商品提供者有意调低产量，以

第3章 生产与营销：为什么苹果建市场不建工厂

期达到调控供求关系、制造供不应求"假象"、维持商品较高售价和利润率的目的。

当今社会，市场经济发达、生产规模扩大，市面上逐渐出现了产品过剩的局面，也就是商品丰富，货源充沛。对消费者来说，在挑选产品时有了更多的机会；对于经营者来说，他们必须在产品的品种、服务、价格等方面展开激烈竞争。而营销是一种以顾客需要和欲望为导向的哲学，如何引导客户，激发客户的消费欲望，每个企业都想出了高招。在家电、电脑等卖场，"饥饿营销"是市场营销的宣传手段。此前诺基亚对旗下手机N97就采用在电视、网站、户外广告牌进行大量的轮番广告轰炸，却严格控制发货数量，给人造成产品供不应求印象的销售策略，从而让这款产品一度成为顶级手机的销量冠军。

按照常理，卖得越多，商家赚得更多，为什么商家会实行饥饿营销惜售了，这其中玄机何在？也正由于有"品牌"这个因素，饥饿营销还可以对品牌产生附加值。

饥饿营销运行的始末始终贯穿着"品牌"这个因素。2010年12月15日，贵州茅台发布公告，将从2011年1月1日起上调产品出厂价格，平均上调幅度20%左右。其后，在广受舆论质疑的情况下，茅台掌门袁仁国又抛出了"涨价兼顾论"，并声称厂方将实行严格的"限价令"，也就是那个"不得超过959元"的规定。

不少经销商反映，"从国庆节过后根本拿不到货"，同时，由于供需关系的影响，茅台也在预期中涨价，"囤茅台"也成了不少经销商的共识。茅台涨价之前，普通53度茅台出厂价为499元，一级批发价在970元左右，终端价北京地区达到1500元，而广东地区则达到1500元以上。但各地都面临一个共同点：有钱买不到货。

资深营销策划人，赢道顾问快消品营销中心高级顾问穆峰认为，"饥饿营销"是茅台提升品牌的一步棋。茅台酒股份有限公司董事长袁仁国曾表示，茅台要打造成为"奢侈品"，毕竟国外XO、路易十三可以卖到上万元。茅台利用消费群体追求品牌和品味的消费心理，一次次高明地变相推动涨价。

饥饿营销的目的在于通过调节供求两端的量来影响终端的售价，达到加价的目的。表面上，饥饿营销的操作很简单，定个叫好叫座的惊喜价，把潜在消费者吸引过来,然后限制供货量,造成供不应求的热销假象,从而提高售价,赚取更高的利润。但实际上远不止这么简单。

饥饿营销也是一把双刃剑。剑用好了,可以使得原来就强势的品牌产生更大的附加值;用不好将会对其品牌造成伤害,从而降低其附加值。诺基亚原本是世界上第一大手机终端提供商,但由于在智能操作手机迟迟跟不上市场的发展,这一"饥饿营销"导致很多手机用户倒向苹果、HTC等智能手机厂商。不了解对手,不认清自己,简单地去操作饥饿营销,会非常危险。

第3章 生产与营销：为什么苹果建市场不建工厂

乔布斯扭转颓势的捆绑魔法

安卓是谷歌公司在2007年11月5日公布的手机操作系统，早期由谷歌开发，后由开放手持设备联盟开发。采用安卓系统主要手机厂商包括宏达电子、三星、摩托罗拉、索尼·爱立信等，使之跃居全球最受欢迎的智能手机平台。

虽然安卓有这么出色的表现，包括三星、摩托罗拉在内的手机生产企业都投向了安卓的怀抱。那么，硬件设计出色的苹果手机是否会选择安卓的操作系统呢？

答案是不会，苹果的手机系统如此，苹果的电脑也只能用苹果的操作系统，苹果的目的是凭借着出色的硬件，捆绑销售自己的操作系统。这招不仅为苹果赚到了真金白银，而且是苹果公司扭转命运的高招。

20世纪七八十年代，苹果公司曾辉煌一时，风光无限。但在微软推出微软操作系统后，苹果电脑就退居了二线，成为一些在图形、音频方面有专业需求的用户的选择。90年代末期乔布斯重返苹果之后，大力调整产品开发与营销策略，公司迅速走出泥潭，创造了举世皆知的"iPod奇迹"，推出了iPhone、Apple TV等电子消费产品，其市值也由2001年的60亿美元上升到现在的750亿美元。那么，苹果公司是凭借着怎样的营销手法扭转自己命运的呢？

答案是乔布斯提出"集成经营、捆绑销售"的新概念。他一再强调建立"苹果生态联盟系统"，提出要像"生态链"那样集成企业产销群体，充分发挥销售商、供应商等协作者的积极性。而这个观点为日后 iPod 的成功奠定了坚实的基础。

我们身边的经济学

iPod 的成功除了产品本身的特点以外,还在于其独特的经营模式,即将 iPod 硬件与软件和在线服务成功地整合到一起,进行捆绑销售。通过 iTunes 数字音乐管理软件,顾客可以在 iPod 播放器中对收听的音乐进行搜索、浏览、下载和分类管理;而 iPod 客户通过 iTunesi 在线音乐商店,拥有了唱片公司授权的 5 亿多首正版音乐的下载源。

由于 iTunes 软件的支持和网上付费音乐下载业务的开展,iPod 播放器的销量大增。由此可见,苹果公司通过将产品及其相关后续服务进行捆绑,为顾客提供高度整合的服务产品,并使其价值链得到延伸,扩展了收入来源。

不知从什么年月起,捆绑销售已悄悄地侵入我们的生活,而且蔚然成风,有愈演愈烈之势。大至买楼房送车位、买大件家电送电饭锅,小至买手机送话费,买酸奶"二送一",甚至买支牙膏也送个钥匙圈。问商家不要赠品能否减些价?商家回答:不要可以,但不减价。

那么,什么才是捆绑销售呢?捆绑销售也被称为附带条件销售,即一个销售商要求消费者在购买其产品或者服务同时也得购买其另一种产品或者服务,并且把消费者购买其第二种产品或者服务作为其可以购买第一种产品或者服务的条件。捆绑销售开始被越来越多的企业重视和运用。

美国的约翰逊黑人化妆品公司总经理约翰逊是一个知名度很高的企业家。可是,当初他创业时,也曾为产品的销售伤透了脑筋。

那时,约翰逊经营着一个很小的黑人化妆品公司,因为黑人化妆品市场的总体销售份额并不大,而且,当时美国有一家最大的黑人化妆品制造商佛雷公司,几乎垄断了这个市场。

经过很长时间的考虑,约翰逊提出了一句措辞非常巧妙的广告语:"当你用过佛雷公司的化妆品后,再擦一次约翰逊的粉质膏,将会得到意想不到的效果。"

约翰逊的这一招的确高明,不仅没有引起佛雷公司的戒备,而且使消费者很自然地接受了他的产品,达到了事半功倍的效果。因为他当时主推的只有一种产品,凡是用佛雷公司化妆品的黑人,大都不会在乎再增加一种对自己确实有好处的化妆品的。

第3章 生产与营销：为什么苹果建市场不建工厂

随着粉质化妆膏销量的大幅度上升，约翰逊抓住了这一有利时机迅速扩大市场占有率。为了强化约翰逊化妆品在黑人化妆品市场上的地位，他同时还加速了产品开发，连续推出了能够改善黑人头发干燥、缺乏亮度的"黑发润丝精"、"卷发喷雾剂"等一系列产品。经过几年的努力，约翰逊系列化妆品占领了绝大部分美国黑人化妆品市场。

常见的"捆绑销售"主要有以下几大招式：

一是包装捆绑。如汰渍洗衣粉，在包装袋上印有衬衫、洗衣机等品牌；反过来，衬衫、洗衣机也推荐使用汰渍洗衣粉，即为产品包装又是广告载体。品牌互补，大家共同得利，节省了资源。这样的例子还有很多，比如"牙膏"与牙刷捆绑、洗发水与沐浴液及毛巾捆绑。

二是定位捆绑。对于新上市的品牌，可以从定位上考虑如何"绑"一下知名品牌。通过和已有品牌直接捆绑，来形成自己的定位，并宣扬自己独特的优点。对于市场份额较小的品牌，也可以考虑将自己与市场领导者捆在一起借此获得一种名声，并分得领导者一部分市场份额。前文中的"约翰逊粉质膏"的例子正属此类类型。

三是信息传播捆绑。相关性产品集中在一起进行传播，既增加了整体传播力度，又节省了大笔资金。比如"浪奇"木瓜白肤香皂"绑"了一次《南方都市报》，把样品随报赠送给消费者，取得了良好的效果；又比如，"力士"洗发水"绑"了《化妆品报》，"舒肤佳""绑"了"中华医学会"，不一而足。

四是销售捆绑。把几种产品做成统一包装进行销售。如把牙膏、牙刷、香皂等放在一个包装盒里销售，相对来说，价格较低，消费者得到了实惠，自然也就愿意购买。

如何少花钱、多办事，为商家节省资金、降低成本、提高竞争力，是我们同关心的话题。但不要走向另一个极端，为了省钱，什么都"绑"。搞得风马牛不相及，甚至引起消费者的反感。

"捆绑销售"，不是倾销，不是折价销售，更不是买一送三。我们应把它看成是一种集宣传、销售、促销等多种因素集合在一起的全新事例系统，目的是节省资源、提高效力。合理的捆绑销售方式能给生产者带来良好的销售效果。

我们身边的经济学

企业不能"杀鸡养猪"的丰产悖论

2007年,猪肉价一路狂飙,以至于很多农民们都在杀鸡,为何?卖了鸡肉买小猪。在这一群杀"鸡"人的身影中,不仅有中国富翁,更有国际投行。

郭广昌的"复星集团"是中国最大民企集团之一,很少人能想到,当他在钢铁、地产、矿业、医药等行业越战越勇时,他对养猪业萌生出浓厚的兴趣。2009年6月16日,具有20年养猪史的江西国鸿集团迎来两名贵宾,一位是郭广昌,另一位是深圳东方富海投资公司的董事长陈玮。他们分别与国鸿集团董事长曹国鸿签下了一纸合约,合约的投资总额为1.1亿元。

新希望集团掌门人刘永好曾表示:"未来几年,养猪是我的第一要务。现在盖房子不如种水果,种水果不如养猪。"在他的布局中,将掷出数十亿元,打造一条集育种、养殖、饲料、屠宰、深加工、销售于一体的产业链。

郭广昌、刘永好无一不是中国首富行列的民营企业家(前两者分别于2001年与2003年登顶福布斯富豪榜,后者居2007胡润百富榜第10位)。他们先后扎堆养猪业,成为2009年中国商业界一道独特的风景线。

养猪大军中不仅仅只有首富们的身影,高盛、德意志银行等投资银行及国际机构继续通过曲线途径跑马圈地。艾格菲的前身——江西

第3章 生产与营销：为什么苹果建市场不建工厂

百世腾畜牧集团，德意志银行、高盛等数十家机构曾共持有艾格菲约20%的股份。高盛、德意志银行、凯雷之外，美国的猪肉生产和加工巨头史密斯菲尔德和肉类生产商泰森食品也已纷纷曲线进入中国——前者通过出售股份于中粮集团，后者选择与江苏京海及山东新昌等公司合资，他们无不希望能在中国的产业市场走得更远。

这么多的人轰轰烈烈地杀"鸡"养猪。投入到养猪行业，这看则是一件好事，其实也充满着风险。2007年猪肉价格飞涨，拉动了物价指数的上涨，面对市场上肉价快速上涨的势头，国家加大了对生猪生产的扶持鼓励力度。就在人们对国家的优惠政策表示欢迎之时，也产生了对国家政策性鼓励所隐藏的"明年会不会出现'猪贱伤农'"的担忧。

《汉书·食货志上》说："籴甚贵，伤民；甚贱，伤农。民伤则离散，农伤则国贫。"意思是市场上的米卖得贵了，老百姓吃不消；当市场上的米价过低时，种米的农民又受到了损害。

"谷贱伤农"是经济学的一个经典问题。谷贱伤农的道理十分简单，简单地说，因为粮食太多，卖不上价钱，粮食多和粮食少的年份收入相当但是投入却大得多，粮农不划算。

1979年我国大幅度提高粮价，粮食生产逐年提高，到1984年总产量突破4000亿公斤；1985年由于粮食实际价格水平比前两年降低，粮食生产迅速滑坡，连续4年徘徊不前；1989年，国家又一次大幅度提高粮价，粮食生产又获丰收，到1993年总产量突破4500亿公斤；1994年粮食生产滑坡，粮食产量减少，当年比上年粮食减产240亿公斤，价格上涨50%；1995年后，粮食连续4年大丰收，粮价一路下跌，1999年粮食生产开始滑坡，2003年粮价又开始上涨。

粮食产量增长了不一定增收，猪肉增长了不一定增收。猪肉涨价了，是杀鸡养小猪，还是继续养鸡呢？假如以看到没有暂时收益，就立刻"杀鸡养猪"处以极刑，很可能会"杀鸡不成，反蚀一把米"。农民兄弟们如何跳出这个"一哄而上就跌，一哄而下就涨"的杀鸡养猪、杀猪养鸡的怪圈了？

农民兄弟不能单独面向市场。因为，他们没有足够的力量做出较正确的市场预测，也不能在某种程度上控制市场或承担得起市场风险。在市场

我们身边的经济学

经济的大海中,农民就像是一叶掌握不了自己命运的扁舟,单独去闯市场恐怕是凶多吉少。

在美国,种植柑橘的农民就曾有过上述痛苦经历。因柑橘的生产具有周期性,且需要一定的保存费用,所以,每当柑橘歉收时,农民会高兴;柑橘丰收时,农民却烦恼。由于他们掌握不了这种生产的变化,因此被类似山峰一样的价格波动折磨得头昏脑胀。

为了摆脱这种困境,他们终日冥思苦想,寻找出路。最后,有人想出了一个高招,组建了一个农民与市场之间的中介组织,即新奇士协会。新奇士协会与以前的农业生产合作社不同,它是由农民自己组建的销售组织。

果农将柑橘卖给协会,由协会去面对市场。新奇士协会控制了供给,在市场上也就有了发言权。当供大于求时,协会可以控制供给与价格,来减少农民损失。同时,它也为农民提供了许多有用的信息及实用的技术。

除此之外,协会还做了许多农民自己无法做到的事情。比如注册柑橘的"新奇士"商标;组织产品出口;对产品进行储藏、加工、宣传及调节供给等。

这些做法稳定了供给,平衡了市场力量,从而使柑橘的价格有了保障。如此一来,农民种植柑橘的积极性自然得到提高。同时,良好的销售业绩也保障了农民的收入和利益。

由此可见,要想让农民走出这种蛛网理论的局限,并不能光靠其自身力量,在农民和市场之间建立一个有效的中介组织才是好的解决办法。通过它将农民和市场联系起来,让农民从价格波动的困境中走出来。

猪肉值钱的时候,杀鸡养猪是不可取的。市场存在着这样一个周期波动,在猪肉价格最高的时候才去养猪,养猪本身需要一个周期,等你的猪养好了猪又不值钱了,如果你确实想养猪,应该在猪肉低价,养猪户亏损严重的时候进入。当养猪的企业少了,而你猪又育肥了,猪就值钱了。

第 3 章　生产与营销：为什么苹果建市场不建工厂

附：为什么洗衣店清洗女士衬衣比男士衬衣贵

在纽约伊萨卡贾德福尔自助洗衣店，干洗熨烫一件女士有领衬衣收费 5 美元，但男士衬衣却只收 2 美元。难道这家店歧视妇女？

有证据显示，在汽车等可还价的昂贵商品上，女性往往会劝男性多出钱。但洗衣服务并不属于此列。针对男女衣物，洗衣店一般都会贴出不同的价格，而顾客几乎从不会就此讨价还价。

一般来说，一个行业竞争性越强，给顾客区别待遇的可能性就越小。即便是在伊萨卡这样一个小城，电话黄页上也至少列着十多家洗衣店，这个数量足以保证竞争的激烈性。要是现有洗衣店为处理女士衬衣而索取的价格比成本高得多，那桌上可就有免费午餐了。竞争性公司只需贴出一张海报"女士衬衣不额外收费"，立刻就能占领大部分女装清洗市场。

既然上述价格差异持久存在，说明其根源在于处理男女衬衣的成本不同。和大多数服务行业一样，洗衣店的主要成本是人力成本。但我们很难想象，清洗女士衬衣怎么会比男士衬衣贵。毕竟，两种衬衣还不都是扔进洗衣机就完了。所以，如果成本上存在差异，肯定是在熨烫环节。只要有可能，洗衣工就会用标准熨衣机熨衬衣，它能极大地提高处理速度。可要是衬衣太小、扣子太多、细节太繁琐，就不能拿到熨衣机上熨烫。标准熨衣机还会从下摆部分紧紧夹住衬衣，在布料上留下一处显眼的压痕。不能用标准熨衣机处理的衬衣必须手工熨烫，耗时也就更长。

总体而言，熨衣机处理男士衬衣比女士衬衣更稳妥，因为后者做工大多更繁杂，更容易被机器弄坏。而且女性大多也不会把衬衣塞进裤子或裙子，要是衣服下摆被熨衣机夹出一排压痕，那简直叫人无法接受。反过来说，男人会把衬衣塞进裤子（直到最近才有所改变），所以对他们来说，有压痕问题不大。

简而言之，为什么洗衣店清洗女士衬衣比男士衬衣贵，最说得通的解释是，女士衬衣熨更起来更费事（普遍而言）。

第 4 章

消费和理性

为什么土豆涨价,购买者增多

XIAOFEIHELIXING

WEISHENMETUDOUZHANGJIAGOUMAIZHEZENGDUO

第4章 消费和理性：为什么土豆涨价，购买者增多

消费的不是物，是主观效用

兔子和猫争论着一个问题：世界上什么东西最好吃？

兔子抢先说："世界上最好吃的东西就是青草，那股清香味儿，远远胜过萝卜。特别是春天的青草，吃起来还甜滋滋的。我一说就要流口水。"

猫不同意这个意见，它说："我认为世界上没有比鱼更好吃的东西了。你想想，那鲜嫩的肉，柔软的皮，嚼起来又酥又松。只有最幸福的动物，才懂得鱼是世界上独一无二的好东西。"

它们两个都坚持自己的意见，争论了好久，还是得不到解决。最后只好去找猴子来评理。

猴子听了他们的两种意见，都不同意，它说："你们都是十足的傻瓜蛋，连世界上最好吃的东西都不知道。我告诉你们吧，世界上最好吃的东西是桃子！"

兔子和猫听了直摇头，说："我以为你要说别的什么，没想到你会说桃子，那玩意毛茸茸的，有什么好吃的？"

正如俗话说，萝卜白菜，各有所爱，有人喜欢抽烟，有人喜欢喝酒。对于喜欢抽烟的人，烟就具有效用，对于喜欢喝酒的人，酒就具有效用。但对于一位不愿意闻烟味的女士来说，香烟效用很低甚至是负效用。很显然，在做决定的时候，烟民自然会把香烟视为至宝，而女士们可能更钟情于化妆品或者衣服之类的东西。

我们身边的经济学

消费者效用是指消费者在消费商品时所感受到的满足程度。人们之所以要消费商品和服务,是因为在消费中他们的一些需要和爱好能得到满足,例如消费食品能充饥,多穿衣服能御寒,看电影能得到精神享受,等等。我们把这种从商品和服务的消费中能得到的满足感称为效用。

某种商品给消费者带来的效用因人而异,效用大小完全取决于个人主观感受,没有客观标准。比如有的消费者会喝矿泉水比喝啤酒带给他们的效用更大,吃米饭比吃面更能带给人愉悦感。这些,需要由消费者的主观感受来决定。

三国时期,诸葛亮有个出名的丑妻——黄硕。人如其名,身体壮硕,黄头发,黑皮肤,皮肤上起一些疙瘩,是当地出了名的丑女。但诸葛亮偏偏对那些大家闺秀与美貌佳人不屑一顾,娶了黄硕。

后来,邻人多以貌取人,不明就里地讥讽:"莫学孔明择妇,止得阿承丑女。"可是诸葛亮不以为意,照样同妻子过着甜蜜的生活。

原来,这个黄硕不仅聪明贤惠,还擅长发明工具。当初诸葛亮六出祁山,威震中原,众人都知道他发明了"木牛流马"和"连弩"等工具,后来又在深入南中,七擒孟获时,发明了可避瘴气的"诸葛行军散"、"卧龙丹"。但据史料记载,这些都是他的丑媳妇教给他的。当初诸葛亮之所以娶她,也正是看重了她的这些品质,才不计较容貌。于是,夫妻俩十分恩爱,如胶似漆。

在当今人士眼中看来,诸葛亮的这一"偏好"有些另类,毕竟黄硕的丑陋从作为夫妻的角度看,是不容易被接受的。只是诸葛亮独到的眼光和喜好,成就了这样一段史上佳话。通常情况下,人们认为,个体的偏好大多受感性因素的影响。这些感性因素又因人而异,有明显的差别,也就应承了那句"萝卜青菜各有所爱"。但从整个社会的角度来看,效用的形成还需要依赖多种因素,如文化因素、经济因素、社会因素等的共同作用。

胖瘦高矮,喜好不同,这一点容易理解,只是人们将此应用到爱情上时,又会产生更多的看法与争论,毕竟很多感情是"只可意会不可言传"的,局外人不可能对其有深刻的了解。亦如那句著名的诗句所写的——"情人眼里出西施",在爱情中,我们只需要尊重每个人的效用就可以了。

第4章 消费和理性：为什么土豆涨价，购买者增多

在市场经济中，企业要根据消费者的效用进行生产。一个企业要成功，不仅要了解当前的消费时尚，还要善于发现未来的消费时尚。这样才能从消费时尚中了解到消费者的偏好及变动，并及时开发出能满足这种偏好的产品。大众公司在设计生产奥迪Q5时，加入了温控杯架，因为他们发现，"中国客户走到哪儿都喜欢带着茶杯"。而通用汽车在设计新车型时，也专门为中国客户设计了宽敞、舒适的后座空间。加长车身并把后座设计得更舒适，也是这些制造商为中国客户设计豪华汽车时的共同特点，因为"中国的有钱人一般都让专职司机开车"。中国客户的这些特殊效用，不仅对汽车制造商的生产设计产生影响，更重要的是为这些汽车公司的豪华车打开了市场。

消费者总是追求物美价廉的商品，因此商家可以在商品上标明"原价××，现价××"的方式通过所谓的"原价"增加商品的预期效用。较低的现价会使消费者认为用较低的支出会得到效用较高的商品，销售量自然增加。

虽然效用是心理满足程度，无法衡量，但我们可以从每个人的行为中"看"出效用来。比如一个消费者在买一本书之前，先要看一看它的内容，至少是目录、介绍、前言、后记之类，还要看一下它的定价，衡量一下是否值得买。若他对这本书的评价（即这本书对他的效用）小于定价，他是不会掏腰包的，只有等于或大于时才会买。每个人对这本书的评价（效用）不同，才最终决定着买与否。

如果在使用商品之前不清楚商品的效用，消费者也会反过来通过价格判断商品的效用。"便宜没好货"就是这个道理。因此，商家有时候也可以利用较高的商品定价来吸引消费者，这也是市场上"越贵越买"现象形成的一个重要原因。当然贵到一定程度，或者商品成了奢侈品，买的人就会少。

我们身边的经济学

满意的不是价，是消费剩余

在一场纪念猫王的小型拍卖会上，有一张绝版的猫王专辑在拍卖，小秦、小文、老李、阿俊四个猫王迷同时出现。他们每一个人都想拥有这张专辑，但每个人愿意为此付出的价格都有限。小秦的支付意愿为100元，小文为80元，老李愿意出70元，阿俊只想出50元。

拍卖会开始了，拍卖者首先将最低价格定为20元，开始叫价。由于每个人都非常想要这张专辑，并且每个人愿意出的价格远远高于20元，于是价格很快上升。当价格达到50元时，阿俊不再参与竞拍。当专辑价格再次提升为70元时，老李退出了竞拍。最后，当小秦愿意出81元时，竞拍结束了，因为小文也不愿意出高于80元的价格购买这张专辑。

那么，小秦究竟从这张专辑中的得到什么利益呢？实际上，小秦愿意为这张专辑支付100元，但他最终只为此支付了81元，比预期节省了19元。

消费者剩余是指消费者购买某种商品时，所愿支付的价格与实际支付的价格之间的差额。在西方经济学中，这一概念是马歇尔提出来的，他在《经济学原理》中为消费者剩余下了这样的定义："一个人对一物所付的价格，绝不会超过，而且也很少达到他宁愿支付而不愿得不到此物的价格。因此，他从购买此物所得的满足，通常超过他因付出此物的代价而放弃的满足，这样，他就从这种购买中得到一种满足的剩余。他宁愿付出而不愿

第4章 消费和理性：为什么土豆涨价，购买者增多

得不到此物的价格，超过他实际付出的价格的部分，是这种剩余满足的经济衡量。这个部分可以称为消费者剩余。"

也就是说，人们希望以一个期望的价格购买某商品，如果人们在消费时实际花费的金钱比预期的花费低，人们就会从购物中获得乐趣，仿佛无形中获得了一笔意外的财富；相反，如果商品的价格高于他的预期价格，他就会放弃购买行为。他因为购买商品的实际支出低于预期价格获得某商品而得到满足。

这节省出来的19元就是小秦的消费者剩余。一般来说，在购买商品时，每个购买者都希望以低于自己支付意愿的价格买到商品，而拒绝以高于支付意愿的价格购买该商品。

消费者对于物品的评价是完全主观的。实际上，消费者剩余并没有让他实际收入增加，而是一种心理上满足的感觉。即使当他觉得消费者剩余为负数的时候，也不会出现金钱损失，只是一种心理上"值"与"不值"的差距而已。

很多时候，我们会发现一种非常奇怪的事情，你在高档的精品屋里打7折买来的东西，在外面一般的商场里价格却与自己买的基本差不多。因为你被打折的手法诱惑了，你只获得了过多的消费者剩余——心理的满足，而付出的是自己的真金白银。

一个顾客在某服装店看好了一套服装，服装的标价是800元。顾客说："你便宜点吧，500元我就买！"

店主说："你太狠了吧，再加80元！而且也图个吉利！"

顾客说："不行，就500元！"随后，他们又进行了一番讨价还价，最终朋友说："好吧，就520元！"

顾客去交款了，但是不一会儿又回来了。她有些不好意思地说："算了，我不能买了，我带的钱不够了！"

店主又说："有多少？"顾客说："把零钱全算上也就只有430元了。"

店主难为情地说："那太少了，哪怕给我凑一个整数呢？"顾客说："不是我不想买，的确是钱不够了！"

最后，店主似乎下了狠心，说："就430元钱给你吧，算是给我

开张了，说实在的，一分钱没有挣你的！"顾客满脸堆笑，兴高采烈地走了。

而顾客可能不知道，这件衣服是180元进的货。

现在都时兴讲价，顾客讨价，店主还价。店主要做的是给顾客留出来讨价还价的空间，要让顾客心理上获得一种满足！在市场经济中，很多商家为了让自己赚取更多的利润，会尽量让消费者剩余成为正数，于是采取薄利多销的销售策略，以此来吸引更多的消费者前来购买商品。

商家想方设法把消费者剩余转化为利润的例子在日常生活中比比皆是，当你在水果摊上看到刚上市的荔枝时，新鲜饱满的荔枝激起了你强烈的购买欲望，并且这种欲望溢于言表。卖水果的人看到你看中了他的荔枝，他会考虑以较高的价格卖给你。其实，你对荔枝的较强的购买欲望，表明你愿意支付更高的价格，从而有更多的消费者剩余。所以，当你询问价格的时候，他会故意提高价格，由于你的消费者剩余较多，或许你对这个价格还挺满意，毫不犹豫把荔枝买了下来。结果，你的消费者剩余转化为水果摊主的利润。

这个例子告诉我们在购买商品时应该如何维护自身利益的一些经验，比如，当我们想购买某种商品时，不要眼睛直勾勾地看着这件商品，不妨表现出无所谓的态度，甚至表现出对该商品的"不满"，这样，商家以为你不太想买，就不敢提高价格。

第4章 消费和理性：为什么土豆涨价，购买者增多

节省的不是钱，是交易成本

小陈是一个爱抽烟的人，在他家附近有卖烟的小贩。小陈明明知道小贩卖的烟的价钱比远处超市里的价格高，但小陈有时还是会在小贩这里买烟。如果要解释小陈为什么这样做，实际上就与什么叫做交易费用有关了。到小贩那里，只需走几步路；要去超市，则要坐车或骑车去。有时候，小陈不要说花车钱，就是时间也不愿搭。

在楼下小商店里买香烟，虽然贵5毛钱，但你只需要下楼就能够买到香烟。倘若去商场，你要乘车，或要多走很长时间的路，其中所消耗的时间，是你并不愿意支付的。多花5毛钱，为自己节省了大段时间和精力，对于绝大多数人来说是很合算的。

大卖场卖的商品种类很多，应有尽有，而且价格便宜，但通常都不在家门口。但便利店卖的基本都是些生活必需品，遍布居民区，而且还是24小时，很方便。在小陈看来，多花一点钱，节约时间和精力是值得的。也就是说，楼下小商店在定价的时候，已经将你的交易成本算进去了。

交易费用又称交易成本，最早由美国经济学家罗纳德·科斯提出。他在《企业的性质》一文中认为交易成本是通过价格机制组织产生的，最明显的成本就是所有发现相对价格的成本，市场上发生的每一笔交易的谈判和签约的费用，以及利用价格机制存在的其他方面的成本。

交易费用的提出，具有非常重要的意义。经济学是研究稀缺资源配置的，而交易费用理论表明交易活动也是稀缺的。市场的不确定性导致交易

我们身边的经济学

是冒风险的,因此说交易活动是有代价的,从而有了如何配置交易活动的问题。至此,资源配置问题成为经济效率问题。所以,一定的制度必须提高经济效率,否则旧的制度将会被新的制度所取代。这样,制度分析真正纳入到经济分析当中来。

无论是企业内部交易,还是市场交易,都存在着不同的交易费用。但是,我们在购买商品的时候,往往忽视了购买商品的交易费用。《韩非子》里有一则"郑人买履"的故事。

> 有个郑国人,想要到集市上去买鞋子。早上在家里时量了自己的脚,把量好的尺码放在了他自己的座位上。到了集市的时候,却忘了带量好的尺码。当他拿起鞋子的时候,才想起自己忘了带尺码,于是对卖鞋子的人说:"我忘记带量好的尺码了。"就返回家去取量好的尺码。等到他返回集市的时候,集市已经散了,最终没有买到鞋。有人问他说:"你为什么不用你的脚试鞋呢?"他说:"宁可相信量好的尺码,也不相信自己的脚。"

"郑人买履"的寓言意在讽刺那些固执己见、死守教条、不知变通、不懂得根据客观实际采取灵活对策的人。单从"郑人"买鞋的结果来看,他在集市与家之间往返两趟,浪费了大量时间和精力,最终还是没有买到鞋子。用经济学的话来说,他的交易费用实在是太高了。

我们再看生活中的具体例子:

> 小李对他的女儿视若明珠,一天,女儿想吃饺子。于是,小李清早便去排队买饺子皮,没想到排队买饺子皮的人实在太多了。等了半天之后,终于轮到他了。等他买完饺子皮回家,再急急忙忙赶去上班,还是迟到了5分钟。如果直接能购买,不用排队,就不用承担迟到的损失了。

小李买饺子皮排队所花的时间和迟到所受到的损失,就是他的交易成本。

学术界一般认可交易费用可分为广义交易费用和狭义交易费用两种。

第4章 消费和理性：为什么土豆涨价，购买者增多

广义交易费用即为了冲破一切阻碍，达成交易所需要的有形及无形的成本。狭义交易费用是指市场交易费用，即外生交易费用。包括：搜索费用，谈判费用以及履约费用。

总体而言，可将交易成本区分为以下几项：

商品信息与交易对象信息的搜集，在琳琅满目的商品种类中寻找到自己所需要的，必定要付出一定的时间或精力，这就是搜寻成本。

取得交易对象信息与和交易对象进行信息交换所需的成本，这就是信息成本。

交易成本还包括议价成本，针对契约、价格、品质讨价还价的成本。在讨价还价中，所耽误的物理应计算在内，当然还有双方调整适应不良的谈判成本。

此外，还有决策成本，即进行相关决策与签订契约所需的内部成本。

交易发生后，当违约时也要付出一定的成本。

交易成本是人与人之间交易所必需的成本。对于每个不同的人来说，其自身的交易成本是不同的。在菜市场上可以看到不少老太太与小商贩为几毛钱的菜价而讨价还价。这是因为，老太太已经退休，她用来讨价还价的时间并不能作他用，如果能买到便宜的蔬菜，就是降低自己的生活成本了。但是如果放到年轻人身上，贵几毛钱就是贵几毛钱吧，有讨价还价的时间还不如抓紧时间多挣钱。

我们身边的经济学

哥戴的不是表，是身份炫耀

国际一线品牌江诗丹顿的中国市场巡展，在友谊商店首次亮出了目前广州最贵的手表，其晶莹璀璨的外表吸引了众多眼球。

整块手表由840颗钻石组成，其中大部分是顶级的方钻。作为全球顶尖的手表奢侈品牌，江诗丹顿进入中国十多年来，首次在广州做这样的巡展并接受预定，其中一个很重要的原因就是广州的奢侈品市场越来越受到大品牌的重视。

戴一只几百元的上海手表和戴一只价值百万元的江诗丹顿手表，其使用功能是相同的，都可以显示时间。但戴一只用18K金做壳，镶满钻石的名牌江诗丹顿表能显示出主人与众不同的身份。有人这样调侃说：哥戴的不是表，是炫耀。

1894年，美国工业发展的速度已超过其他资本主义国家，跃居世界第一位。经济的飞速发展造就了一大批暴发户，而这些暴发户的行为则成了凡勃伦关注的焦点。凡勃伦以其敏锐的洞察亲眼目睹了"镀金时代"的暴发户们在曼哈顿大街构筑豪宅，疯狂追逐时髦消费品。有鉴于此，凡勃伦提出了"炫耀性消费"。这个概念最早由凡勃伦于1899年出版的《有闲阶级论——关于制度的经济研究》一书中提出来的。

经济学家把消费这种价格极其昂贵的名牌商品称为炫耀性消费，其含义是这种消费的目的并不仅仅是为了获得直接的物质满足与享受，而在更大程度上是为了获得一种社会心理上的满足；这种消费行为的目的不在于其实用价值，而在于炫耀自己的身份。

由于消费者可能是想通过使用价格高昂、优质的产品来引人注目，具有一定的炫耀性。其实，这反映了一种消费心理——"炫耀性"心理。"炫耀性"心理是指存在于消费者身上的一种商品价格越高反而越愿意购买的消费心理倾向。

简单来说，人类追求奢侈品的四个主要动机：

1. 富贵的象征。奢侈品是贵族阶层的物品，它是贵族形象的代表。由于某些商品对别人具有炫耀性的效果，如购买高级轿车显示地位的高贵、收集名画显示雅致的爱好等。戴几万元到几十万元的名表，是身份、地位、经济实力的符号与象征，就如同坐宝马奔驰，远不是解决代步交通的事一样。这类商品的价格定得越高，需求者反而越愿意购买，因为只有天价的手表，才能显示出购买者的富有和地位。一块700多万元的手表，有多少广州人能买得起？一位资深的银行界人士说，起码要年薪上千万元的人才能负担得起这么贵的手表。

2. 看上去就好。奢侈品的高级性应当是看得见的。正因为人们对其奢华"显而易见"，它才能为主人带来荣耀。所以说，奢侈品理当提供出来更多的"可见价值"——让人看上去就感到好。那些购买奢侈品的人完全不是在追求实用价值，而是在追求全人类"最好"的感觉。

3. 个性化。限量版的手表正是因为商品的个性化，才为人们的购买创造了理由。也正因为奢侈品的个性化很不像大众品，才更显示出其尊贵的价值。

湖人当家球星科比将与瑞士高级手表制造商"奴毕欧（NUBEO）"合作，推出一系列命名为"黑曼巴（Black Mamba）"的限量手表。奴毕欧是一家高级手表厂商，在美国以外的地区因旗下水母型手表而闻名。他们与科比联手，即为打造一款限量版高科技运动手表，售价在2.1万美元到28.5万美元之间。因为黑曼巴系列手表价值不菲，其中最贵的一款价格高达285000美元，很多NBA底薪球员都买不起。

4. 距离感。作为限量版手表必须制造望洋兴叹的感觉。在市场定位上，限量版的手表就是为少数"富贵人"服务的。因此，要维护目标顾客的优越感，就当使大众与他们产生距离感。奢侈品牌要不断地设置消费壁垒，拒大众消费者于千里之外。

炫富心理其实在普通人的日常生活中也很常见。消费心理学研究也表明，商品的价格具有很好的排他作用，能够很好地显示出个人收入水平。

利用收入优势，通过高价消费这种方式，高层次者常常能够有效地把自己与低层次者分开。这也正是消费者出手阔绰，常有"惊人之举"的原因所在。

对于人的消费而言，维持和延续人体基本生存的生活资料属于必需的消费品，如满足人体新陈代谢所需的食物、满足人们遮雨避风的住房等。在不同的经济发展阶段上，生存资料标准与范围也不相同，随着消费水平的不断提高，必需消费品的种类不断增加、质量不断提高。而满足于人的高级享受需要的消费品就是奢侈消费品。在经济发展的不同阶段，奢侈消费品的内涵也不尽相同，在经济发展水平低的阶段是奢侈消费品，随着经济发展就有可能转化为必需消费品。

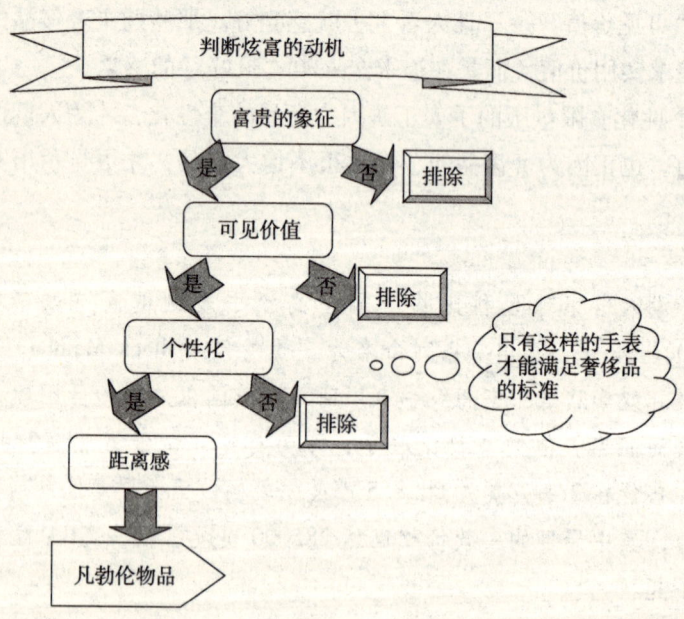

在成熟的市场经济中，消费者的行为是理性的，进行炫耀性消费的都

是企业家、演艺界大腕、社会名流等亿万富豪，他们有钱，进行炫耀性消费也是正常的。

如今，年轻的"80后"富家子弟们正逐渐走向公众的视野，与他们的父辈筚路蓝缕、艰苦创业不同，他们一出生便继承万贯家产，正成为社会的一代新贵。他们中间一些人大手大脚的消费更为社会所诟病，"二世祖"便是这些人送给他们的"雅号"。名车豪宅，香槟美酒，名牌着装，饰物，大把烧钱，之所以会频频成为"富二代"们追求的对象，其实归根到底是其"炫富"心理在作怪。

我们身边的经济学

 **冲动消费都是情绪惹的祸**

2001年，歌坛大哥大孙楠和小品明星买红妹闪电结婚，并在当年就生下了一个女儿。据买红妹自己透露，2001年，买红妹与孙楠认识不到24小时，孙楠即发出求婚：买买，你嫁给我吧！于是两人闪电结婚。

但这段婚姻并没有爱上一万年，2009年7月，媒体爆料孙楠与买红妹离婚迎娶旅游卫视女主播潘蔚。

闪婚，也被称之为冲动结婚。"冲动是魔鬼。"有人说，孙楠与买红妹的婚姻如此之短，与他们当初的冲动结婚不无关系。

美国女宇航员莉萨·诺瓦克因一时冲动，穿上宇航员特制尿布，上演了驱车千里追杀情敌的闹剧，丢了情人，又丢了饭碗，并被控犯重罪。

在经济里，冲动购物被称之为冲动消费，消费者在某种急切的购买心理的支配下，仅凭直观感觉与情绪购买商品的消费者。冲动型消费者的购买行为是商品广告、宣传诉诸情绪的强烈冲击，唤起心理活动的敏捷与定向。

在冲动消费者身上，个人消费的情感因素超出认知与意志因素的制约，容易接受商品（特别是时尚潮流商品）的外观和广告宣传的影响。

有人说，女人的钱是最好赚的。一个女人可以在冲动之下专程打"飞的"去扫荡名牌，也可以一时兴起买下上万的穿不上几次的衣服。经济学家说，女人的这种消费"轨迹"无法琢磨，因为没有一丝规律可循。她们

第4章 消费和理性：为什么土豆涨价，购买者增多

都是典型的冲动消费者。

一日，一对情侣逛街。原本，男友只是想陪女友散散心，没想到……

女友进入一家服饰店，先看到一件吊带小裙，标价1000元。

女友："亲爱的，你对我的爱是不是无价的？"

男友："真爱无价。"

女友："那……这件，我特别喜欢，买了吧。"

男友立刻去付账。

这时，导购小姐对女友说："小姐，我们这里还有外套小衫，靴子高跟鞋，可以同您的裙子搭配，非常时尚，要不您看看？"

女友被说动，一一试穿，感觉不错。

见男友回来，接着说："亲爱的，你对我的爱是不是无价的？"

男友："那还用说，真爱无价。"

女友："那……你看这些和我的衣服很搭的哎，也买了吧。"男友再去付账，又消费掉3000元。

导购小姐又走过来说："小姐，您身材这么好，我们这里刚好有一批上等的冬装，即漂亮又实惠，不过是上个季节的高档品了，全打四折甩卖。你要不要也看看？"

男友："大夏天的，买什么冬装？"

女友未表态，随导购小姐进了屋里，果然看到很多名牌冬装，爱不释手。拿了四五套。冲出来对男友说："亲爱的，你对我的爱是不是无价的？"

男友一看女友的架势，非常尴尬，不得不接着刷卡。

没想到，卡刷到一半，刷爆了。男友看着女友，哭笑不得地说："亲爱的，这回真成无价的了！"

冲动型消费，在男性眼里，是不可理喻的不成熟表现，而在女性眼中，是再正常不过的状态。在消费者群体中，商家最想诱惑的就是"娘子军"，最不敢得罪的也是"娘子军"，因为她们身上携带着难以想象的商机。原本没有想要买东西，但在衣服的诱惑下购物，原本不需要更多的东

西，却刷爆了卡。

一项科学调查显示，90%的18~35岁的女性都有过非理性消费行为，甚至，非理性消费占女性消费支出五分之一以上。女性的非理性消费彻底颠覆了经济学家所能预测的消费模式。你常常会看到这样的现象，她们在进入超市之前做了周密的购物计划，但在出来的时候却买回不少自己喜欢但并不实用、甚至根本用不上的商品。

所以，琢磨女人的消费动态，就成了难以完成的任务，她们总是有很多消费理由。但困扰着经济学家们的是：女性为什么倾向于非理性消费？

经过研究，主要是由几大因素共同促成的。

首先，女性容易受情绪因素的影响。据统计有，50%以上的女性在发了工资后会增加逛街的次数，40%以上的女性在极端情绪下（心情不好或者心情非常好的情况），增加逛街次数。其发生几率同男性去喝酒（开心时和不开心时）的几率几乎相同。可见，购物消费是女性缓解压力、平衡情绪的方法，不论花多少钱，只要能调整好心情，80%左右的人都认为值得。

其次，女性的敏感情绪还容易受到人为气氛的影响。例如，受到打折、促销、广告等因素的影响。据专家针对北京、上海、广州三地18~35岁青年女性的调查显示：因打折优惠影响而购买不需要物品的女性超过50%，受广告影响购买无用商品或不当消费的女性超过20%，因商品店内的时尚气氛和现场展销而消费的女性超过40%，因受到促销人员诱导而不当消费的女性超过50%。

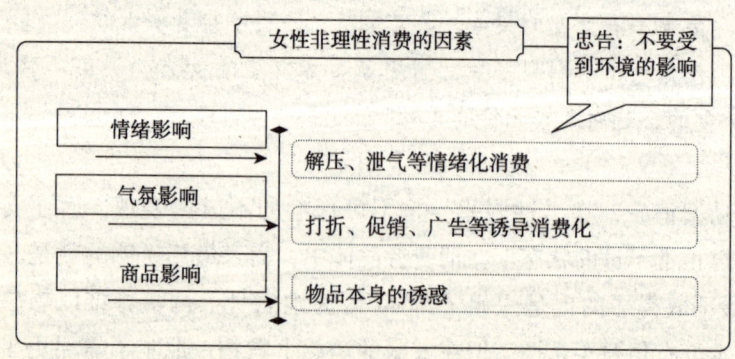

另外,女性在选择物品时,态度更倾向于犹豫和动摇,形成过度消费。尤其是在面对众多种类的商品时。在美国加州的一家杂货店内,经济学家们做过一个测试:他们在货架上排上 6~20 种不同的果酱。商家将每三种用胶带封在一起。某家庭主妇欲购买特定的三种,但它们被两种不同的胶带封在一起。思考再三后,该主妇购买了两个封条的六瓶果酱。

事实上,对于所有人来说,商品选择多的时候,通常都难于选择。但这点在女性身上表现得更为明显。当她们面对众多选择时,常常会忘记自己最初的需求,在其他货品的吸引下,改变购买的想法。这也是经济学家们认为女性不适合做传统经济学中理性十足的"经济人"的原因,仅从消费这一点看,她们犯的错误太多了。

我们身边的经济学

附：为什么天然会成为消费陷阱

市场上经常可以看到"一洗黑"的洗发新产品，这一类洗发水大都宣传是纯天然植物制成，使用后头发很快就能变黑，安全又方便。

2009年1月4日中央电视台《每周质量报告》曝光了"一洗黑"背后的秘密，多个品牌的"一洗黑"洗发水实际上就是添加但未标明加入了"对苯二胺"的染发剂。而标明自己是纯天然成为它最大的噱头，如标称为"首领一洗黑草本精华洗护套装"，每盒售价168元，比市面上的普通洗发水贵上数倍。

以"天然"之名对产品进行宣传，进而实施高价格销售，是商家经常使用的手法之一。天然食品流行的最重要的原因，是因为由于不断有食品危害身体健康的消息出现，很多人认为天然食品更好。于是商家应顾客之所需，市场上便大量出现了所谓的"天然食品"。消费者通过理性分析可以知道，市面上不可能有这么多天然食品，绝大部分的天然食品就是假借"天然"的噱头。

消费者在消费过程中一定要注意类似的消费陷阱。媒体上，有关消费陷阱的例子不胜枚举，大学生、教授、政府职员和家庭主妇屡屡上当受骗的新闻经常见诸报端。毕竟我们的消费者还是"肉眼凡胎"，面对五花八门、形形色色的诈骗伎俩，可谓防不胜防。

仔细研究一下那些形形色色的骗术，实际上并不复杂，也不高明，多

第4章 消费和理性：为什么土豆涨价，购买者增多

是些"草台班子"的小儿科作品。但就是这样的弱智骗术，仍然会让高智商的大学生和专家学者们上当受骗。而消费陷阱为什么屡屡出现呢？

首先是那些消费者们耳熟能详的名人们。他们代言了自己根本不会使用的产品，仅仅因为给了钱，就成为企业产品的"应声虫"，屡屡曝光出明星代言的产品出现问题就反映了这一点。

其次是那些充当假冒伪劣产品欺诈平台的某些电视媒体。整日整夜里狂轰滥炸的低俗广告，有些电视台在播放电视剧时，广告时间甚至是电视剧时间的数倍。于是，几个俄罗斯人穿上白大褂，变成了哈佛教授；明明就在郊区生产，转眼便成了"德国原版"；"纳米"、"基因"技术，实际不过是一块普通的线路板……

面对越来越多的选择，市场上的商品质量良莠不齐，很多商品以次充好。因此在消费活动中，消费者应该用理性的经济学头脑，分析识别市场上商家的各种行为。同时要了解各种产品知识，尽可能扩大自己的知识面。

当消费者也不容易，必须要有孙悟空的本领：练就火眼金睛，辨识"李逵"与"李鬼"。

第 5 章

竞争与市场垄断
为什么手机要双向收费

JINGZHENGYUSHICHANGLONGDUAN
WEISHENMESHOUJIYAOSHUANGXIANGSHOUFEI

第 5 章 竞争与市场垄断：为什么手机要双向收费

完全竞争的农产品不随意降价

在美国的阿拉斯加自然保护区里，人们为了保护鹿，就消灭了狼。鹿没有了天敌，生活很是悠闲，不再四处奔波，便大量繁衍，引起了一系列的生态问题，致使瘟疫在鹿群中蔓延，个体大量死亡。

后来护养人员及时引进了狼，狼和鹿之间又展开了血腥的生死竞争。在狼的追赶捕食下，鹿群只得紧张地奔跑以逃命。这样一来，除了那些老弱病残者被狼捕食外，其他鹿的体质日益增强，鹿群恢复了往日的生机。

鹿群的故事表明竞争是必要的，在人类经济生活中，竞争对人类发展的促进作用也是非常明显的。

完全竞争即完全依靠价格这只"手"来调节供求。完全竞争具备两个不可缺少的因素：所提供销售的物品是完全相同的，不存在产品差别；买者和卖者都很多且规模相当，以至于没有一个买者或卖者可以影响市场价格。例如，小麦市场就是一个很典型的完全竞争市场，有成千上万出售小麦的农民和千百万使用小麦和小麦产品的消费者。由于没有一个买者或卖者能影响小麦价格，所以，每个人都把价格作为既定的。

因此，完全竞争具备以下几个特点：

第一，市场上有大量企业，而且每个企业的规模都很小，它们的产量在市场上占的比例几乎可以忽略不计。每一家企业无论增加或减少产量对市场价格都毫无影响。市场价格完全是由供求关系自发决定的，企业只能接受而无法施加任何影响。我国生猪及猪肉市场也是一个典型的完全竞争市场。生猪农户散养在我国养猪业中所占比例约80%，一般饲养规模较小，如河北省1998年800多万养猪户平均每户养猪2头多。四川省年出栏肉猪10头以下的农户大约提供猪肉产量的85%以上。

第二，生产者所能提供的商品是无差别的。所有商品提供者的商品都是一样的，因而买谁家的商品对于消费者来说是没有差别的。如果多逛逛农贸市场，你很快就会发现，作为生活必备食品，几乎家家户户都要提个袋子或篮子去买鸡蛋，而且，卖鸡蛋的摊位也实在是很多。如果我们"理想"一下，就可以认为鸡蛋市场上有无数的买者和卖者。每个摊点的鸡蛋都大同小异，只要不是碎的、坏的，一般没有人去较真，硬要比较不同摊位的鸡蛋有什么区别，否则，那就真成了"鸡蛋里挑骨头"了。所以，可以看做所有的鸡蛋完全同质。

第三，在这个市场上，各种资源能够自由流动。也就是说，要想加入这个市场并无任何阻力，任何人都有资格进入该市场。另外，退出这一市场原则上也不存在任何障碍。只要这个行业有利润，其他企业就会迅速进入，直至供给增加，利润消失。只要这个行业有亏损，原有的企业就会迅速退出，直至供给减少，亏损消失。

第四，在这个市场上，买者和卖者对市场的情况有充分的知识，不存在由于一方垄断信息而引起的信息不对称，以及由此产生的垄断。

一般来来说，在现实经济生活中，只有农业生产等极少数行业比较接近完全竞争市场。因为在农业生产中农户的数量多而且每个农户的生产规模一般都不大，同时，每个农户生产的农产品产量及其在整个农产品总产量中所占的比例都极小，因而，每个农户的生产和销售行为都无法影响农产品的市场价格，只能接受农产品的市场价格。如果有的农户要提高其农产品的出售价格，农产品的市场价格不会因此而提高，其最终结果只能是自己的产品卖不出去。如果农户要降低自己农产品的出售价格，农产品的市场价格也不会因此而下降，虽然该农户的农产品能以比市场价格更低的价格较快地销售出去。但是，不可避免地要遭受很大的经济损失。这样，农户降低其农产品价格的行为就显得毫无实际意义了。

第 5 章 竞争与市场垄断：为什么手机要双向收费

价格战是占据市场的有效手段

哈尔滨中央大街 2001 年上演了一幕药品价格大战。2000 年 12 月，位于中央大街南端的宝丰药品总汇刚刚开业，就扔出了一枚"炸弹"——总体价位低于同行 40%～50%。与其相邻的两家老药店——"同泰"和"人民"立即应战。

在"宝丰"出现以前，哈尔滨药品零售市场基本上是医药公司和药材公司的天下，两个公司旗下的零售连锁店——"同泰"和"人民"，分别拥有 40 多家的零售网点。宝丰开业的第二天，"同泰"和"人民"分别打出大幅广告，宣布所售药品全线降价，让利于民。2001 年 5 月，医药公司又在宝丰对面开了一家面积在两三千平方米的康泰药品超市，针对宝丰竞争。

据统计部门资料显示：仅 2001 年 1 至 9 月，哈尔滨市西药价格累计比上一年年同期下降 8.3%，其中，在人民药店，一盒双黄连口服液，原价 18 元，现价是 7.2 元；一盒急支糖浆，原价 7.4 元，现价 4.2 元；在同泰中央大药房，一盒同仁堂的乌鸡白凤丸原价 16 元，现价是 11.5 元，在宝丰，一盒 7.8 元的逍遥丸卖 4.8 元。

另外，在各个药店，一楼的各个药品展示台前是人来人往，二楼付款处还要排队，据说在周末和每天的高峰时间，人比平时还要多一倍。

价格战是指生产者为了达到倾销商品，占领市场的目的，而采用降价

我们身边的经济学

销售的竞争策略。据报道，2009年2月中旬，格力、海尔、美的、三菱四家大的空调厂商陆续同国美签订了采购单总金额将高达100亿元的采购合同。仅海尔一家便与国美签下了16亿元的采购订单，向后者提供50万台畅销特价机型。同时，四大厂商的产品也成功地挤垮了其他空调厂商，成为市场上极具销售规模的"四大金刚"。

除了空调大战，人们还会看到打得热火朝天的冰箱大战、彩电大战、微波炉大战等等，似乎在每种产品上，都能闹出一点战火。就算各种商品质量相似，但厂商还可以比拼价格。于是，在任何一个领域，我们都能用"价格战"来描述中国公司之间的竞争。

降价竞争对有的企业是战略决策的需要，对有的企业则是市场环境下的无奈的行动。启动消费，抢夺市场是企业生存的关键，生产的产品难以售出则意味着危机，利润一时没了，来日还可以挣回，市场没了，则等于丢了江山，这才是生命攸关的大事。

由此说明，在激烈的竞争环境下，立足于企业的现实，即使在多种多样的营销策略面前，价格的作用仍不可忽视，价格竞争的环境还没有消失，价格仍是企业掌握的一张竞争王牌。甚至有人说："很难想象，如果没有价格的竞争手段，企业还能依靠什么在市场竞争中取得优势。"

美国费城西部的某条街上，有两家布料商店——纽约贸易商店和美洲贸易商店，这两家店相对而开。由于同样是卖布料的商店，两家的老板间常常出现争吵，而爆发"价格战"更是家常便饭。

比如，纽约贸易商店的窗口突然挂出一个木牌，上面写着："出售爱尔兰亚麻被单，每床价格6美元。"这时，美洲贸易商店的窗口也挂出了一块木牌："本店被单定价仅为5.9美元！"

两个老板互不相让，不断地降价，直到最后，他们其中有一个愿意认输。这时，输掉的老板一定会当街大骂，说获胜的老板是疯子。没多久，这两个老板"事迹"就被宣扬开去，越来越多的人开始跑到这一带来买东西。因为，每次在他们的"价格大战"结束时，人们就能买到各式各样物美价廉的商品。

这样的日子一直持续了三十多年……

后来，两人中的一个老板突然去世了，一周后，另一位老板以年

第5章 竞争与市场垄断：为什么手机要双向收费

纪大为由也退休了。而此时，一个令人意想不到的真相浮出水面：这两个平日相互咒骂的老板竟然是同胞兄弟！

这个老板利用价格战的经营策略，让消费者感觉图到了便宜，从而使商品大卖，这也是商家反过来利用价格战。

在近几年的价格战中，无论是哪个行业，挑起价格战的企业都得到了不小的好处，有的市场份额大幅上升，确立或稳固了行业龙头老大的位置；有的知名度迅速提高，赢得了消费者倾心，这正是降价策略的魅力所在。

技术的、服务的、品牌的竞争是企业制胜的法宝，但这只能满足消费者对产品价值的追求，却无法满足消费者追求实惠的心理，物美还需价廉。

当今社会，市场经济发达、生产规模扩大，市面上逐渐出现了产品过剩的局面，也就是——"商品丰富，货源充沛"。这一消息，对消费者来说，等于在挑选产品时有了更多的机会；对于经营者来说，则是在提醒他们不得不在产品的品种、服务、价格等方面展开激烈竞争。很快，市面上硝烟四起，各式各样的无声"战争"爆发，其中尤以价格战最为残酷，最为直接有效，最能彻底摧毁对手。于是，降价，打价格战，成为了很多品牌产品占据市场的最佳选择。

我们身边的经济学

食客分为三等是因为价格差异策略

孟尝君是战国后期著名的政治家，他养有三千食客，被称为战国四公子之一。

有一位叫冯谖的人因穷困潦倒，无以维持生计，便托人请求孟尝君，表示愿意在他的门下寄居为食客。孟尝君问他有什么爱好，他回答说没有什么爱好。又问他有什么才能？回答说没有什么才能。孟尝君听后笑了笑，但还是接受了他。

旁边的人因看到孟尝君看不起冯谖，就供给他粗劣的饭菜。按照孟尝君的待客惯例，门客按能力分为三等：上客吃饭有鱼，外出乘车；中客吃饭有鱼外出无车；下客饭菜粗劣，外出自便。

过了一段时间，冯谖倚着柱子弹着自己的剑，唱道："长铗归来乎！食无鱼。"要求改善生活待遇。左右的人把这事告诉了孟尝君，孟尝君改善了他的伙食。

又过了一段时间，冯谖弹着他的剑，唱道："长铗归来乎！出无车。"左右的人都取笑他，并把这件事告诉给孟尝君，孟尝君给他配备了马车。

这使冯谖深受感动，后来为孟尝君政治地位的稳定作出了重要贡献。

孟尝君将他的食客分为三等，上等和下等食客的待遇是截然不同的。消费经济学中，这类似于价格差异战略。

第5章 竞争与市场垄断：为什么手机要双向收费

价格差异通常指商品或服务的提供者在向不同的接受者提供相同等级、相同质量的商品或服务时，在接受者之间实行的不同的销售价格或收费标准。经营者将同一种商品或服务，对条件相同的若干买主实行不同的售价，则构成价格差异行为。

雷克萨斯是目前世界范围内最成功的日系豪华车，中国市场主要有 GS300 和 GS430 两款车型。2008 年国内 GS300 68.8 万元的售价跟德国市场约合人民币 44 万元的价格比起来高了 20 余万元，更是比美国高出一倍的价钱。雷克萨斯 GS430，在美国市场的售价为 51500 美元，在欧洲市场售价为 54200 欧元，折合人民币均只有 40 万元左右。而同一款汽车，在国内的售价却超过 90 万元。这就是差异定价的一个案例。

价格差异的前提是市场分割。如果生产者不能分割市场，就只能实行一个价格。如果生产者能够分割市场，区别顾客，而且分割的不同市场具有明显不同的支付能力。这样企业就可以对不同的群体实行不同的商品价格，尽最大的可能实现企业较高的商业利润。雷克萨斯就是成功分割市场，将中国市场的富豪支付能力视为最高，从而为它的"差异定价"提供了依据。

运用差异定价有两个不可或缺的条件：一是实行差异价格的商品本身是不能转卖的，谁购买谁消费，不能低价买进再高价卖出去；而是要能用一个客观标准对消费者进行细分，即分为需求弹性不同的消费群体。

对于商家而言，实行价格差异的目的是为了获得较多的利润。如果按较高的价格把商品卖出去，生产者就可以多赚一些钱。因此，生产者将尽量把商品价格定得高些。但是如果把商品价格定得太高了，又会赶走许多支付能力较低的消费者，从而导致生产者利润的减少。如何采取一种两全其美的方法，既以较高的商品价格赚得富人的钱，又以较低的价格把穷人的钱也赚过来。这就是生产者所要达到的目的，也是价格差异产生的根本动因。

当企业有定价权时，实行差异定价有助于实现利润最大化。主要的差异定价可分为以下几种：

我们身边的经济学

一种是一级价格差异，即对每个消费者都收取不同的价格。最典型的是在医疗市场上，医生可以根据每个患者的情况不同收取他们的价格。

另一种是二级价格差异，即对一定数量的物品收取一种价格，对另一定数量的同样物品收取另一种价格。例如，某服装公司推出一种新的时尚女装，首先把高收入群体作为目标群体，这些人需求缺乏弹性，就可以对先上市的一批衣服收取高价。这部分人的需求得到满足后，就降低价格，卖给需求富有弹性的一般消费者。

市场上最常见的就是三级价格差异，根据不同市场上的需求价格弹性不同，实施不同的价格。其中运用最成功的就是国外的民航了。民航的差异定价是指同一个航班同样航位的乘客所支付的单价不同。民航机票要实名凭证件登机，不能转让；此外，民航乘客可分为公务乘客和私人乘客，前者对价格缺乏弹性，后者对价格富有弹性。民航是怎么实行价格差异的呢？他们把是否周六晚上在对方城市过夜作为区分两类乘客的标准并实行差异定价。因为通过调查发现，在往返于两地的乘客中，公务乘客周六晚上通常不在对方城市过夜，而私人乘客没有这个规律。此外，提前购票时间也是区分两类乘客的标准，一般私人乘客出行都是有计划的，因而一般提前订购机票。

价格差异是一种有效的竞争策略，不仅有助于增强企业竞争力，实现其经营目标，并且顺应了消费者的心理差异，满足了消费者多层次的需要。

第5章 竞争与市场垄断：为什么手机要双向收费

企业兼并，是福还是祸

在一次与沃尔沃工会谈判时，沃尔沃工会问："你能不能用三个字形容你为什么比其他竞争者更好？"吉利集团董事长李书福："可以，I LOVE YOU。"从2002年李书福在公司内部称要收购沃尔沃，到2010年3月28日下午在瑞典签约，李书福终于圆了梦。

2010年3月28日晚9点，吉利正式与美国福特汽车公司达成协议，以18亿美元收购福特旗下的沃尔沃轿车，获得沃尔沃轿车公司100%的股权以及相关资产（包括知识产权）。专家指出，正处于往高端汽车转型时期的吉利抓住金融危机的机遇，成功收购沃尔沃，这是中国民营汽车企业走向国际化道路上取得成功的标志性事件，而浙江吉利控股集团董事长李书福成为了人们眼中最幸福的中国人。

吉利收购沃尔沃是国内汽车企业首次完全收购一家具有近百年历史的全球性著名汽车品牌，并首次实现了一家中国企业对一家外国企业的全股权收购、全品牌收购和全体系收购。

吉利收购沃尔沃并非一蹴而就。早在2002年，李书福就动了收购沃尔沃的念头，对其研究已有8年多，首次正式跟福特进行沟通也距今将近3年。在李书福看来，吉利对沃尔沃及汽车行业的理解，以及对于福特的理解等，都是福特选择吉利作为沃尔沃新东家非常重要的元素。

李书福有一个比喻，他说吉利收购沃尔沃，就像是一位农村小伙子爱

上了一位电影明星。"并不是有钱就能买到全球三大名车之一的沃尔沃,反过来讲,也并不是说钱不多就买不到。"李书福认为,中国在采购与研发方面所蕴涵的成本优势,必将增强未来沃尔沃轿车的全球竞争力。

企业兼并在当今已经屡见不鲜。当优势企业兼并了劣势企业,后者的资源便可以向前者集中,这样一来就会提高资源的利用率,优化产业结构,进而显著提高企业规模、经济效益和市场竞争力。

对这起并购事件,商务部对外投资和经济合作司李明光处长对《中国经济周刊》表示,国内整车制造企业去收购境外整车制造企业,吉利虽然不是第一例(2004年上汽收购韩国双龙),但影响却很大。在李明光看来,中国巨大的市场份额也是吸引沃尔沃的主要因素之一。

"尽管吉利的技术实力不如沃尔沃,但是我们有巨大的国内市场作为支撑,对重振沃尔沃品牌有好处。"李明光说。他认为,这起并购案对中国制造业振兴会起到示范带动作用。"中国的民营企业已经具有开展跨国经营的视野和能力,我们不能忽视民营企业在'走出去'当中的地位和作用。"

对于一个国家而言,企业兼并有利于其调整产业结构,在宏观上提高资源的利用效率。对兼并的研究,一直是经济学家的重点课题。

当今世界上,任何一个发达国家在其经济发展过程中,都经历过多次企业兼并的浪潮。以美国为例,在历史上就曾发生过5次大规模企业兼并。其中发生于19世纪末20世纪初的第一次兼并浪潮便充分发挥了优化资源配置,在微观上和宏观上"双管齐下"的巨大威力,不仅使得企业走上了腾飞之路,更是基本塑造了美国现代工业的结构雏形。

由于兼并涉及两家以上企业的合组,其操作将是一个非常复杂的系统工程。成功的企业兼并要符合这样几个基本原则:"合法"、"合理"、"可操作性强"、"产业导向正确"以及"产品具有竞争能力"。同时,企业兼并还要处理好"沟通"环节,包括企业之间技术的沟通,以及人与人的交流。只有这样,才能使企业兼并发挥它的优势,否则将会适得其反,在未能达到兼并目的的同时反受其害。有统计表明,全球一半以上的企业兼并行为都没有达到预期的目标——从表面上看,企业规模是增加了,但却没有创造出经济效益,更有甚者,因为兼并使得企业失去了市场竞争力。

产业经营是做"加法",企业兼并是做"乘法"。很多企业家看到了

第5章 竞争与市场垄断：为什么手机要双向收费

"乘法"的高速成长，却忽视其隐藏的巨大风险，现实中有太多在产业界长袖善舞的企业家最后在资本运营中折戟沉沙。

TCL从一个做磁带的小厂一跃成为风靡一时的全球彩电龙头，领地也逐步扩大，由地区到全国，从国内到海外。李东生曾经大呼"现在是该甩开膀子到海外去大干一场的时候了！"困难重重的TCL并购汤姆逊由此开始。

2003年11月4日，李东生和法国汤姆逊公司行政总裁达哈利正式签订协议，重组双方的彩电和DVD业务，组建全球最大的彩电供应企业——TCL汤姆逊电子公司，即TTE。在这个即将诞生的合资公司中，TCL占67%的股份，绝对控股。这是我国企业第一次兼并世界500强企业的主营业务。

根据当时的计划，TTE将年销彩电1800万台，成为全球最大的彩电供应商。这意味着中国企业首次有实力重构主流产业的世界版图。

谈起汤姆逊，不得不提曾经环绕在他头上的光环，"彩电鼻祖——拥有3.4万项彩电技术专利"。李东生也被这些光环所吸引。他在各种场合不断表达出对此次收购的看好："这带给我们的优势就是获取核心技术和国外的销售网络，再加上TCL成熟的管理团队、低廉的人力成本以及巨大的国内市场，这将是一个双赢的收购。""如果吞下汤姆逊的彩电业务，TCL将有机会成为彩电领域的全球第一。这对我的诱惑很大。"

然而，事与愿违。因为收购汤姆逊彩电业务，2005和2006年TCL受累连续亏损两年，戴上了*ST的帽子，2007年才实现扭亏。

而由于欧洲业务持续亏损，TTE欧洲公司2007年4月申请破产清算，接踵而来的是一纸诉状。2010年末，TTE欧洲公司清算官将TCL告上法庭，就TCL多媒体等非法侵占或转移该公司客户及无理取得雇员保存计划等提出索赔诉讼。

国际著名投行摩根士丹利和BCG顾问公司分别为TCL出具了风险评估报告，风险报告中指出，全球企业重组整合的失败率高达60%，绝非小概率事件。

"若 CRT 技术继续盛行，法国政府怎么会同意 TCL 收购汤姆逊彩电业务？显而易见，TCL 接过来一个别人想要甩掉的包袱。"帕勒咨询机构首席顾问罗清启这样认为。

TCL 兼并带来了亏损、诉讼等等风险，并购并非是 1+1=2 的事情，当下很多中国企业为了出击欧洲市场收购西方的没落企业；或者是中国企业为了利用中国消费者崇洋媚外的心态收购欧洲企业品牌，如皮尔·卡丹。无数的案例证明这不一定是可取的，随着越来越多走出去的机会，企业兼并，特别对外兼并，一定要慎行。

第 5 章 竞争与市场垄断：为什么手机要双向收费

附：为什么美国人想搞垮英特尔

2009 年，美国联邦贸易委员会（FTC）16 日对全球最大芯片制造商英特尔提起诉讼，指控英特尔十年来涉嫌非法利用其市场主导优势压制竞争对手，稳固其垄断地位。

英特尔总部设在加州硅谷圣塔克拉拉市，客户主要有戴尔、惠普、IBM 等电脑大厂。占据个人电脑微处理器大约百分之八十的市场份额。

联邦贸易委员会对英特尔的指控主要包括，使用威胁及捆绑价格等不正当竞争手段阻断对手进入市场，剥夺消费者的选择自由，限制芯片工业的创新等。联邦贸易委员会不追究经济处罚，但将敦促英特尔改变其竞争方式。例如重新定价，限制打包产品以及有可能的专利分享等。英特尔花费了十亿二千五百万美元解决了与对手 AMD 的反垄断及专利纠纷。

英特尔随后发表声明称联邦贸易委员会的指控"误导"。英特尔的做法"完全公平合法"，并且"有益于消费者"。声明指出，英特尔在高竞争的芯片产业中扮演重要角色，令芯片技术得以保持不断创新，价格不断下降，表现优于任何其它行业。声明最后表示，联邦贸易委员会试图更改现有法律，这种行为才是打击创新，抬高价格并因此伤害消费者权益。

在美国，英特尔的这种捆绑行为被视为是滥用经济优势的行为，它不

我们身边的经济学

仅受到《克莱顿法》第 3 条的制约,同时也受到《谢尔曼法》第 1 条和第 2 条的限制。

1890 年,美国国会制定的第一部反托拉斯法,也是美国历史上第一个授权联邦政府控制、干预经济的法案《谢尔曼法》。

该法规定:凡以托拉斯形式订立契约、实行合并或阴谋限制贸易的行为,均属违法,旨在垄断州际商业和贸易的任何一部分的垄断或试图垄断、联合或共谋犯罪。违反该法的个人或组织,将受到民事的或刑事的制裁。

美国最主要的还是害怕英特尔的垄断,竞争已在全球各地被视为推动经济增长的基本力量,是市场经济之神。反垄断和维护竞争因而成了实行市场经济制度的各国经济立法和司法的根本原则。长期以来,垄断者只要被确认,便逃不过被绳之以法的命运。

第6章

宏观经济指数
"被增长"的财富
HONGGUANJINGJIZHISHU
BEIZENGZHANGDECAIFU

第6章 宏观经济指数:"被增长"的财富

理性看待 GDP 的增长

网上流传着一则有关 GDP 的笑话:

一天,两位正在散步的经济学家为了一个问题争论了起来。正在难分高下的时候,突然发现前面的草地上有一堆狗屎。甲就对乙说:"如果你能把它吃下去,我愿意出五千万。"五千万的诱惑可真不小,吃还是不吃呢?乙掏出纸笔,进行了精确的计算,很快得出了经济学上的最优解——吃!于是甲损失了五千万,当然,乙的这顿饭吃得也并不轻松。

两个人继续散步,突然又发现了一堆狗屎,这时候乙开始剧烈反胃,而甲也有点心疼刚才花掉的五千万。于是乙说:"你把它吃下去,我也给你五千万。"于是,甲经过思考也得出了经济学最优解——吃!甲心满意足地收回了五千万,而乙似乎也找到了一点心理平衡。

可突然,天才们同时号啕大哭:闹了半天我们什么也没得到,却白白吃了两堆狗屎!他们怎么也想不通,只好去请他们的导师。

没想到,听了两位高徒的故事,泰斗无比激动,只见他颤巍巍地举起一根手指头说:"一个亿啊!一个亿啊!我亲爱的学生们,感谢你们,你们仅仅吃了两堆狗屎,就为国家的 GDP 贡献了一个亿的产值!"

吃狗屎能创造 GDP,这是件可笑的事情。GDP 即国内生产总值。通常对 GDP 的定义为:一定时期内(一个季度或一年),一个国家或地区的经济中所生产出的全部最终产品和提供劳务的市场价值的总值。

GDP是三个英文单词首字母的组合：gross，即毛的、总的；domestic，即国内的；product，即产值，翻译成汉语就是"国内生产总值"。GDP是指一个国家在一年内，所生产的全部最终产品（包括劳务）的市场价格的总和。

在经济学中，GDP常用来作为衡量该国或地区的经济发展综合水平通用的指标，这也是目前各个国家和地区常采用的衡量手段。GDP是宏观经济中最受关注的经济统计数字，因为它被认为是衡量国民经济发展情况最重要的一个指标。

GDP的计算方法通常有以下几种：

1. 生产法

生产法是从生产角度计算国内生产总值的一种方法。从国民经济各部门一定时期内生产和提供的产品和劳务的总价值中，扣除生产过程中投入的中间产品的价值，从而得到各部门的增加值，各部门增加值的总和就是国内生产总值。计算公式为：总产出－中间投入＝增加值

GDP＝各行业增加值之和

也可以表示为 GDP＝$\sum$各产业部门的总产出－$\sum$各产业部门的中间消耗

2. 收入法

收入法是从生产过程中各生产要素创造收入的角度计算GDP的一种方法。即各常住单位的增加值等于劳动者报酬、固定资产折旧、生产税净额和营业盈余四项之和。这四项在投入产出中也称最初投入价值。各常住单位增加值的总和就是GDP。计算公式为：

GDP＝$\sum$各产业部门劳动者报酬＋$\sum$各产业部门固定资产折旧＋$\sum$各产业部门生产税净额＋$\sum$各产业部门营业利润

3. 支出法

支出法是从最终使用的角度来计算GDP及其使用去向的一种方法。GDP的最终使用包括货物和服务的最终消费、资本形成总额和净出口三部

第6章 宏观经济指数："被增长"的财富

分。计算公式为：

GDP = 最终消费 + 资本形成总额 + 净出口

从生产角度，等于各部门（包括第一、第二和第三产业）增加值之和；从收入角度，等于固定资产折旧、劳动者报酬、生产税净额和营业盈余之和；从使用角度，等于总消费、总投资和净出口之和。

现今世界上，每个国家都非常关心经济增长。因为没有经济的适当增长，就没有国家的经济繁荣和人民生活水平的提高。例如，西方国家认为中国富强，就是因为它的 GDP 增长迅速，同其他世界大国相比，在经济总量、GDP 大小上，中国已经位居世界前二。

2011年2月，日本内阁府公布2010年全年经济数据，按可比价格计算，2010年日本名义GDP为5.4742万亿美元，比中国低4000多亿美元，排名世界第三。这也是1968年以来，日本经济首次退居世界第三。

2010年日本实际GDP增长3.9%，名义GDP增长1.8%。其中第四季度日本实际国内生产总值环比下降0.3%，这是日本经济五个季度来首次出现负增长。

日本内阁官房长官枝野幸男公开表示，对日本GDP被中国赶超表示欢迎。他还表示，人均GDP方面日本仍然是中国的10倍多，重要的是日本应当如何汲取其活力。为了将发展优势传给下一代，日本将继续推进经济增长战略。

GDP是目前衡量国民财富总量无可替代的指标。中国在古代社会和农业社会一直位列全世界最发达的国家行列，自清代中后期以来才在工业革命浪潮中落后。上世纪初，中国GDP总量在世界排名最后二十位，现在终于上升到世界第二，说明中国国力的增强。

"中国仍然是一个发展中国家，人均GDP不但只有日本的十分之一，甚至不到世界平均水平的一半。而日本的发展，比如城乡之间、经济社会之间的发展比较平衡，而我们发展不平衡问题突出，差距很大。"北京大学国民经济核算研究中心研究员蔡志洲表示。

我们先来看一下世界各国家和地区人均GDP。此为IMF公布的世界各

我们身边的经济学

国家和地区人均GDP（据2010年4月最新数据）

排名	国家	人均GDP（美元）
1	卢森堡	104511.86
2	挪威	79085.00
3	卡塔尔	68871.71
4	瑞士	67559.57
5	丹麦	56115.35
6	爱尔兰	51356.28
7	荷兰	48222.92
8	阿联酋	46856.80
9	美国	46380.91
10	奥地利	45989.22
11	澳大利亚	45586.53
12	芬兰	44491.54
13	瑞典	43986.18
14	比利时	43533.25
15	法国	42747.22
16	德国	40874.64
17	日本	39731.04
18	加拿大	39668.62
19	冰岛	37976.65
20	新加坡	37293.42
21	意大利	35435.15
22	英国	35334.32
23	西班牙	31946.30
24	科威特	31482.03
25	中国香港	29825.55
26	希腊	29634.92
27	塞浦路斯	29619.50
28	新西兰	27259.12

29	以色列	26796.71
30	汶莱	26325.48
……		
99	中国	3677.86

按照国际标准，中高等发达国家的人均 GDP 也在 5000 美元至 1 万美元，而中国人均 GDP 才 4000 美元左右。刘霞辉表示，即便中国今后一直保持 8% 的增长速度，人均 GDP 要达到发达国家的高限标准——人均 GDP1.2 万美元以上，也需要 15 年到 20 年的时间。

跑不过刘翔，要跑过 CPI

有人曾经列举了 30 年前的 1 元钱与现在的 1 元钱之间的区别：

30 年前，1 元钱能做什么？

交一个孩子 0.6 个学期的学杂费（一个学期 1.6 元），治疗一次感冒发烧（含打针），买 20 个雪糕、7 斤大米、50 斤番茄、20 斤小白菜、20 个鸡蛋，到电影院看 5 次电影，乘 20 次公交车。

现在的某个不特定时间点，1 元能够做什么？

乘公交车 1 次（非空调车）、买 2 个鸡蛋，夏天买 0.5 斤小白菜、0.8 斤番茄、0.7 斤大米，看病挂号 1 次（最便宜的门诊），缴纳小孩学杂费的 1/800，看 0.05 次电影。

为什么我们会有如此巨大的差异感，简单地说，是由于物价（CPI）上涨了，钱不值钱了，所以 1 块钱买的东西会越来越少了。

当前，CPI 恐怕是大家谈论最多的经济词汇了。确实，我们周边的很多朋友，不管他从事什么工作，不管他的年纪是长是幼，甚至连英文字母都不认识的老大妈，也在谈论 CPI。对于普通老百姓而言，大家对 CPI 的关注归根结底还是对日常生活所需品的价格变化，比如说猪肉的价格变化、面粉的价格变化、蔬菜的价格变化等的关注。那么 CPI 能如实地反映出老百姓最关心的日常生活费用的增长吗？

我们先来了解一下到底什么是 CPI。所谓 CPI，即消费者物价指数（Consumer Price Index），英文缩写为 CPI，是反映与居民生活有关的产品

第6章 宏观经济指数:"被增长"的财富

及劳务价格统计出来的物价变动指标,通常作为衡量通货膨胀水平的重要指标。

如果消费者物价指数升幅过大,表明通胀已经成为经济不稳定因素。一般说来,当 CPI>3% 的增幅时,我们把它称通货膨胀;而当 CPI>5% 的增幅时,我们把它称为严重的通货膨胀。鉴于以上原因,该指数过高的升幅往往不被市场欢迎。

例如,某一年,消费者物价指数上升 2.5%,则表示你的生活成本比上一年平均上升 2.5%。当生活成本提高,你拥有的金钱价值便随之下降。换句话说,一年前面值 100 元的纸币,现在只能买到价值 97.5 元的货品及服务。

CPI 是怎样计算的?其实 CPI 的整个计算过程你不需要知道,你只需要知道,通常你买猪肉或喝饮料的平均价格就是 CPI。CPI 的上涨意味着你承担的日常花费也在上涨。例如,2007 年我国 CPI 上涨达到 4.8%,也就是说,你日常的花费增加了 4.8%。

我国 CPI 当中包含八大类商品:第一类是食品,第二类是烟酒及其用品,第三类是衣着,第四类是家庭设备用品和维修服务,第五类是医疗保健和个人用品,第六类是交通和通讯,第七类是娱乐、教育、文化用品和服务,第八类是居住。与居民消费相关的所有类别都包括在这八大类中。在 CPI 价格体系中,食品类权重占到 32.74%。

从 2007 年下半年开始到 2008 年初,这八类商品当中,上涨的状况是不一样的,主要上涨的是以肉类为代表的食品,如肉类、粮食、豆制品,以及食用油、蔬菜,也就是说上涨的主要是食品价格。

柴米油盐、住房、电器等都与人们生活息息相关,它们的物价在现实的社会中已是国家高度关注的问题,CPI 的频繁使用和公布就说明此点。

CPI 是一个滞后性的数据,但它往往是市场经济活动与政府货币政策的一个重要参考指标。CPI 稳定、就业充分及 GDP 增长往往是最重要的社会经济目标。对于普通百姓来说,认识和了解 CPI,也使我们清醒地判断经济情形,将更有利于人们采取经济行为和展开日常生活,成为一个懂经济的明白人。

我们身边的经济学

爱买哪买哪，拉大的基尼系数

周立波有这样一则清口秀：

你要是年薪在300W以上，二环内你爱买哪儿买哪儿。

你要是年薪在100W～300W之间，二环至四环内你爱买哪儿买哪儿。

你要是年薪在50W～100W之间，四环至六环内你爱买哪儿买哪儿。

你要是年薪在10W以下，你就给自己挖个坑，爱埋哪儿埋哪儿。

这虽然是一则笑话，但它揭示了一个问题：贫富收入差距。贫富收入差距通常由基尼系数来表示。

基尼系数（gini）是意大利经济学家基尼于1912年提出的，定量测定收入分配差异程度，国际上用来综合考察居民内部收入分配差异状况的一个重要分析指标。

基尼系数的经济含义是：在全部居民收入中，用于进行不平均分配的那部分收入占总收入的百分比。基尼系数最大为"1"，最小等于"0"。前者表示居民之间的收入分配绝对不平均，即100%的收入被一个单位的人全部占有了；而后者则表示居民之间的收入分配绝对平均，即人与人之间收入完全平等，没有任何差异。但这两种情况只是在理论上的绝对化形式，在实际生活中一般不会出现。因此，基尼系数的实际数值只能介于0和1之间。

第6章 宏观经济指数:"被增长"的财富

基尼系数按照联合国有关组织规定,低于0.2表示收入绝对平均;0.2~0.3表示比较平均;0.3~0.4表示相对合理;0.4~0.5表示收入差距较大;0.5以上表示收入差距悬殊。经济学家们通常用基尼指数来表现一个国家和地区的财富分配状况。这个指数在0和1之间,数值越低,表明财富在社会成员之间的分配越均匀;反之亦然。

通常把0.4作为收入分配差距的"警戒线"。将基尼系数0.4作为监控贫富差距的警戒线,应该说,是对许多国家实践经验的一种抽象与概括,具有一定的普遍意义。但是,各国、各地区的具体情况千差万别,居民的承受能力及社会价值观念都不尽相同,所以这种数量界限只能用作宏观调控的参照系,而不是教条和标准。

基尼系数由于给出了反映居民之间贫富差异程度的数量界线,可以较客观、直观地反映和监测居民之间的贫富差距,预报、预警和防止居民之间出现贫富两极分化,因此得到世界各国的广泛认同和普遍采用。

有很多人认为听到一个基尼系数,就认为了解了当地收入分配的一种实际状况。事情仿佛和天气预报差不多,听到最高最低温度多少,我们立刻就知道了气候的冷暖。

我们应该看到这样一个社会现象:富者很富,穷者很穷。用经济学术语来说,这就是收入分配中的"马太效应"。在国民收入分配领域,马太效应进一步显现出贫者越贫、富者越富的状态,这种情况对经济的协调发展和社会的和谐进步产生一定影响。

世界银行发表了一份数据,最高收入20%人口的平均收入和最低收入20%人口的平均收入,这两个数字的比在中国是10.7倍,而美国是8.4倍,俄罗斯是4.5倍,印度是4.9倍,最低的是日本,只有3.4倍。

一部分人已经先富起来了,这是中国的客观现实。大部分人虽然已经解决了温饱问题,收入有所提高,却还算不上富裕,也是中国的客观现实。居民收入差距不断地扩大,就是中国客观现实的反映。

改革开放以来,我国在经济增长的同时,贫富差距逐步拉大。综合各类居民收入来看,基尼系数越过警戒线已是不争的事实。我国社会的贫富差距已经突破了合理的限度,总人口中20%的最低收入人口占收入的份额仅为4.7%,而总人口中20%的最高收入人口占总收入的份额高达50%,根据世界各国发展经验,如果不加控制,将可能引发社会动荡和经济萎缩。

我们身边的经济学

恩格尔系数：从食物支出看生活水准

34岁的章先生是一家企业的管理人员，从事经营工作，家庭年收入在30万元到40万元之间。说起记账的初衷，章先生说，记账习惯与年龄无关，他五六年前就开始记账，是因为觉得只有把家庭生活经营得好了，才能把自己的经营管理工作做得更好。"做家庭账本和做公司的账一样，我每个月都要把家里的收入、支出、存量做平，对支出记账还要进行分类。"

"以我们的家庭收入，在西安应该还算是比较富裕的家庭。"章先生说，他们一家三口，孩子上幼儿园，现在已经不喝奶粉了，比起那些小孩喝奶粉的家庭，他们减少了这项支出。孩子每月托费1200元，平均下来每月花在孩子身上的钱就是2000元左右。其余的支出，除了吃，大项支出就是养车、还房贷。每天记账，可以及时了解家庭支出的合理性。他以记账情况得出的结论仍是：食物支出过大，生活质量有所下降。

子曰："食、色，性也。"这是古代先贤对人的天性的一种诠释。它说明，饮食和男女关系都是天生的需要，是人类生存繁衍的基础。尤其是，食物作为日常用品，是生存的前提条件，与人的生存息息相关。过去，人们见面的第一句话通常是："吃了没？"由此可见食物对人们的重要性。消费支出是指一个家庭日常生活的全部支出，包括食品、衣着、家庭设备用品及服务、医疗保健、交通和通讯、娱乐教育文化服务、居住、杂项商品

第6章 宏观经济指数:"被增长"的财富

和服务八大类。消费支出反映了居民的物价消费水平,是很重要的宏观经济学变量,被作为宏观调控的依据之一。

这里我们所讲的恩格尔系数就是食品支出总额占个人消费支出总额的比重。它是19世纪德国统计学家恩格尔首先提出来的。恩格尔主要表述的是食品支出占总消费支出的比例随收入变化而变化的一定趋势。揭示了居民收入和食品支出之间的相关关系,用食品支出占消费总支出的比例来说明经济发展、收入增加对生活消费的影响程度。

恩格尔根据统计资料,对消费结构的变化得出一个规律:一个家庭收入越少,家庭收入中(或总支出中)用来购买食物的支出所占比例就越大,随着家庭收入的增加,家庭收入中(或总支出中)用来购买食物的支出比例则会下降。推而广之,一个国家越穷,每个国民的平均收入中(或平均支出中)用于购买食物的支出所占比例就越大,随着国家的富裕,这个比例呈下降趋势。简单地说,一个家庭的恩格尔系数越小,就说明这个家庭经济越富裕。反之,如果一个家庭的恩格尔系数越大,就说明这个家庭的经济越困难。

恩格尔定律的公式:

$$\text{食物支出占总支出的比率}(R_1) = \frac{\text{食物支出变动百分比}}{\text{总支出变动百分比}} \times 100\%$$

或

$$\text{食物支出占收入的比率}(R_2) = \frac{\text{食物支出变动百分比}}{\text{收入变动百分比}} \times 100\%$$

恩格尔系数的意义在于,它可以用来衡量一个国家或地区人民生活水平的状况。根据联合国粮农组织提出的标准,恩格尔系数在59%以上为贫困,50%~59%为温饱,40%~50%为小康,30%~40%为富裕,低于30%为最富裕。

按此划分标准,20世纪90年代,恩格尔系数在20%以下的只有美国,达到16%;欧洲、日本、加拿大,一般在20%和30%之间,是富裕状态。东欧国家,一般在30%和40%之间,相对富裕,剩下的发展中国家,基本上分布在小康。

我们身边的经济学

改革开放以来，我国城镇和农村居民家庭恩格尔系数已由1978年的57.5%和67.7%分别下降到2005年的36.7%和45.5%。2008年，我国城镇居民家庭恩格尔系数为37.9%；农村居民家庭恩格尔系数为43.7%。

一方面是不断飞涨的物价，一方面是基本不动的收入。当物价上涨，居民食物支出的比重就要偏大。

在使用恩格尔系数时应注意，一是恩格尔系数是一种长期趋势，时间越长趋势越明显，某一年份恩格尔系数波动是正常的；二是在进行国际比较时应注意可比口径，在中国城市，由于住房、医疗、交通等方面存在大量补贴，因此进行国际比较时应调整到相同口径；三是地区间消费习惯不同，恩格尔系数略有不同。

在适用恩格尔系数进行国际比较时，由于各国的价格体系、福利补贴等方面差异较大，所以，要注意个人消费支出的实际构成情况，注意到运用恩格尔系数反映消费水平和生活质量会产生误差。

当然，恩格尔系数也并不是对每一个人或每一个家庭都完全适合的。如自诩为美食家的人，以吃尽天下美食为己任，他花在食物上的消费比例肯定比其他消费多，但依此断定他贫困或富裕就有失偏颇。

随着经济的迅速发展，人们花在食物上的支出相对于以前已经多出不少，但是食物支出占整个家庭支出的比例已经呈现下降的趋势，花在住房、汽车、教育、娱乐等其他方面的支出占据越来越大的比重。这就是恩格尔系数在不断降低，但不排除在某一特殊时期会上升，如金融危机时期、通货膨胀时期，前面章先生的食品支出加大就是通货膨胀所造成的。

国家统计局的资料显示，改革开放以来，由于收入持续快速增长，我国居民家庭的恩格尔系数呈现下降趋势，与1978年的57.5%相比，2007年我国城镇居民家庭恩格尔系数为43.1%，这是居民消费结构改善的主要标志。这表明，我国人民以吃为标志的温饱型生活，正在向以享受和发展为标志的小康型生活转变。

第6章 宏观经济指数："被增长"的财富

老太太买房，买的是消费信心

一个中国老太太和一个美国老太太进了天堂，中国老太太垂头丧气地说："唉，过了一辈子苦日子，刚攒够钱买了一套房，本来要享享清福啦，可是却来到了天堂。"美国老太太却喜滋滋地说："我是住了一辈子的好房子，还了一辈子的债，刚还完，这不，也来到了这里。"

但是，进入2009年这个故事被金融危机改编了，让我们试着以现在的情况改一下两个老太太的故事：

中国老太太辛辛苦苦存了十几年钱，准备再辛苦十几年存够买房子的钱；美国老太太十几年前按揭买了房子，已经住了十几年了，再过十来年就能还清按揭贷款了。但是就在这个时候，金融危机来了！中国老太太不由得唉声叹气：我原来预计存够买房子的钱再上天堂，现在只存一半，就来"危机"了，要我如何是好？美国老太太也唉声叹气：我房子的钱只还了一半，却要面临房子被收回的危险，剩下的日子我要怎么办？

在金融危机之前，中国人是保守消费，美国人是超前消费。而金融危机之后，美国老太太青黄不接入不敷出了，中国老太太的消费信心好像也遭受到前所未有的打击。老人家还是不高兴，因为她更不敢花钱，因为她实在是缺乏信心。

信心是什么？信心是一种感觉。很多经济学家都说：中国人高存款、

我们身边的经济学

抱着钱不敢消费,是因为担心医疗、教育、房子等等的需求……

比如说有人2008年春天想买一套房子,总价要100万,托关系、排队、走后门……结果晚了一步没买上,后悔了足足半年。2009年春天,一套同样位置同样质量的房子,只要70万,售楼小姐每天电话约他去看房,他却掂来想去不敢买了。

二战结束初期,随着美国经济的逐步复苏,美国国民的收入和消费发生了很大变化。经济学界一度比较担心,战后的一段时期里美国将会出现30年代大萧条时的那种紧缩和失业状况,但是实际情况却与政府和学界的意料大相径庭:消费者显示出了对未来经济发展的极大信心,突出表现就是他们将不断增长的收入投入消费,社会总需求迅速扩大。

消费大增的同时储蓄率从1946年第一季度的11.7%,降低到1947年第二季度的2.2%,这是美国50年来纪录的最低点。旺盛的需求使1946年美国经济不仅没有衰退,反而面临着通胀的压力。由此,经济学界开始关注消费者的经济行为与宏观经济进程的关系。

1946年,美国联邦储备局进行了一次居民家庭的资产负债调查,调查的初衷是搜集居民家庭的资产和负债资料。尽管当时是出于技术手段的需要首先询问消费者对经济形势、就业、物价、利率的看法,但是后来的实践证明,这种对消费者的看法和预期的调查是一种创新。后来人们将这种情绪称作消费者信心。经过实践的检验和不断发展,消费者信心指数逐渐被社会认可并接受,成为经济生活中的极受关注的一个重要指标。

如果未来的就业稳定,收入提高足以抵补物价上涨,这种乐观的信心可以促使消费者大胆消费甚至不惜借钱消费;反之,如果消费者认为未来充满了不确定性,为了预防意外不测对家庭的影响,就会降低目前的消费转而增加储蓄。消费者信心在做出消费、储蓄决策时起着决定的作用。

消费者信心指数反映一国国民对本国经济发展状况的满意程度以及对未来经济走向的预期,预示了未来消费支出的变化,是政府判断国民对政府经济政策反应好坏的一个重要参数。

1997年12月,中国国家统计局景气监测中心开始编制中国消费者信

第6章 宏观经济指数:"被增长"的财富

心指数。北京作为全国的首都,在广泛借鉴国内外经验的基础上,于2002年初,在省市一级率先建立了消费者信心指数调查制度。2002年四季度,北京市统计局正式向社会发布"北京消费者信心指数",并确定了今后按季度调查发布的制度。

在波及全球的金融危机影响下,牛年新春消费市场的涨跌走势愈加受到关注。外界预期2009年中国经济增幅将大为放缓,但在中国各大城市的消费市场,仍可以看到令人吃惊的购买力和西方难见的消费信心。

在春节期间,各地商家抓住商机,全面开展了营销促销活动,上海、北京、广州等城市的各大商圈在岁末营业至零点左右,虽然国内外游客减少,但本地消费强劲,主要商街人潮涌动,节日气氛浓郁。

一边是寒冷的金融危机,一边是拥堵的消费人流,我们不禁疑惑,这是"最后的疯狂"么?从2008年下半年开始,美国金融危机向全球蔓延,中国也受到冲击。但是中国人的消费在春节期间并未受到大的影响,消费信心依然较强。有调查显示,80%以上的居民在过年节消费方面与上年相比持平或者稳中有升,有19%的居民年节消费比上年压缩。在春节黄金周(大年三十至正月初六),全国实现社会消费品零售总额2900亿元,同比增长13.8%,这是一个令人惊叹的数字。

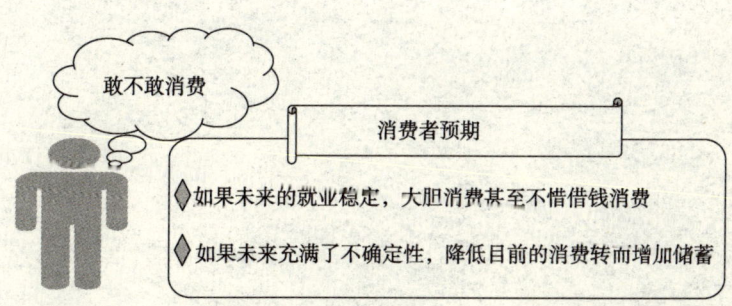

毫无疑问,尽管大家对金融危机的影响有清醒的判断,但是多年来中国经济快速发展,中国经济的基本面没有改变,大多数百姓对2009年经济发展还是有信心的,认为中国有能力应对暂时的压力。这股信心是我们走

我们身边的经济学

出金融危机影响的重要保证。

在联合国大会上,面对日益肆虐的全球金融危机,温家宝总理说道,在经济困难面前,信心比黄金和货币更重要。这句话给全世界人们合力走出经济困境打了一支强心剂。信心对于一个国家的经济发展起着至关重要的作用。

第6章 宏观经济指数:"被增长"的财富

炒股无老少,诀窍看指数

"怎么样,你的基金涨了吗?"9日14:10,下午第一节课下课,南京力学小学四(4)班的3个小伙伴头碰头热烈地讨论着。"我已经赚了1300多块了!"四(2)班的女生小妍走过来,得意地告诉大家自己作为"小基民"的收获。

"我买的股票涨得才多呢,刚买一天,就涨了两块钱!"四(4)班的小悦不服气地说。

小学生也在做投资,这是全民炒股现象的一则。不仅小学生在炒股,白领炒股,保姆也在炒股。2007年,股票一度涨到了6200多点了,有人形容涨疯了。

股票价格指数就是用以反映整个股票市场上各种股票市场价格的总体水平及其变动情况的指标。简称为股票指数。它是由证券交易所或金融服务机构编制的表明股票行市变动的一种供参考的指示数字。

由于股票价格起伏无常,投资者必然面临市场价格风险。对于具体某一种股票的价格变化,公开发布,作为市场价格变动的指标。投资者据此就可以检验自己的投资的效果,并用以预测股票市场的动向。

道·琼斯股票指数是世界上历史最为悠久的股票指数,它的全称为股票价格平均数。它是在1884年由道·琼斯公司的创始人查理斯·道开始编制的。其最初的道·琼斯股票价格平均指数是根据11种具有代表性的铁路公司的股票,采用算术平均法进行计算编制而成,发表在查理斯·道自己编辑出版的《每日通讯》上。

其计算公式为：股票价格平均数＝入选股票的价格之和／入选股票的数量。自1897年起，道·琼斯股票价格平均指数开始分成工业与运输业两大类，其中工业股票价格平均指数包括12种股票，运输业平均指数则包括20种股票，并且开始在道·琼斯公司出版的《华尔街日报》上公布。1928年后，道·琼斯股票价格平均数就改用新的计算方法，即在计点的股票除权或除息时采用连接技术，以保证股票指数的连续，从而使股票指数得到了完善。在1929年，道·琼斯股票价格平均指数又增加了公用事业类股票，使其所包含的股票达到65种。

分别是：

1. 以30家著名的工业公司股票为编制对象的道·琼斯工业股价平均指数；

2. 以20家著名的交通运输业公司股票为编制对象的道·琼斯运输业股价平均指数；

3. 以6家著名的公用事业公司股票为编制对象的道·琼斯公用事业股价平均指数；

4. 以上述三种股价平均指数所涉及的56家公司股票为编制对象的道·琼斯股价综合平均指数。

除了道·琼斯股票价格指数外，还有其他价格指数：

标准·普尔股票价格指数在美国也很有影响，它是美国最大的证券研究机构即标准·普尔公司编制的股票价格指数。

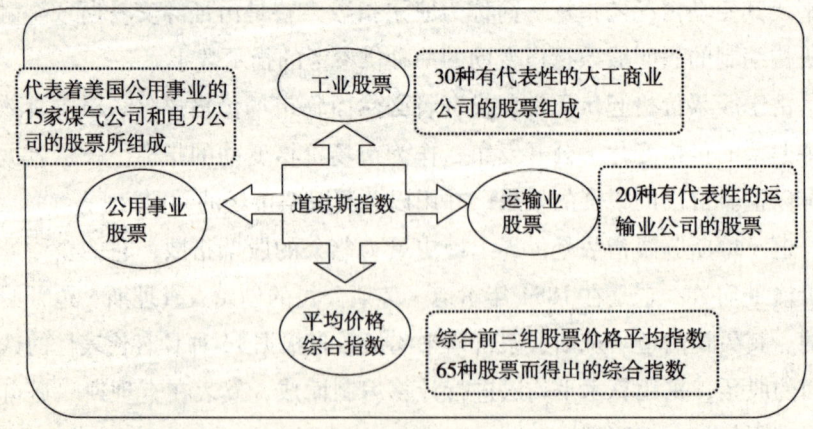

第6章 宏观经济指数:"被增长"的财富

纽约证券交易所股票价格指数。这是由纽约证券交易所编制的股票价格指数。它起自1966年6月,先是普通股股票价格指数,后来改为混合指数,包括这在纽约证券交易所上市的1500家公司的1570种股票。

日经道·琼斯股价指数系由日本经济新闻社编制并公布的反映日本股票市场价格变动的股票价格平均数。该指数从1950年9月开始编制。

香港恒生指数是香港股票市场上历史最久、影响最大的股票价格指数,由香港恒生银行于1969年11月24日开始发表。恒生股票价格指数包括从香港500多家上市公司中挑选出来的33家有代表性且经济实力雄厚的大公司股票作为成分股。

我国有两个价格指数:上证价格指数和深圳综合股票指数。它是我国股民和证券从业人员研判股票价格变化趋势必不可少的参考依据。

十多年前,在上海证券交易所大门前,有一位卖《上海证券报》的老太婆,她自己也开有上海的股东户头。当她的报纸每天卖不到10份时,她就叫人帮她填单买进600601延中实业(现在称方正科技),根本不管是啥价位,只要买进就行。当她的报纸每天卖出超过100份时,她就叫人帮她填单卖出,根本不管是啥价位,只要能卖出就行。结果是:从未输过!!!

老太婆的操作手法其实是遵循了股票指数的价格走势。凭借对生活的细致观察,就成了炒股高手。老太婆的操作方法就是低位时吸入,高位时卖出。

股票总的面值相对而言是固定的。如果经济行情或者人们对股市的预期看涨,大量资金进入股市,股票的价格就上扬,股票便升值,指数也上升。如果经济行情或者人们对股市的预期看跌,那么大量的股票持有者就抛售手中股票,换取现金退出股市,于是股价下跌,指数下降,整个股市内的资金总量快速减少。所以不论是上学的小孩,还是不懂股票的年轻人,他们炒股没有像那些专家去看公司的财务报表,去看产品的创新,他们看的是股票指数。

我们身边的经济学

附：为什么统计数据看见的不重要，看不见的才重要

近些年网络上兴起一个词，即"被增长"。它是一位网友在某网站的博客上提出的。所谓"被增长"，也就是说统计数据显示工资增长，但实际并没有，呈现出"幸福"的假象。这一感受引起大多数人的共鸣。

2009年8月，国家统计局公布的一份统计显示，2008年上半年，全国城镇单位在岗职工年平均工资为14638元，平均每月税前工资达到2240元，与上年同期相比增长12.9%，远超上半年7.1%的经济增速。

国家统计局的数据一经公布，立刻在网上引起一片热议和质疑，"被增长"的帖子异常火爆，短短4天，搜狐网关于"晒工资"的帖子已经达到11931条，不少居民称自己的收入与统计数据存在一定差距，实际感受与数据不符成为讨论的焦点。

在"晒工资"的帖子中，来自金融、电信等高收入行业的员工对于自己的工资也有不少抱怨，"我在证券公司干了两年，现在每个月满打满算也就拿2300元，'三险一金'都没有，金融行业高管收入的确高，不过基层人员属于'被增长'一族。""我是电信行业的一名企业员工，拥有30年工龄，每月工资700元，绩效600元，实在可怜。经理可拿7000元左右，差距5至10倍。"

针对网友的质疑，人力资源和社会保障部劳动工资研究所研究员狄煌表示："全国城乡职工总共4.1亿人，而纳入国家统计范围的职工只有1.1

亿人。私营企业、个体工商户和农民工都没有统计在内。"狄煌表示,"这种统计方法已经不能反映真正的社会平均工资。"

此外,狄煌表示,造成网友质疑的另一大原因在于目前缺少职业、岗位工资统计,即使在垄断行业内部,普通员工与管理人员的收入状况也并不一致,"普通员工收入不仅基数低,涨得也不快,而高级管理人员基数大,工资涨得快,两者一平均,当然造成普通员工的工资'被上涨'。"

狄煌建议,统计部门应争取在两年之内将全国城乡在职职工的全部工资进行公布。此外,还需要按照岗位、职业加以细分,"在欧美国家,各行各业的职业高级经理、企业中层人员、普通职工工资薪酬都有详细的统计,统计部门只有这样才能减少公众对于统计数据的质疑,让数据更客观、真实。"

针对社会上对平均工资数据的议论,国家统计局表示,要改进工资统计工作。马建堂表示,私营企业工资统计已经开展,去年私营企业的平均工资已经统计出来了。因为当前平均工资数据还承担了各类补偿、赔偿、社保等政策依据的功能,在和有关部门商定后,将适时公布私营企业工资数据。

统计局承认,一方面,传统的统计方法需要及时改进。它已经使用多年,渐渐与实际情况不符合。也就是人们通常认为的"out"了。所以,今后必须对统计方式进行改革。综合考虑各单位所处行业、隶属关系、单位性质、所在区域、经济效益及个人所在的岗位不同等诸多因素来做统计计算;同时需严厉打击"数字腐败",加大对篡改、伪造统计数据等犯罪行为的处罚。

第7章

货币和金融体系

钱也只是一种商品

HUOBIHEJINRONGTIJI
QIANYEZHISHIYIZHONGSHANGPIN

第 7 章　货币和金融体系：钱也只是一种商品

你真的了解货币本质吗

众所周知，美国总统小布什在演讲中偶尔也出错。有一次，这位总统再一次"露怯"，把伊拉克货币"第纳尔"张冠李戴地说成了"苏联货币"。

布什在演说中称："他（伊拉克商人）需要买一些黄金来制作珠宝。所以，他想出售第纳尔来换取一些欧元或者美元。"

接下来，布什又道："当时，苏联第纳尔正在贬值。所以萨达姆就把这个人和其他六名小商人揪出来，要他们为货币贬值负责。他（萨达姆）只是简单地说，'就你了，过来！'然后就砍掉了他的手。"

众所周知，第纳尔本来是伊拉克货币，而前苏联的货币是卢布。可是经过布什总统张冠李戴巧妙"嫁接"之后，竟然出现了一个全新的名词——"苏联第纳尔"。

这虽然是小布什闹的一个笑话，但我们能从这个故事看到货币的重要性，商人因为货币而砍掉了双手，萨拉姆在货币犯的错误不仅是布什的谈资，而是布什手中的把柄。

了解金融，首先要了解货币。货币是开启经济学的一把钥匙。虽然我们每天都要与货币打交道，但真正了解它的人并不多。

美国著名经济学家米什金的《货币金融学》将货币定义为："货币或货币供给是任何在商品或劳务的支付或在偿还债务时被普遍接受的东西。"

经济学家认为货币应该分为两个阶段定义：古典货币和现代货币。

我们身边的经济学

从商品中分离出来固定地充当一般等价物的商品,就是古典货币。古典货币是商品交换发展到一定阶段的产物。古典货币的本质就是一般等价物。现代货币是指以某一权力机构为依托,在一定时期一定地域内推行的一种可以执行交换媒介、价值尺度、延期支付标准及作为完全流动的财富的储藏手段等功能的凭证。一般可以分为纸凭证及电子凭证,就是人们常说的纸币及电子货币。

货币就是钱,由各国的中央银行发行,政府以法律形式保证它在市场上流通。宏观经济学中所说的货币是比日常生活中的"钱"要更为广义的概念。

随着信用制度的产生和发展,货币范围不断扩展,人们对货币的认识也逐步发展,货币概念的界定也发生着变化。由于信用工具或流动资产种类繁多,各自具有一定程度的"货币性",一定时期的货币量的构成便复杂起来,从而使得货币的边界变得宽泛起来。于是,就出现了 M_0、M_1、M_2、M_3、M_4……等边界不同的货币层次。

M_0 = 现金(纸币和硬币)

M_1 = M_0 + 所有金融机构的活期存款

M_2 = M_1 + 商业银行的定期存款和储蓄存款

M_3 = M_2 + 其他金融机构的定期存款和储蓄存款

M_4 = M_3 + 其他短期流动资产(如国库券、商业票据、短期公司债券、人寿保单等)。

中国金融界无论是理论家还是主管部门一直有一个偏见,认为美国人不储蓄。其实这是一种错误的见解,美国人也是人,也需要穿衣、吃饭、养老等支付,这些支付同样需要持有货币存量,那么为什么美国的储蓄率很低呢?其实既不是美国人不储蓄,也不是美国人没有钱,而是这些货币存量不在储蓄项目下,而是在支票项目下,即在 M_1 项目下。

对于货币问题最有权威性的经济大师、诺贝尔经济学奖得主、"货币主义"的代表人米尔顿·弗里德曼,把货币称为"一种虚构的东西",而赋予这种东西价值的是人们的信念。

在《货币的祸害》一书中,弗里德曼写道:"这些绿色的纸张(美元)之所以有价值,是因为每个人都认为这些纸张有价值。每个人都之所以认为这些纸张有价值,是经验告诉他们,这些纸张有价值……也就是

第7章 货币和金融体系：钱也只是一种商品

说，我们整个货币体制所依赖的是，人们都接受的但以某种观点来看只不过是一种虚构的东西。"

不仅如此，这种"虚构"在人们的印象非常顽固，以至于"共同拥有一种货币的信念价值非常之在，以致人们在受到极为严重的挑战之时，也固执于这种虚构成死抱着不放手"。

这种人们对"虚构"的坚信，就极易在某种条件下造成通货膨胀。人们不到万不得已，不会放弃对金钱的信任，直到发生德国上世纪20年代那样的通货膨胀，才会出现"以货易货"的行为。

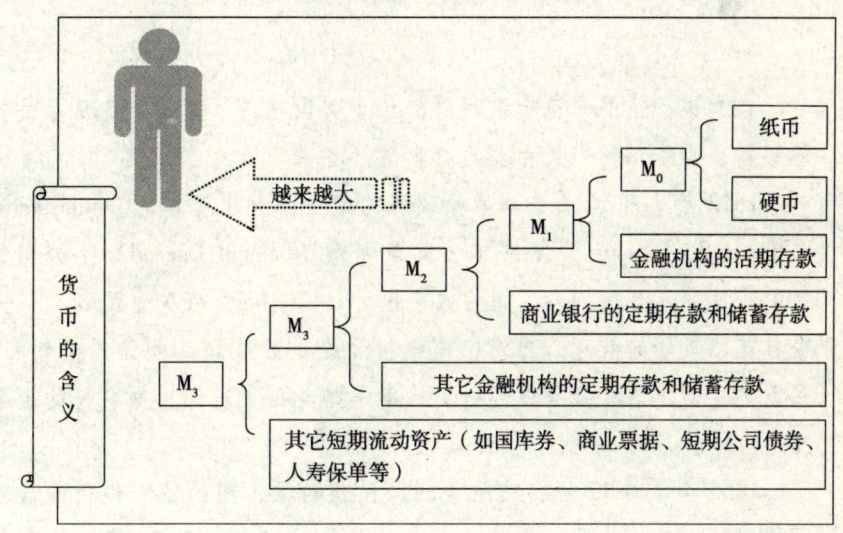

我们身边的经济学

银行破产金融走向何方

花旗银行信用卡花旗银行总部位于美国纽约派克大道399号的花旗银行,是华尔街街最古老的商业银行之一。

1812年7月16日,华盛顿政府的第一任财政总监(Commissioner of the U. S. Treasury)塞缪尔·奥斯古德(Samuel Osgood)上校与纽约的一些商人合伙创办了纽约城市银行(City bank of New York)——今日花旗集团的前身。当时,该银行还是一家在纽约州注册的银行。在创建之初,纽约城市银行主要从事一些与拉丁美洲贸易有关的金融业务。

1865年7月17日,按照美国国民银行法,纽约城市银行取得了国民银行的营业执照,更名为纽约国民城市银行(National City Bank of New York)。此后,纽约国民城市银行迅速发展成为全美最大的银行之一。

自1902年起,花旗银行开始了向海外拓展,先后分别在新加坡、英国、中国、中国香港、日本、菲律宾和印度开设分行。

银行一词,源于意大利Banca,其原意是长凳、椅子,是最早的市场上货币兑换商的营业用具。英语转化为Bank,意为存钱的柜子。在我国,之所以有"银行"之称,则与我国经济发展的历史相关。在我国历史上,白银一直是主要的货币材料之一。"银"往往代表的就是货币,而"行"则是对大商业机构的称谓。把办理与银钱有关的大金融机构称为银行。

第7章 货币和金融体系：钱也只是一种商品

银行是通过存款、贷款、汇兑、储蓄等业务，承担信用中介的金融机构。它是金融机构之一，而且是最主要的金融机构，它主要的业务范围有吸收公众存款、发放贷款以及办理票据贴现等。

银行有多种分类方法，一般的分类方法是把银行按如下方法分类：

第一类是中央银行，在所有银行当中起管理作用。如中国人民银行、美联储……

第二类是政策性银行，如农业发展银行，国家开发银行，进出口银行，一般办理政策性业务，不以盈利为目的。

第三类是商业银行，又可分为全国性国有商业银行，如工行、农行、中行、建行，全国性股份制商业银行，如招商银行、华夏银行，民生银行，区域性商业银行，如广东发展银行，地方性商业银行，如武汉市商业银行，才上市的南京银行，不过，随着银行业务范围的扩大，这三种银行的区别正在缩小。

最后一类是外资银行。外资银行有很多，比较著名的有花旗银行，汇丰银行等等。在现在，外资银行一般都设在一线城市，它的业务与国内银行有很大不同，现在已逐步放开它的业务范围。

简单地说，银行是经营钱的，通过打理钱的生意而赚取更多的钱，很多人可能不会怀疑银行缺钱，但2008年金融危机之后，美国、韩国的银行相继破产。

2011年2月19日，也就是G20巴黎峰会的第二天，韩国政府勒令4家储蓄银行（全州储蓄银行、第二釜山储蓄银行和中央釜山储蓄银行，以及Bohae银行）暂停运作6个月，加上2月17日就已勒令停运的釜山储蓄银行及其分行大田联合储蓄银行，韩国政府突然之间叫停了6家银行的正常营业。但更加严重的是，有问题的银行并不止这6家。有数据显示，至少还有5家银行随时有可能被叫停。

这一消息公布后，韩国民众数天内就取走了韩国19家大储蓄银行的1456亿韩元资金，虽然不比一个月前挤兑走的2744亿韩元多，但短期内多家银行出问题，民众担忧情绪明显高涨。

银行为何如此缺钱？业内专家指出，资本充足率成了悬在各大商业银行头上的达摩克斯之剑。

资本充足率是一个银行的资产对其风险的比率，比例越低，银行倒闭风险越大。因此足够的资本充足率是各国对银行监管的重要指标。鉴于雷曼兄弟之痛，国际清算组织27个成员单位通过了《巴塞尔协议Ⅲ》，规定提高商业银行资本充足率。

20世纪90年代以来，世界金融业呈现出起伏动荡的态势。在过去的15年里，世界频繁发生银行危机。银行业是整个经济的核心体系，银行危机具有传染性强、破坏性大等特点。一旦发生银行倒闭事件，如处理不好，就会引起连锁反应，甚至引发整个银行业的危机，而银行业的崩溃又好像多米诺骨牌一样，引发一系列社会经济危机。

英国首相布朗强调加强对银行及其他金融机构的跨国监管。他建议，未来的国际金融新秩序应增强国际货币基金组织对全球金融市场的监管，建立全球金融和经济预警系统，制定全球通行的金融监管标准，并对全球最大的30家金融企业实施相关国家联合监管。

引发银行危机的往往是商业银行的支付困难，即资产流动性缺乏，而不是资不抵债。只要银行能够保持资产充分的流动性，就可能在资不抵债、技术上处于破产而实际上并未破产的状态下维持其存续和运营。

第7章 货币和金融体系：钱也只是一种商品

 **利率是资金使用的价格**

曾经有人写了这么一则场景故事：

1993年初的某一天，克林顿先生上台不久，就经济问题召见格林斯潘先生。

克林顿："老爷子，现在经济这么低迷，你看，下一步怎么办？"

格林斯潘："没什么，我只要挥舞一下手中的魔棒，那帮人就会推动市场。"老爷子象打哑谜一样应付这位上任不久的帅小伙子。

克林顿："真的？什么魔棒？哪些人？怎么推动市场？"总统先生显得非常有些猴急。他从座位上站起来，手里拿着一支笔，在房间里走来走去。两眼一直望着格林斯潘。

格林斯潘："就是华尔街那帮金融大亨，我的老相识、老朋友们，他们都得听我的。"

"听你的，不听我的？"克林顿有点不服气。

"当然是听我的。不信，你瞧瞧！"格林斯潘用不容争辩的口气说。

"我对您手中的那根魔棒感兴趣，是什么东西？"

"利率。"

利率为什么具有如此神奇的魔力？因为利率是资金使用的价格，它的涨跌关系着居民、企业、政府各方的钱袋，能不让人紧张吗？

我们身边的经济学

利率又称利息率,简单的说,你从银行借100块钱需要给银行付相应的费用,这个费用就是利息。

利率是经济学中一个重要的变量。利率上调有助于吸收存款,抑制流动性,抑制投资热度,控制通货膨胀,稳定物价水平;利率下调有助于刺激贷款需求,刺激投资,拉动经济增长。利率这个经济杠杆使用起来要考虑它的利弊,在什么时间、用什么幅度调整都是有规律的。

利率政策是货币政策的重要组成部分,也是货币政策实施的主要手段之一。央行根据货币政策实施的需要,适时地运用利率工具,对利率水平和利率结构进行调整,进而影响社会资金供求状况,实现货币政策的既定目标。

20世纪90年代初,泡沫经济崩溃后,大量借款不能偿还,给银行机构造成大量不良资产,日本经济陷入长期萧条。中小企业因资金周转不开大量倒闭,殃及中小银行金融机构跟着破产,为了刺激经济复苏,日本政府扩大公共事业投资,年年增发国债,导致中央政府和地方政府负债累累,财政濒临崩溃的边缘,国家几乎无法运用财政杠杆调节经济。为了防止景气进一步恶化,刺激经济需求,日本银行于1999年2月开始实施零利率政策。2000年8月,日本经济出现了暂短的复苏,日本银行一度解除了零利率政策。2001年,日本经济又重新跌入低谷。2001年3月,日本银行开始将金融调节的主要目标从调节短期利率转向"融资量目标",同时再次恢复实际上的零利率政策。2006年7月14日,日本央行解除实施了5年零4个月的零利率政策,将短期利率从零调高至0.25%。零利率的解除,也标志着日本经济开始明显复苏。

当前,世界各国频繁运用利率杠杆实施宏观调控,利率政策已成为各国中央银行调控货币供求,进而调控经济的主要手段,利率政策在中央银行货币政策中的地位越来越重要。合理的利率,对发挥社会信用和利率的经济杠杆作用有着重要的意义。

利率与人们的生活联系较为紧密。在生活中,常常有民间借贷,有承诺的也好,无承诺的也好,还款时常要与同期的储蓄存款利息比一比。在

第7章 货币和金融体系：钱也只是一种商品

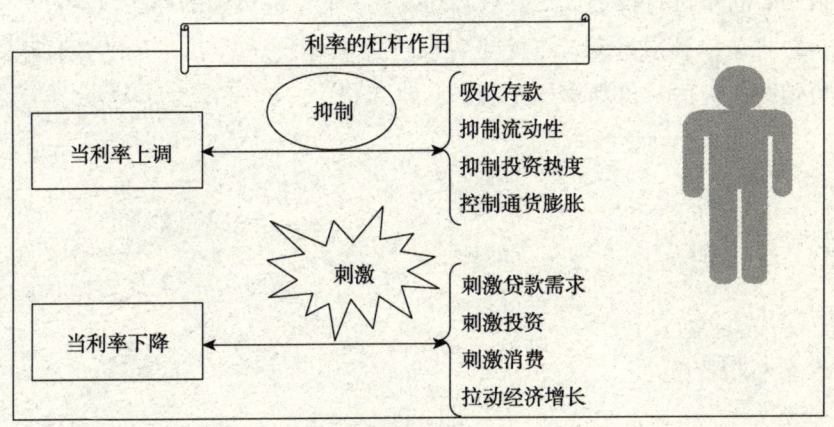

炒股生涯中，常常要对自己的股票或资金算一算，自然而然要想到与同期的利率作比较。储蓄存款利率变了又变，涉及千家万户，千家万户要谈论储蓄存款利率。

无论你是企业家还是一名普通工人都会关注利息和利率的变化情况。如果你是企业家，那么你会非常乐意在利率大幅下调后向银行进行贷款以增加投资扩展自己的业务；如果你是普通工人，那么在利率大幅上升的时候，你也许会缩减自己的消费，将节省的钱存入银行来赚取利息。

但普通民众更要重视负利率的影响。负利率是指利率减去通货膨胀率后为负值。当你把钱存进银行里，过一段时间后，算上利息在内没有增值，反而贬值了。

负利率的出现，意味着物价在上涨，而货币的购买能力却在下降。即货币在悄悄地贬值，存在银行里的钱也在悄悄地缩水。

面对负利率时代的来临，将钱放在银行里已不合时宜。对于普通居民来说，需要拓宽理财思路，选择最适合自己的理财计划，让"钱生钱"。负利率将会对人们的理财生活产生重大影响。以货币形式存在的财富如现金、银行存款、债券等，其实际价值将会降低，而以实物形式存在的财富如不动产、贵金属、珠宝、艺术品、股票等，将可能因为通货膨胀的因素而获得价格的快速上升。因此，我们必须积极地调整理财思路，通过行之有效的投资手段来抗击负利率。

抵御负利率的手段有很多，首先是进行投资，可以投资基金、股票、房产等，还可以购买黄金珠宝、收藏品。当然，我们必须以理性的头脑和

我们身边的经济学

积极的心态来进行投资，不要只看到收益，而忽视风险的存在。

总之，你必须行动，不能坐等财产逐渐缩水。其实，负利率不可怕，最可怕的是你面对负利率却无动于衷。

第7章 货币和金融体系：钱也只是一种商品

货币政策的扩张与紧缩

由人民出版社出版的《朱镕基答记者问》一书正式面世，即受到海内外读者的热捧，其中收录了前国务院总理朱镕基兼任央行行长时期的几篇专访。朱镕基，和他在央行行长短短两年经历，也再次成为媒体关注的焦点。

1993年7月2日，全国人大八届二次会议作做出决定，时年65岁的朱镕基被任命为中国人民银行行长。在任命前的当年3月，朱镕基在八届一次会议上刚被任命为国务院副总理。

当年6月，中央采取严格控制货币发行等十六条措施，意在抑制日益严重的通货膨胀。此时由副总理兼任央行行长。

1993年8月到10月间，面对由于经济发展过热引起的通货膨胀问题，刚刚履新中国人民银行行长不久的朱镕基，先后主持召开了8次会议，集中讨论了宏观调控措施实施的程度及货币投放量控制的程度。

会上，朱镕基以中国人民银行行长身份，命令属下的行长们在40天内收回计划外的全部贷款和拆借资金。"逾期收不回来，就要公布姓名，仍然收不回来，就要严惩不贷。"

截至当年7月底，拆借的资金收回来332亿元，还增加了405亿元的储蓄。以此为储备，银行又可以发行几百亿元去收购夏粮，国库券又有人买了，财政部不再找银行借钱发工资了，股市也止跌企稳了，"宏观调控初见成效"。

"通过这种办法和我们的努力,我们基本上成功实现了经济增长的缓慢减速,没有发生经济增长率的急剧下跌,也没有发生大规模的价格波动。"在《朱镕基答记者问》一书中,朱镕基如此评价上任初的货币政策。

货币政策简单地说就是实现宏观经济目标所采取的控制、调节和稳定货币措施的总和。货币政策由中央银行执行,通过中央银行调节货币供应量,影响利息率及经济中的信贷供应程度来间接影响总需求。

在朱镕基看来,为了遏制经济过快增长,朱镕基采取的办法是紧缩银根,即央行要按照国家宏观调控政策,通过货币政策来有效地对此进行管理。

"朱镕基最漂亮的杰作就是1993年开始的宏观调控,虽然局部地区受了影响,但中国经济防止了更高程度的、全局式的恶性泡沫。如果不是当时采取断然措施,中国的损失将是极其惨重的。对于朱镕基这个功劳,怎么说都不过分。"多年后,清华大学中国与世界经济研究中心研究员袁钢明这样评价道。

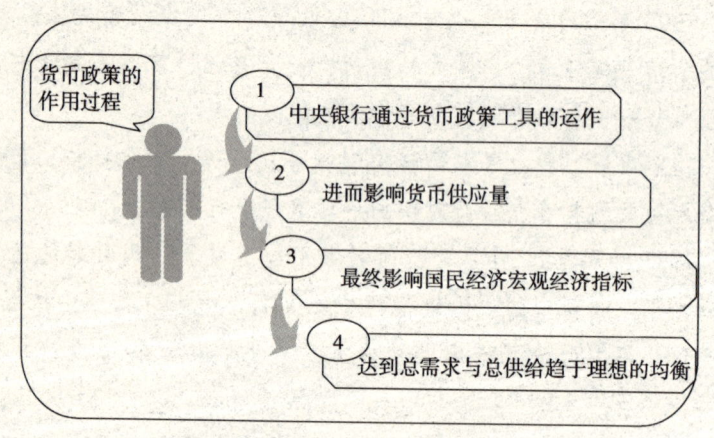

货币政策分为扩张性的和紧缩性的两种:

扩张性的货币政策是通过提高货币供应增长速度来刺激总需求,在这种政策下,取得信贷更为容易,利息率会降低。因此,当总需求与经济的生产能力相比很低时,使用扩张性的货币政策最合适。

紧缩性的货币政策是通过削减货币供应的增长率来降低总需求水平,在这种政策下,取得信贷较为困难,利息率也随之提高。因此,在通货膨胀较严重时，采用紧缩性的货币政策较合适。

2011年3月18日早，日本央行行长白川方明在七国集团同意联手干预日元后表示，日本仍将保持超宽松的货币政策。"日本央行将会推行强有力的宽松货币政策，并继续提供充足的流动性，以保持市场稳定。"央行当天的声明表示。3月18日早，七国集团财长决定联手干预日元汇率，随后日本央行又向金融系统注资3万亿日元（合370亿美元）。此前产经新闻报道，日本政府可能发行超过10万亿日元（约合1268亿美元）的紧急债券，而日本央行会全部买下这些债券。

所谓量化宽松，是指中央银行在实行零利率或近似零利率政策后，通过购买国债等中长期债券，增加基础货币供给，向市场注入大量流动性的干预方式。与利率杠杆等传统工具不同，量化宽松被视为一种非常规的工具。

地震、海啸和核危机给日本经济造成的损失超过20万亿日元。他还表示，重建需要的预算肯定会超过1995年阪神大地震后3.3万亿的重建费用。日本央行继续向金融系统注入资金，数量超过银行能够消化的数额，以保持较低市场利率。

回顾过去，2001年至2006年间，在通货紧缩的长期困扰下，日本中央银行曾将政策利率降至零并定量购买中长期国债的政策就是一种典型方式。这些政策的最终意图是通过扩大中央银行自身的资产负债表，进一步增加货币供给，降低中长期市场利率，避免通货紧缩预期加剧，以促进信贷市场恢复，防止经济持续恶化。

量化宽松有利于抑制通货紧缩预期的恶化，但对降低市场利率及促进信贷市场恢复的作用并不明显，并且或将给后期全球经济发展带来一定风险。中国国际经济研究会副会长张其佐认为："毫无疑问，主要央行量化宽松货币政策的开启，将带来全球通胀的风险。"实施量化宽松的货币政策，将形成日元走软、商品价格上涨的局面。

我们身边的经济学

货币增发与印钞厂扩招

作为人民币发行流通中的起始环节,担任国家法定货币生产设计、印刷的印钞厂、造币公司、钞券设计公司等企业因属于特种行业,在老百姓心目中一直戴着"神秘"的面纱。

随着2010年全国几大造币企业面向应届毕业生的集中招聘计划逐渐展开,造币厂的"神秘感"正在渐渐退去。2010年3月以来,中国印钞造币总公司、钞券设计公司和国内5大造币厂等企业启动了近5年来规模最大、最集中的招聘计划,用人需求量超过100人。

作为全国高校中唯一一家独立的印刷类本科高校,北京印刷学院相关专业的毕业生备受造币企业的青睐。"往年这些企业招聘计划很零散,每年就一两家,今年前后来了5家。"该校招生就业处赵老师表示。中国印钞造币总公司、钞券设计公司和国内5大造币厂等企业启动了近5年来最大规模的招聘计划,用人需求量超过100人。

印钞公司扩招与货币增发有一定的关系。2005年底市场货币流通量是2.4万亿,至2010年11月底,市场货币流通量已达4.23万亿。将近五年的时间,市场货币流通量增长了近80%。

2001—2005年,货币供应增速超过GDP+CPI增速的幅度是5.4个百分点,2003—2007年超过幅度是2.8个百分点。

在现代经济里,各个国家只有一个银行可以印钱,那就是"中央银行"。流通中的每一张人民币钞票,都是央行出品。这也正是法定货币制度的含义。在这套货币制度下,除了央行作为法定的发行货币的机构,任何其他中央的和地方的政府机构,都无权印钞。

中央银行是政府最重要的机构之一。中央银行把印出来的钱贷给各"商业银行",商业银行再把钱贷给企业或者个人收取利息。中央银行再从商业银行回笼货币,烧掉一部分现钞,又印一些新钞,维持心目中理想的现钞总数。

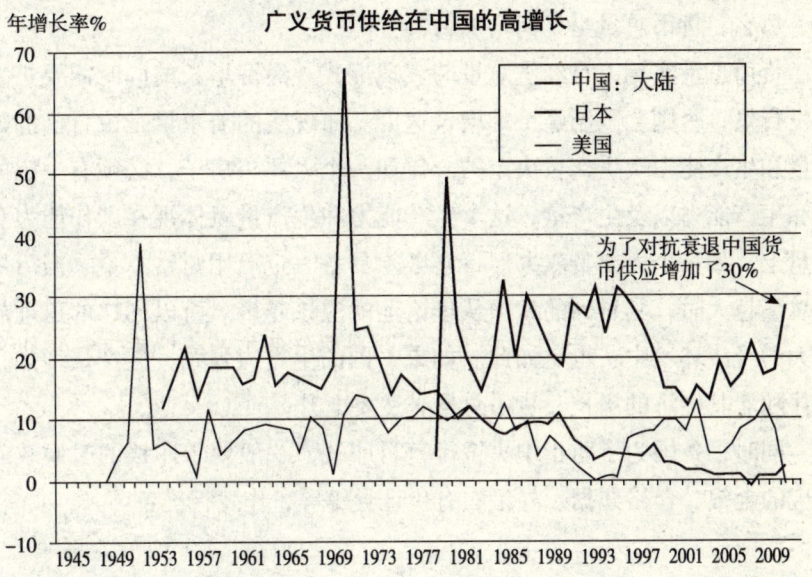

广义货币供给在中国的高增长

为了对抗衰退中国货币供应增加了30%

根据央行公布的数据,截至2010年10月,全国流通中的现金有41646亿元,而全社会的存款总量高达786499亿元,现金只占存款总量的5%;10月流通中的现金甚至低于2月的42866亿元,而2月至10月,中国的新增贷款有好几万亿元;10月中国流通中的现金仅比2008年末的34219亿元增长了7429亿元,而从2009年初以来,中国人民币贷款增长了近17万亿元。

投放多少货币才是合理的?经济中到底需要投放多少货币?

央行货币政策司司长戴根有曾经针对货币供应量是否偏紧的问题,打了一个形象的比喻:假如有四十份饭,四十个学生,如果分配

我们身边的经济学

均匀,刚刚好,每一个学生都能吃饱。这是一个不坏的比喻——用吃饭来阐述社会资金供求关系。控制流通中的货币总量与总需求保持基本平衡正是戴根有所领导的部门职责所在。因此,如果满足了市场的需求,就意味着投放的货币总量达到了预期的目标。

货币总量在一国货币政策制定和宏观经济决策方面起着重要的作用,因此,科学测度货币总量具有重要的理论价值和现实意义。

那么,货币总量是如何增加的?

货币总量实际上是经济总量的表现形式。经济增长的同时需要扩大货币发行量,否则会限制经济的增长速度。而现实的需求量是由自己的财富总量和生产能力及生产量决定的。比如一个人要买房子,必须有一定的存款和生产能力以及生产量,这个生产能力和生产量就体现在工作能力和工作量上。如一个人要贷款办厂,它必须具备一定可用财富总量,当可用财富总量越大时,其贷到的款项从理论上就应该越多。所以同样的道理放大到大的经济环境中,也是如此。如果一国的生产力强劲,生产量增加,那么伴随着其经济的增长,货币总量必然要上升。

同时,各国为了防止中央银行盲目印钱,一般要求印钱的时候政府有对应的金银、合格票据、外汇、有价证券等等,作发行准备。

第7章 货币和金融体系：钱也只是一种商品

 **货币危机的多米诺骨牌**

20世纪20年代，随着一战的结束，世界经济进入衰退时期，欧洲各国的货币都摇摇欲坠。在这个时期，法国政府上演了一个精彩的大戏，成功地捍卫了法郎。

法郎危机也是伴随着第一次世界大战开始的。法国政府在一战中花掉了大量军费，这个数字是1913~1914年所有主要参战国军事费用的两倍。一战结束后，法国财政出现了62亿法郎的缺口，而且还有巨额贷款。1926年，法郎的汇率开始下滑。人们相信，法郎将会面临和德国马克一样的命运。当时的法国政府内阁束手无策，物价不停上涨，法郎持续贬值。

这时，总理雷蒙·恩加莱开始掌权。他通过提高短期利率把短期借款转为长期借款，提高税收和削减政府支出，同时从美国摩根银行借来了一笔巨额贷款，使法国银行的现汇得以补充。一系列措施恢复了人们对法郎的信任，从此，法郎币值开始走稳，法国经济和政局也渐趋稳定。

货币危机通常指的是本国货币的供给急剧增加，从而导致利率和货币币值急剧下降的过程。从通俗的角度说，货币危机也可以说是人们对一国的货币丧失信心，大量抛售该国货币，从而导致该国货币的汇率在短时间内急剧贬值的情形。如1994年墨西哥比索与美元的汇率和1997年泰国铢兑美元的汇率骤然下跌，都属于典型的货币危机。

货币危机的概念有狭义和广义之分。狭义的货币危机与特定的汇率制度（通常是固定汇率制）相对应，其含义是，实行固定汇率制的国家，特殊情况下（如在恶化的情况下，或者在遭遇强大的投机攻击情况下），对本国的汇率制度进行调整，转而实行浮动汇率制，从而使自由市场决定的汇率水平远远高于原来的官方汇率，这种情况就是货币危机。广义的货币危机泛指汇率的变动幅度超出了一国可承受的范围，通常情况表现为本国货币的急剧贬值。

经济学家的大量研究表明：定值过高的汇率、经常项目巨额赤字、出口下降和经济活动放缓等都是发生货币危机的先兆。就实际运行来看，货币危机通常由泡沫经济破灭、银行的坏账增多、国际收支严重失衡、外债过于庞大、财政危机、政治动荡、对政府的不信任等是货币危机的主要原因。

如何对付危机，经济学家克鲁格曼认为存在两种可能性：一种是紧急贷款条款，紧急贷款的额度必须要足够大以加强投资者的信心；另一种是实施紧急资本管制，因为这样可以有效地、最大限度地避免资本外逃。

当代国际经济社会很少发生一桩孤立的货币动荡事件。在全球化时代，由于国民经济与国际经济的联系越来越密切，一国货币危机常常会波及别国。货币危机在国际社会中的扩散现象被称之为"传染效应"（contagion effect）。

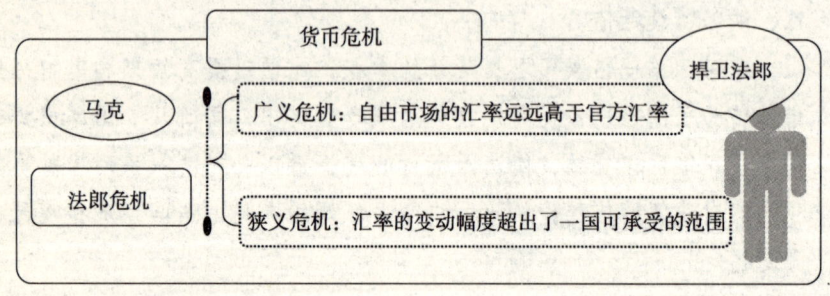

随着金融危机的深入，据俄罗斯官方统计，从 2009 新年到 2 月初，卢布便贬值了 23.1%。从 2008 年年初到 2009 年初，卢布贬值了 47.4%。而从 2008 年 8 月份到 2009 年 2 月，卢布贬值了 35%。而更坏的情况是，市场交易显示未来一年卢布可能进一步贬值 20%。俄罗斯国内弥漫着一股悲伤情绪，俄罗斯的经济学家们对卢布充满了悲

第 7 章 货币和金融体系：钱也只是一种商品

观，他们已经达成了一致，认为照目前的跌速，卢布继续贬值已经无法阻挡。对于俄罗斯央行在此次的货币危机中的表现，俄罗斯央行前第一副行长阿列克萨申科批评说，在卢布贬值问题上，央行犯了个大错误：去年该贬的时候不贬。现在市场已经开始疯狂测试卢布贬值的临界点，看央行"是否能撑到只剩最后一滴血"。

　　为了支撑卢币，俄罗斯政府动用了外汇储备的三分之一来做支撑，但这依然没有起到正面效果。经济学家称，卢布在未来仍将继续贬值。在外汇储备骤减、资本流出加快的时候，人们对俄罗斯主权的评级下调到仅比垃圾级高两档。内外交困之中，执著于卢布挂钩美元的俄罗斯当局未来的选择将变得更加艰难。'

　　在全球化时代，由于国民经济与国际经济的联系越来越密切，而汇率是这一联系的"纽带"，因此，如何选择合适的汇率制度，实施相配套的经济政策，已成为经济开放条件下，决策者必须考虑的重要课题。

附：为什么白宫要给华尔街上套

众所周知，华尔街早已经不再是单纯的一条街，一个区域了，而是世界金融中心的代名词。这条街平均每天资本的流通量是2000亿美元，世界上较大的近千家金融机构都坐落于此，这里是全球资本市场最核心最活跃的地方。

美国华尔街的垮掉是2008年的大事，无论怎么大书特书都不过分。正如查韦斯总统在访华时说的那样："华尔街的坍塌对于资本主义而言，相当于柏林墙之于前苏联。"一个时代结束了，一种信仰结束了，没有人再相信放任自流的资本主义是最佳选择。

美国低收入者向银行借款以后，随着利率上升和房地产降温，其偿债风险也逐步产生。为了尽快将次级贷款收款权变现和防范风险，放贷银行通过金融衍生品出让收款权，而投资银行又再次甚至多次通过金融衍生品，将收款权出让。华尔街把次级贷包装、重组成CDS向世界各国大肆兜售。华尔街自己制定规则，自己生产、销售那些叫人眼花缭乱看不懂的金融衍产品。华尔街用1美元做100美元，甚至1000美元的生意。就这样，华尔街以一个不可思议的杠杆率，用1.2万亿美元的次贷按揭债券套牢了一个价值1000万亿美元的衍生品市场。这1000万亿是什么概念？目前全球所有国家的产值也只有50万亿，而这个所谓金融衍生品市场是其20倍。

2007年，高管薪水是员工的275倍，而在30年前，这一数据则

第7章 货币和金融体系：钱也只是一种商品

为35倍。金融机构对高管的激励措施往往与短期证券交易受益挂钩，在高薪驱动下，华尔街的精英为了追求巨额短期回报，纷纷试水"有毒证券"，从而从事金融冒险。那些衣着光鲜的金融高管每天只消打几通电话或者在电脑键盘上敲击几下，就可以获得非洲、亚洲一个农民一年的收入。即使在金融危机爆发后，这些金融高管还要求发高额奖金。

华尔街过度创新的金融工具，缺少监管、过度杠杆化的金融风险，以及过高的金融高管的薪资压垮了华尔街。如果华尔街失去了金融监管，世界将会变得多么危险。

法国总统萨科奇谴责金融高管年薪，要求银行对交易员的奖金发放做出限制。2009年2月4日，奥巴马公布了一系列薪酬限制措施，其中包括对接受"特殊救助"的金融公司的主管实施严格的限制薪酬规定，其年薪不得超过50万美元。这项新规定不仅适用于花旗等已经接受政府援助的金融企业，还同样适用于未来可能接受政府救助的企业。而若企业以股票形式给予高管奖励，价值超出50万美元的也须在该企业清偿政府贷款后才能兑现。

2011年3月2日，美国证交会（SEC）发布新规，将对金融经纪商、自营商和投资顾问公司的高额薪酬实施更严格监管，并首次要求接受监管的公司每年向SEC报告详细薪酬计划，而SEC则有权禁止相关公司发放那些被其判定为属于激励过度的薪酬安排。

金融监管的传统对象是国内银行业和非银行金融机构，但随着金融工具的不断创新，金融监管的对象逐步扩大到那些业务性质与银行类似的准金融机构，如集体投资机构、贷款协会、银行附属公司或银行持股公司所开展的准银行业务等，甚至包括对金边债券市场业务有关的出票人、经纪人的监管等等。

我国最初的金融监管工作是由央行来执行的。但随着和国际接轨，要求央行在制定货币政策的职能加强，因此央行的监管职能被独立出来，形成银监会和保监会。对所有金融机构包括银行和非银行监督管理。

第 8 章

经济周期和通货膨胀
中国经济从过山车换乘平地车

JINGJIZHOUQIHETONGHUOPENGZHANG
ZHONGGUOJINGJICONGGUOSHANCHEHUANCHENGPINGDICHE

第8章 经济周期和通货膨胀：中国经济从过山车换乘平地车

 **经济周期的高潮低谷**

1997~1998年的亚洲金融危机：1997年，国际投机者大量抛空泰铢，引起泰国金融体系波动。7月2日，泰国被迫宣布泰铢贬值，东南亚其他国家相继受到冲击，货币相继贬值。10月以后，金融危机蔓延到韩国和日本，导致货币贬值、股市暴跌和大公司纷纷破产，连一向被称为是发展奇迹的亚洲四小龙也逃脱不了这场厄运。危机中，大多数东亚经济的货币和资产价值跌落了30%－40%，遭受打击最为严重的几个行业经济下跌得更为厉害。东亚地区的银行和企业陷入空前的财务困境。泰国、印尼和韩国不得不请求国际货币基金组织（IMF）援助。

经济周期，又称商业周期或商业循环，它是指国民总产出、总收入和总就业的波动。这种波动以主要的宏观经济变量，如就业率、物价水平、总产量等普遍的扩张或收缩为基本特征。一般来说，一个完整的经济周期可以分为繁荣、衰退、萧条、复苏几个阶段，其中最主要的两个阶段是衰退阶段和繁荣阶段。繁荣，即经济活动扩张或向上的阶段（高涨）；衰退，即由繁荣转向萧条的过渡阶段（危机）；萧条，即经济活动收缩或向下的阶段；复苏，即由萧条转向繁荣的过渡阶段。

经济周期的特征：

1. 经济的波动性：经济周期或经济的周期性波动，最突出的表现是经济中的实际GDP对潜在GDP呈现出来的阶段性的偏离。

2. 共同运动性：用与同期产出的相关系数表示。大多数宏观经济变量具有顺周期的特征。只有实际利率除外。

3. 持久性：西方经济学家一般认为，经济周期的形式和持续时间是不规则的。没有两个完全相同的经济周期，也没有像测定行星或钟摆那样的精确公式可用来预测经济周期的发生时间和持续时间。

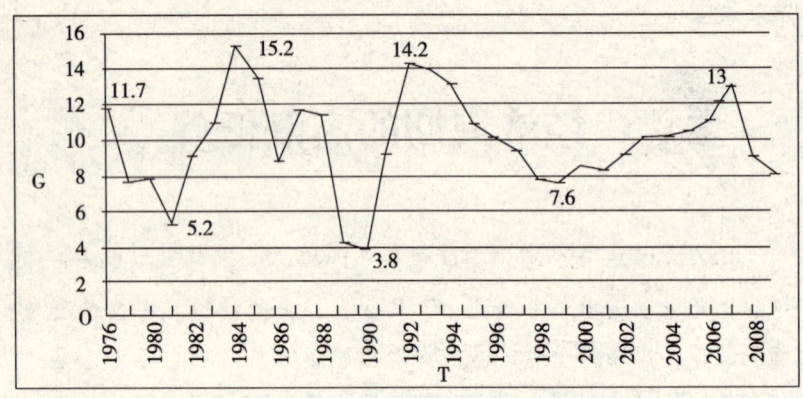

我国改革开放30年经济周期的情况

从1978年以来，我国经济增长率最高的波峰年分别是1978年（11.7%）、1984年（15.2%）、1992年（14.2%）和2007年（13%）；经济增长率最低的波谷年分别是1981年（5.2%）、1990年（3.8%）、1999年（7.6%）和2009年（假设2009年为本轮周期的波谷年，增长率为8%）。如果依据波峰年计算周期的长度，从1978年到2007年的29年间，总共形成了3个经济周期，周期的平均长度为9.66年；若依据波谷年计算周期的长度，从1981年到2009年的28年间也形成了3个经济周期，周期的平均长度为9.33年。

从工业化到现在，世界经济呈现出具有规律性的周期变动已经历了五个长周期，即分别以"早期机械化"技术革命、"蒸汽动力和铁路"技术革命、"电力和重型工程"技术革命、"福特制和大生产"技术革命和"信息和通讯"技术革命为主导的世界经济周期。

经济周期既有破坏作用，又有"自动调节"作用。在经济衰退中，一些企业破产，退出商海；一些企业亏损，陷入困境，寻求新的出路；一些

第8章 经济周期和通货膨胀：中国经济从过山车换乘平地车

企业顶住恶劣的气候，在逆境中站稳了脚跟，并求得新的生存和发展。

经济周期可以通过很多重要的渠道影响到我们。例如，当产出上升时，找工作变得比较容易；当产出下滑时，寻找一份理想的工作就会比较困难。

经济永远在繁荣和衰退之间循环，人们对于未来生活总是从乐观的高峰跌落到失望的深渊，又在某种契机下雄心再起。

经济周期不同阶段的影响：经济周期波动的扩张阶段，是宏观经济环境和市场环境日益活跃的季节。这时，市场需求旺盛，订货饱满，商品畅销，生产趋升，资金周转灵便。企业的供、产、销和人、财、物都比较好安排。企业处于较为宽松有利的外部环境中。经济周期波动的收缩阶段，是宏观经济环境和市场环境日趋紧缩的季节。这时，市场需求疲软，订货不足，商品滞销，生产下降，资金周转不畅。企业在供、产、销和人、财、物方面都会遇到很多困难，企业处于较恶劣的外部环境中。

作为市场经济中的任何一分子，对经济周期波动必须了解、把握，并能制订相应的对策来适应周期的波动，否则将在波动中丧失生机。在市场经济条件下，企业家们越来越多地关心经济形势，也就是"经济大气候"的变化。而作为政府部门，认识经济周期在市场经济中的运行规律和特征，有助于政府在制定扩张性或收缩性的经济政策以及进行政策转换时，增强预见性，避免滞后性。

我们身边的经济学

"食草动物"的出现是经济萧条惹的祸

2006年,日本著名社会评论家真深泽就用了一个特殊的词来形容日本年轻人:"食草动物",或者叫"吃草的男人们"。

一本畅销书《食草类娘娘腔男人们正在改变日本》的作者Megumi Ushikubo说,至少有2/3年龄在20到34岁之间的日本男人被归类为"食草族"。她认为,"食草族"心态的形成是上世纪日本那些遵从陈规旧习、冷酷无情和工作狂们熏陶下的产物。

"食草族"们不但不愿去公司上班谋生,也不愿与同事们一起酗酒追逐漂亮女人了。他们很少工作,但却很追求个性服饰和化妆技巧,还经常与自己的母亲一起去购物。总部在东京的一家名为WishRoom的公司还专门卖男性胸罩,那些中年上班族就是老主顾。

许多观察家说,这是一种对生活的反叛行为,他们的父亲是罪魁祸首。35岁以上的日本人在1990年前日本的泡沫经济时期生活得很愉快。很多人怀念那段时期能够轻松赚钱、随意花大把钞票的感觉。

20世纪90年代和本世纪早期通货紧缩蔓延后,日本人的生活水准下降了。就业体系也发生了历史性的改变。薪水低、福利少,而雇用率只有40%。

日本食草族男人的出现,既不是父亲的过错,也不是自身的过错,而是日本经济萧条的过错。从1956年起直到1990年日本经济一直处于高速发展之中,被称为日本经济神话。然而1990年后,日本经济出现了长达

第8章　经济周期和通货膨胀：中国经济从过山车换乘平地车

14年的明显衰退。

经济萧条是指长时期的高失业率、低产出、低投资、企业信心降低、价格下跌和企业普遍破产。工商业低落的一个温和的形式是衰退，它同萧条有许多共同点，但在程度上较弱。今天，衰退的精确定义是实际国民生产总值至少连续两个季度下降。大萧条是以商业和普遍繁荣的衰退为特征的一种经济状况。经济萧条，人们失业了，高薪水也不再存在，所以日本男人只能降低生活标准了。

经济萧条不仅导致食草族的出现，而且还极易导致极权主义的产生。1929年经济大衰退导致极权主义在德国日本兴起，而且带给美、英、法等西方国家严重的失业及社会不稳定等问题，致使它们没有能力联合起来阻止极权国家的侵略行动。而罗斯福新政在一定程度上减缓了经济危机对美国经济的严重破坏，促进了社会生产力的恢复。由于经济的恢复，使社会矛盾相对缓和，从而遏制了美国的法西斯势力。正是由于上世纪的经验和教训，在遇到2008年经济危机的时候，美国经济免于遭遇第二次大萧条，在平息此轮经济危机中起到关键作用的是"大政府"的救助行为。

著名经济学家克鲁格曼认为，2008年年底经济危机爆发时，其严重程度几乎堪比上世纪30年代"大萧条"时期的银行业危机：世界贸易、世界工业产值、全球股市等一系列指标下降速度赶上甚至超过了当时。但与"大萧条"时代所不同的是，在金融危机中，美国经济并未如当时一般直线下滑，而是在经历了糟糕的一年后逐渐开始触底。他认为，美国之所以免于重蹈"大萧条"覆辙，答案是政府在两次危机中所扮演的角色截然不同。

首先，在金融危机中，最关键的并非政府有所为，而是政府有所不为：与私人部门不同，联邦政府没有大幅缩减开支。尽管财政收入在经济收缩的时期大幅下降，社会保险、医疗保险、公职人员收入等都得到了应有的保障。而这些方面的支出都对下滑的经济起到了一定的支撑作用，成为政府的"自动稳定器"。而在"大萧条"时代，政府支出占GDP总量的比例则相对小得多。尽管危机时期的大笔财政支出会导致政府的财政赤字，但是从避免危机深化的角度来说，赤字反能成为一件好事。

其次，政府除了持续发挥其自身的稳定效用之外，还进一步采取措施稳定金融部门，为银行提供救助资金。尽管也许现行的银行救助计划的规模及形式等方面存在缺憾，但是如果没有采取此类措施，情况势必会更加糟糕。在应对本轮危机时，政府没有采取上个世纪30年代的放任不管、任由银行系统崩溃的态度，而这正是"大萧条"没有重现的另外一个重要原因。

最后，美国政府在经济刺激计划方面进行了深刻思考，并付出了努力。据预测，如果没有实施经济刺激计划，将有比现在多100万的美国人失去就业机会。正是经济刺激计划将美国经济从自由落体式下降的旋涡中拖了出来。

第8章 经济周期和通货膨胀：中国经济从过山车换乘平地车

 **经济增长是政府的心愿**

1980年R.里根与吉米·卡特竞选美国总统，争夺十分激烈，特别是经济问题是双方关注的重点。R.里根与吉米·卡特在电话辩论时说："如果你的邻居失业了，说明美国经济在衰退，如果你的亲人失业了，说明经济在萧条，如果卡特失业了，说明美国经济要增长。"

经济增长代表的是一个国家或地区在一定时期内的总产出与前期相比实现的增长。总产出通常用国内生产总值（GDP）来衡量。所谓经济增长就是指国民生产总值的增长必须保持合理的、较高的速度。这个笑话的意思是，如果选民选择里根，他将保证经济增长。

与经济周期波动中产出的恢复性增长不同，经济增长在此来说是一个长期概念，其实质是潜在国民产出的增加或经济系统生产能力的增长。其次，经济增长也不同于"经济发展"（economic development）。如果说经济增长是一个单纯的"量"的概念，那么经济发展就是一个比较复杂的"质"的概念，衡量的是一个国家以经济增长为基础的政治、社会、文化的综合发展。

经济增长率的高低是衡量一个国家或地区在一定时期内经济总量的增长速度，也是衡量一个国家或地区总体经济实力增长速度的标志。

决定经济增长的因素有：

1. 投资量。一般情况下，投资量与经济增长成正比。
2. 劳动量。在劳动者同生产资料数量、结构相适应的条件下，劳动者

我们身边的经济学

数量与经济增长成正比。

3. 生产率。生产率是指资源（包括人力、物力、财力）利用的效率。提高生产率对经济增长直接作出贡献。

三个因素对经济增长贡献的大小，在经济发展程度不同的国家或不同的阶段，是有差别的。一般来说，在经济比较发达的国家或阶段，生产率提高对经济增长的贡献较大。在经济比较落后的国家或阶段，资本投入和劳动投入增加对经济增长的贡献较大。

在经济增长的过程中，一个国家或地区总是处于选择的十字路口。政府具有重要的经济职能，其组织性和广泛的动员性都是市场力量所无法企及的。政府战略导致完全不同的发展道路。世界"百年经济奇迹"现象的产生，与其说是经济增长的结果，不如说是政府战略、国家道路选择的差异。

2010年1月26日国际货币基金组织举行2010年全球经济预测报告发布会。预计美国经济2010年的增长率2.7%，高于此前增长1.5%的预测。以中国为代表的亚洲发展中国家将迅速从全球经济衰退中复苏，平均经济增长率为8.4%，而中国经济增长率为10%。中国的经济复苏是可持续性的，中国经济在2011年仍将增长9.7%。

国际货币基金组织在报告中表示："亚洲主要新兴经济体将引领全球经济的复苏。"除中国外，印度的经济也呈现强劲增长势头，预计2010年印度经济增长7.7%。作为亚洲最大经济体的日本2010年预计增长1.7%。该组织将中国2010年增长预测从去年9%上调到10%。该组织首席经济学家布兰彻在报告发布会上说："中国的增长仍然部分基于强有力的财政刺激和信贷宽松。但中国私人部门需求恢复的前景看起来也非常不错。所以，我们认为中国的复苏可以持续。"

中国在"十一五"规划中提出的年均经济增长预期目标是7.5%，但实际增长速度达到了11%。2010年，中国国内生产总值跃居世界第二位。

在2011年政府工作报告中，我们要推动经济发展再上新台阶。今后五年，我国经济增长预期目标是在明显提高质量和效益的基础上年均增长7%。按2010年价格计算，2015年国内生产总值将超过55万亿元。

第 8 章 经济周期和通货膨胀：中国经济从过山车换乘平地车

温家宝说："之所以这样做，就是因为我们要把工作的重点放在提高经济增长的质量和效益上来，就是要把发展和所得到的成果用在民生上来。"

中国社会科学院经济部研究员张晓晶指出，0.5个百分点的下调幅度虽然不大，但却释放出了非同寻常的信号——今后五年中国将强力转变经济发展方式、调整经济结构、保障和改善民生。

"中国已经进入中等收入国家行列，从各国发展经验看，增速会适度放慢，结构调整会加快，"王小广说，"'十二五'正是这样一个转折点。"他认为，过去中国是速度性的增长效应，今后就要谋求结构性的增长效应。只有这样，中国才可能规避一些国家遭遇的"中等收入陷阱"。

中国未来仍具备实现经济较快发展的诸多有利条件，关键要通过结构调整和增长方式转变，实现经济的可持续增长，确保不出现大起大落。

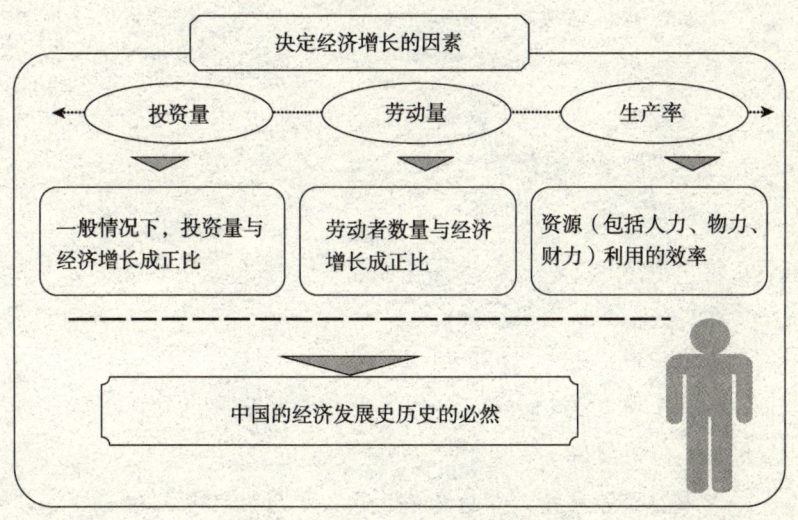

通货膨胀的恶作剧

网上流传这样一则笑话：

有一天，格莱斯潘去见上帝了，一脸忧郁。

上帝慈祥地笑了："艾伦，不要悲伤，天堂很需要你，这里的收支不平衡很久了……"

格林斯潘："上帝，您误会了，我来不是求职而是有三个问题让我百思不得其解"

上帝宽容地笑了："说吧孩子"

格林斯潘："上帝，我想提高油价，但是不想出现通货膨胀，我知道我不能，您能帮我实现吗？"

上帝和蔼地笑了："我也不能。"

格林斯潘："我的第二个问题是，我想提高电价，但必须避免通货膨胀，您能帮我实现吗？"

上帝皱了皱眉头，心想这孩子怎么了？当初经济学原理学的不是挺好的吗？于是摆了摆手："孩子，我想这个问题不应该出自你的口中，可我还是愿意回答你，不能。"

格林斯潘忐忑了片刻，还是开口了："我的上帝，有办法提高水价而通货不膨胀吗？"

上帝有些后悔：当初应该让撒旦来接待艾伦这孩子。上帝失望地看了看格林斯潘："孩子，我现在就给你天堂的回程票，直接送你回哥大经济系，你需要重修当年的课程。"

第8章 经济周期和通货膨胀：中国经济从过山车换乘平地车

这就是传说中的通货膨胀。在宏观经济学中，因货币供给大于货币实际需求，而引起的一段时间内物价持续而普遍的上涨现象，通俗地说就是说流动中的钱多了，钱多了就不值钱，物价上涨了，货币的购买力下降了。

通货膨胀在现代经济学中意指整体物价水平上升。水价、电价的提高其实质就是通货膨胀。一般性通货膨胀为货币的市值或购买力下降，而货币贬值为两经济体间之币值相对性降低。前者用于形容全国性的币值，而后者用于形容国际市场上的附加价值。纸币流通规律表明，纸币发行量不能超过它象征地代表的金银货币量，一旦超过了这个量，纸币就要贬值，物价就要上涨，从而出现通货膨胀。

在经济学中，通货膨胀主要是指价格和工资的普遍上涨，在经济运行中出现的全面、持续上涨的物价上涨的现象。纸币发行量超过流通中实际需要的货币量，是导致通货膨胀的主要原因之一。

A：我的月薪终于突破百万了

B：我的也差不多了，有九十几万

旁边一个卖菜的老大爷：大白菜特价了，1万3一斤！

在非洲国家津巴布韦，其通货膨胀也达到了惊人的地步。在2009年2月，津巴布韦中央银行行长决定从其发行的巨额钞票上去掉12个零，这样一来，津巴布韦1万亿钞票相当于1元。此时，津巴布韦通货膨胀率已经达到百分之10亿，而1美元可兑换250万亿津巴布韦元。很多人笑言：在津巴布韦，人人都是"亿万富翁"。当然绝大部分人都不愿做这样的富翁！

纸币发行量超过流通中实际需要的货币量，也就是货币供给率高于经济规模的增长率，是导致通货膨胀的主要原因。那么一般在什么样的情况下，纸币的发行量会超过实际需要的货币量呢？

首先是外贸顺差。因为外贸出口企业出口商品换回来的美元都要上交给央行，然后由政府返还人民币给企业，那么企业挣了很多的外汇，央行就得加印很多人民币给他们，纸币印得多了，但是国内商品流通量还是不变，那么就可能引发通货膨胀。

其次，投资过热。在发展中国家，为了使投资拉动经济发展，政府会加大对基础设施建设的投入，那么就有可能印更多的纸币。通货膨胀的实质就是社会总需求大于社会总供给，通常是由经济运行总层面中出现的问题引起的。

其实在我们的社会生活中还有一类隐蔽的通货膨胀,就是指社会经济中存在着通货膨胀的压力或潜在的价格上升危机,但由于政府实施了严格的价格管制政策,使通货膨胀并没有真正发生。但是,一旦政府接触或放松这种管制措施,经济社会就会发生通货膨胀。

通货膨胀并不是给所有人都会带来伤害,通货膨胀也是财富再分配的一种手段,对一部分人有利,对一部分人有弊:

1. 在债务人与债权人之间,通货膨胀将有利于债务人而不利于债权人

在通常情况下,借贷的债务契约都是根据签约时的通货膨胀率来确定名义利息率,所以当发生了未预期的通货膨胀之后,债务契约无法更改,从而就使实际利息率下降,债务人受益,而债权人受损。其结果是对贷款,特别是长期贷款带来不利的影响,使债权人不愿意发放贷款。贷款的减少会影响投资,最后使投资减少。

2. 在雇主与工人之间,通货膨胀将有利于雇主而不利于工人

这是因为,在不可预期的通货膨胀之下,工资增长率不能迅速地根据通货膨胀率来调整,从而即使在名义工资不变或略有增长的情况下,其实际工资下降。实际工资下降会使利润增加。利润的增加有利于刺激投资,这正是一些经济学家主张以温和的通货膨胀来刺激经济发展的理由。

第8章 经济周期和通货膨胀：中国经济从过山车换乘平地车

 ## 滞胀是可怕的噩梦

在全国政协第十一届四次会议的部分经济组和农业组联席会议会场，国务院总理温家宝在听完报告后的总结发言中表示，"滞胀"就是通货膨胀没有管住，同时经济发展速度下来了，这是最坏的结果。

我们一定要努力避免，要使经济保持合理的速度，使结构得到调整，同时还能使就业、工人工资都得到改善，我们需要在这些复杂的关系当中走出一条光明的路，这就是我们今年宏观调控的难点。

滞胀全称停滞性通货膨胀（Stagflation）又称为萧条膨胀或膨胀衰退，在经济学，特别是宏观经济学中，特指经济停滞（Stagnation）与高通货膨胀（Inflation），失业以及不景气同时存在的经济现象。通俗地说就是指物价上升，但经济停滞不前。它是通货膨胀长期发展的结果。

长期以来，资本主义国家经济一般表现为：物价上涨时期经济繁荣、失业率较低或下降，而经济衰退或萧条时期的特点则是物价下跌。西方经济学家据此认为，失业和通货膨胀不可能呈同方向发生。但是，自20世纪60年代末、70年代初以来，西方各主要资本主义国家出现了经济停滞或衰退、大量失业和严重通货膨胀以及物价持续上涨同时发生的情况。西方经济学家把这种经济现象称为滞胀。

滞胀包括两方面的内容：一方面是经济停滞，包括危机期间的生产下降和非危机期间的经济增长缓慢和波动，以及由此引起的大量失业；另一方面是持久的通货膨胀，以及由此引起的物价上涨。这两种现象互相交织

我们身边的经济学

并发,贯穿于资本主义再生产周期的各个阶段,并成为所有发达资本主义国家的共同经济现象。西方经济学家把停滞(stagnation)和通货膨胀(inflation)两词合起来,构成停滞膨胀(stagflation)这一新概念,就表明两者是紧密地结合在一起的。

第二次世界大战以前,经济停滞(包括生产下降)和大量失业只是发生在经济周期的危机阶段和萧条阶段,与此同时发生的则是通货紧缩、物价跌落;而通货膨胀以及由此引起的物价上涨则总是发生在高涨阶段,但在这个阶段里却没有经济停滞和大量失业,当时在经济周期的发展中,"滞"和"胀"是互相排斥的,二者并没有在周期的某一阶段里同时并存。

第二次世界大战以后,情况发生了变化,有些发达的资本主义国家曾先后出现了经济停滞与通货膨胀同时并存的现象。例如,美国在1957~1958年的经济危机中,工业生产下降了13.5%,而消费物价却上涨了4.2%。意大利在不同程度上也出现了类似的情况。1973~1975年的危机以后,在70年代的后5年中,一些发达资本主义国家的经济仍然处于停滞状态,而通货膨胀比70年代前5年更加严重。例如,美国1975年的消费物价上涨率为9.1%,而1980年则为13.5%,法国、意大利的物价上涨率也都超过了1975年。

但由于美、英等国坚持推行货币金融方面的紧缩政策,主要是控制货币发行量和提高利息率,从1981年起通货膨胀率开始下降。

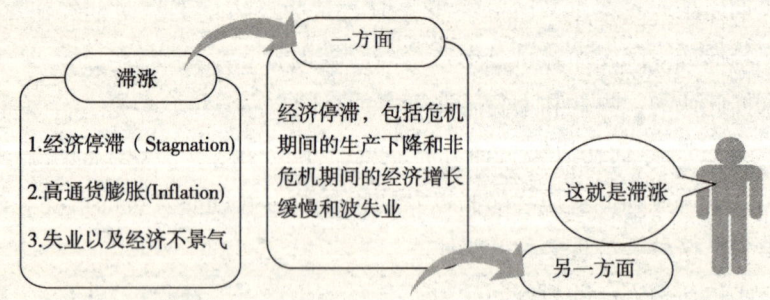

北京大学光华管理学院教授厉以宁表示,20世纪70年代初美国经济发生的滞胀,使经济学家意识到凯恩斯主义宏观调控政策的局限性,而目

第 8 章 经济周期和通货膨胀：中国经济从过山车换乘平地车

前的中国，要对调控政策全盘考虑。当前执行的由适度从宽的货币政策转向稳健的货币政策是可行的，保持积极的财政政策也是必要的。目前最迫切的问题还是让货币流量回归到合理的水平，这样有助于治理成本推动型通胀。但一定要适度，适可而止，否则有可能出现滞胀。当经济增速降到6%就是"滞"。

我们身边的经济学

 **曹操的通货紧缩思想**

2010年，曹操墓是考古史上的一件大事，但这件属于历史的大事也向我们呈现了曹操的经济学思想。

曹操高陵在河南安阳得到考古确认，河南省文物局在发布会上表示，这座位于安阳县安丰乡西高穴村的东汉大墓，有多项证据显示是曹操之墓。

而很多人则不相信，尽管高陵在曹的遗令中地理比较确凿，但千年来虽有小盗（而且主要是在1980年后），但大盗却并为过度注意，这主要是曹操的墓不起眼。相反，像藏宝浩大的秦始皇陵和乾陵（李治与武则天合葬墓），则不断引发大盗的侵袭。清陵乾陵远有五代军阀温韬盗墓，近有军阀孙连仲滋扰，大盗不止。

这是因为曹操有一个非常了不起的观念，认为金银货币不能被死人"掠去"，而应用于当世之中。为了募集军饷而不增加税赋，他将盗前世帝王大臣古墓索取金银看作是一个重要途径，他甚至成立专门的机构进行"专业化盗墓"，曹现场指挥，其中对刘秀墓的盗窃是一个经典事件。

这种金银珠宝规模宏大的陪葬，则会引发后世的通货紧缩，因为就像曹操所想那样，大量金银的沉淀不利于当下。事实上，武则天去世后十余年，发生该朝最为严重的"钱荒"。

曹操墓的发掘的不仅是文物，还有曹操的经济学思想。这也表明两千多年前，中国人就开始注意到通货紧缩，而且治理通货紧缩了。

通货紧缩是指货币供应量少于流通领域对货币的实际需求量而引起的

第8章 经济周期和通货膨胀：中国经济从过山车换乘平地车

货币升值，从而引起的商品和劳务的货币价格总水平的持续下跌现象。

当市场上流通的货币减少，国民的货币所得减少，从这个意义上说，曹操寒酸的陵墓反而是他伟大经济思想的一次呈现。

购买力上升，影响物价之下跌，造成通货紧缩。依据诺贝尔经济学奖得主保罗·萨缪尔森的定义："价格和成本正在普遍下降即是通货紧缩"。经济学者普遍认为，当消费者物价指数（CPI）连跌两季，即表示已出现通货紧缩。通货紧缩就是物价、工资、利率、粮食、能源等价格不能停顿的持续下跌，而且全部处于供过于求的状况。

很多人会认为，这不是正代表着抑制通货膨胀的目标得到了实现吗？这是好事啊。其实不然。这就是通货紧缩，整体物价水平下降，是一个与通货膨胀相反的概念。

通货紧缩对经济增长的影响有短期和长期之分。适度的短期通货紧缩有利于经济的增长。因为，通货紧缩将促使长期利率下降，有利于企业投资改善设备，提高生产率。在适度通货紧缩状态下，经济扩张的时间可以延长而不会威胁经济的稳定。而且，如果通货紧缩是与技术进步、效益提高相联系的，则物价水平的下降与经济增长是可以相互促进的。

长期的货币紧缩会抑制投资与生产，导致失业率升高及经济衰退。因为物价的持续下降会使生产者利润减少甚至亏损，继而减少生产或停产；同时使债务人受损，继而影响生产和投资；生产投资减少会导致失业增加居民收入减少，加剧总需求不足。

通货紧缩是比通货膨胀更危险的敌人，通货紧缩通常被认为是经济衰退的先兆，严重的通货紧缩将会造成经济的大萧条，使经济发展倒退几十年，并且在较长时间内难以复苏。难怪日本经济学家把曾经发生在日本的一场通货紧缩称为"可怕的通货紧缩幽灵"。很多经济学家由此得出一个结论："通货紧缩对经济所造成的损害要比通货膨胀大得多。"

2010年5月4日，诺贝尔经济学奖得主保罗·克鲁格曼警告说，日本式的通缩已初露端倪。

英国中央银行英格兰银行行长默文·金12日指出，2010年下半年直到2012年底，英国的通货膨胀率将低于政府确定的2%的目标；同时，英国经济的衰退程度比以前估计的严重，而且即使经济开始复

我们身边的经济学

苏,步伐也将是缓慢的。

2010年6月英国通胀水平达到了1.8%,低于5月的2.2%,创下自2007年9月以来的最低纪录。英国央行同时预计,通货膨胀率还可能暂时跌破1%。这一报告也显示,英国经济正面临陷入通缩的风险。

一般而言,要治理通货紧缩,必须实行积极的财政政策,增加政府公共支出,调整政府收支结构。就是要在加大支出力度的基础上,既要刺激消费和投资需求,又要增加有效供给。而通货紧缩既然是一种货币现象,那么治理通货紧缩,也就必须采取扩张性的货币政策,增加货币供给,以满足社会对货币的需求。作为中央银行可以充分利用自己掌握的货币政策工具,影响和引导商业银行及社会公众的预期和行为。在通货紧缩时期,一般要降低中央银行的再贴现率和法定存款准备金率,从社会主体手中买进政府债券,同时采用一切可能的方法,鼓励商业银行扩张信用,从而增加货币供给。财政政策与货币政策的配合运用,是治理通货紧缩和通货膨胀的主要政策措施。

1. 宽松货币政策。采用宽松的货币政策,降低利率,可以增加流通中的货币量,从而刺激总需求。为阻止经济进一步下滑,2008年12月16日美联储决定将利率水平从1%下调到了零至0.25%这个范围。这一降息幅度大于很多分析人士预期的0.5个百分点,联邦基金利率降到历史最低点。

2. 宽松财政政策。扩大财政支出,可以直接增加总需求,还可以通过投资的"乘数效应"带动私人投资的增加。

3. 调整经济结构。对由于某些行业的产品或某个层次的商品生产绝对过剩引发的通货紧缩,一般采用结构性调整的手段,即减少过剩部门或行业的产量,鼓励新兴部门或行业发展,如发展新能源汽车等。

4. 增加人民信心。政府通过各种宣传手段,增加公众对未来经济发展趋势的信心。在通货紧缩时期,温总理反复强调"信心比黄金更重要"。

5. 完善社会保障。建立健全社会保障体系,适当改善国民收入的分配格局,提高中下层居民的收入水平和消费水平,以增加消费需求。

比如,在通货紧缩的情况下,如果消费者能维持原有的收入,那么物价的下降将提高消费者的生活质量,但是很多情况下企业会因利润下降被迫降薪或裁员。

第8章 经济周期和通货膨胀：中国经济从过山车换乘平地车

泡沫经济：繁荣背后的深层危机

下面是世界各国的泡沫经济：

17世纪　荷兰发生郁金香泡沫经济。

17世纪　江户川时代的元禄泡沫经济。

18世纪　英国的南海公司泡沫经济（南海泡沫事件）。这次事件成为泡沫经济的语源。

20世纪20年代　受到第一次世界大战的影响，大量欧洲资金流入美国，导致美国股价飞涨。之后黑色星期二爆发，美国泡沫经济破裂，导致世界性恐慌。

1980年代　日本泡沫经济。

1994年　墨西哥为主的中南美洲泡沫经济。

1997年　东南亚金融危机。

1999年—2000年　美国因特网泡沫经济。

2003年　美国为主的全球房地产泡沫经济属于金融投机。

泡沫经济是指虚拟资本过度增长与相关交易持续膨胀日益脱离实物资本的增长和实业部门的成长，金融证券、地产价格飞涨，投机交易极为活跃的经济现象。

最早的泡沫经济可追溯至1720年发生在英国的"南海泡沫公司事件"。当时南海公司在英国政府的授权下垄断了对西班牙的贸易权，对外

我们身边的经济学

鼓吹其利润的高速增长,从而引发了对南海股票的空前热潮。由于没有实体经济的支持,经过一段时间,其股价迅速下跌,犹如泡沫那样迅速膨胀又迅速破灭。

正常情况下,资金的运动应当反映实体资本和实业部门的运动状况。只要金融存在,金融投机必然存在。但如果金融投机交易过度膨胀,同实体资本和实业部门的成长脱离得越来越远,便会造成社会经济的虚假繁荣,形成泡沫经济。

泡沫经济得以形成具有以下两个重要原因:

第一,宏观环境宽松,有炒作的资金来源。

泡沫经济都是发生在国家对银根放得比较松,经济发展速度比较快的阶段,社会经济表面上呈现一片繁荣,给泡沫经济提供了炒作的资金来源。一些手中握有资金的企业和个人首先想到的是把这些资金投到有保值增值潜力的资源上,这就是泡沫经济成长的社会基础。

第二,社会对泡沫经济的形成和发展缺乏约束机制。

对泡沫经济的形成和发展进行约束,关键是对促进经济泡沫成长的各种投机活动进行监督和控制,但到目前为止,社会还缺乏这种监控的手段。这种投机活动发生在投机当事人之间,是两两交易活动,没有一个中介机构能去监控它。作为投机过程中最关键的一步——货款支付活动,更没有一个监控机制。

第三,金融系统对房地产领域的过度放纵。

过度宽松的财政货币政策加剧资金过剩,助长泡沫膨胀;大批公共工程上马增加了对土地的需求,进一步刺激地价上涨,各种因素叠加共振,使地价房价飞涨。宽松的房贷条件和政府失察,最终成为压垮这些"诞生经济奇迹"国家的最后一根稻草。

泡沫经济属于金融投机,造成社会经济的虚假繁荣,最后泡沫必定破灭,导致社会震荡,甚至经济崩溃。

一本反映日本泡沫经济的书中,讲了一件真实的事。唱红了《北国之春》的日本男歌星千昌夫,准备操办婚事时,银行职员上门了。当时,富裕的日本人都流行到夏威夷结婚,但那里还没有专门面向日本人的酒店。银行的人对千昌夫说:"你应该去夏威夷投资建个酒

第8章 经济周期和通货膨胀：中国经济从过山车换乘平地车

店。"千昌夫问："你能借多少？"银行说："1000亿（日元）。"千昌夫傻了："我从来没想到过要借这么多钱。"银行就说："不，我们一定要借给你1000亿，不要任何担保。"1000亿就这样借给了千昌夫。这还没完，第二家银行又来了："听说您要在夏威夷建酒店？你应该再建个高尔夫球场。"结果，千昌夫名下的贷款总额达到了5000亿日元。

进入1990年，这场人类经济史上最大的泡沫经济终于破灭，股价房价暴跌，大量账面资产化为乌有，企业大量倒闭，失业率屡创新高，财政恶化，日本经济陷入长达10多年的低迷状态。

西方谚语说："上帝欲使人灭亡，必先使其疯狂。"20世纪80年代后期，日本的股票市场和土地市场热得发狂。从1985年年底到1989年年底的4年里，日本股票总市值涨了3倍。土地价格也是接连翻番，到1990年，日本土地总市值是美国土地总市值的5倍，而美国国土面积是日本的25倍！两个市场不断上演着一夜暴富的神话，眼红的人们不断涌进市场，许多企业也无心做实业，纷纷干起了炒股和炒地的行当——全社会都为之疯狂。但泡沫，在1990年3月开始破灭。

灾难与幸福是如此靠近。正当人们还在陶醉之时，从1990年开始，股票价格和土地价格像自由落体一般往下猛掉，许多人的财富转眼间就成了过眼云烟，上万家企业迅速关门倒闭。两个市场的暴跌带来数千亿美元的坏账，仅1995年1月至11月就有36家银行和非银行金融机构倒闭，当年爆发剧烈的挤兑风潮。

日本当年经济崩溃的原因并非允许日元升值，而是其长期严重压低日元汇率。其次，日本在推行强势日元的同时，实行过度宽松货币政策，这才酿成了金融领域的严重泡沫问题。

由此可见，中国应该从日本身上学到两点。一是尽快允许人民币升值，且应该逐步升值，而非骤然大幅升值；二是货币政策不应该太过宽松。三是避免土地、房价的过快上涨。

我们身边的经济学

附：为什么经济既怕冷又怕热

2004年4月13日，国家统计局发布2004年一季度国民经济和社会发展统计数据：今年一季度国内生产总值同比增长9.7%。其中第一产业增长4.5%；第二产业增长11.6%；第三产业增长7.7%。中国经济在去年增长9.1%的基础上继续高位运行。

公布的各项数据中，43%的固定资产投资增长率特别引人注目，尤其在前两个月投资增长53%，创1994年以来同期最高。国家统计局新闻发言人郑京平表示，固定资产投资增长过快，造成主要原材料、能源、运输等"瓶颈"约束加剧和价格上涨压力加大。2003年中国经济在遭受非典的打击后仍然能够保持9.1%的高速度让全世界都张大了嘴巴。2004年一季度GDP同比增长9.7%，固定资产投资增长率43%。"中国经济就像一辆下坡的高速大巴！"《金融时报》专栏专家詹姆斯·金这样描述他对中国经济高速发展的惊讶。

在这个阶段，经济学界曾经就中国经济是否过热发生了激烈的争论。争论的双方分别为主张已经过热的吴敬琏、樊纲、林毅夫和主张不过热的厉以宁、萧灼基、胡祖六等。

所谓经济过热，是指市场供给发展的速度与市场需求发展速度不成比例。经济过热可以分为"消费推动型经济过热"和"投资推动型经济过热"。由于居民消费旺盛而导致的经济过热称为消费推动型经济过热；"投资推动型经济过热"，亦即"过度投资"，它包含两方面的意思：

第一，投资项目完工后，生产的产品没有预期的市场需求，产品大量堆积，资金无法收回，导致生产资料的严重浪费。在这个层面上的"过度"指的是投资相对市场需求过度。

第二，投资规模铺开的过大，以至于超过了财力负担能力，使得投资不能按预定计划完成，无法形成预期的生产能力。这个层面上的"过度"是投资规模相对于财力负担的过度。

所谓经济过冷，就是经济不景气。例如2008年，农民工返乡，沿海企业一些倒闭，招聘会不再热火。过冷的领域怎么办？那就是把需求鼓动起来，如家电下乡、小汽车优惠税率等。

经济过热很危险，经济过冷也许更危险，因为过热寓含危险，而过冷本身就是危险。所以，既要防止经济过热，又要防止经济过冷。

第 9 章

政府和宏观调控
为什么中国经济能一枝独秀

ZHENGFUHEHONGGUANTIAOKONG
WEISHENMEZHONGGUOJINGJINENGYIZHIDUXIU

第9章　政府和宏观调控：为什么中国经济能一枝独秀

市场失灵表示牛奶真的过剩吗

"一个煤矿工人儿子问妈妈说：'现在天气这样冷，你为什么不生火炉？'

妈妈答道：'因为我们没有煤，你爸爸现在失业，我们没有钱买煤。'

'妈妈，爸爸为什么失业？'

'因为煤生产太多了。'"

据报道，在大危机期间，许多国家大量地炸毁炼铁高炉，美国毁掉92座，英国毁掉28座，法国毁掉10座。

在资本主义国家发生经济危机的时候，一方面，大量商品堆积如山，卖不出去，为了维持农产品的价格，农业资本家和大量农场主叫喊生产过剩，大量销毁"过剩"的产品，用小麦和玉米代替煤炭做燃料，把牛奶倒入密西西比河，使这条河变成"银河"，把棉花、布匹烧掉；但另一方面，日益增多的失业工人家庭正在为得不到必要的食物营养而犯愁。

1973的经济危机时期，英国单是伦敦一个城市，就有10万套新房空置而卖不出去，日本的汽车库存达到100万辆以上，电视机库存超过需求量的一倍以上。同时在美国的洛杉矶、加利福尼亚州的阿特西里牛奶公司，把38000多加仑的优质鲜牛奶倒入了臭水沟。而与此形成鲜明对照的是，大量的工人失业，在业工人的实际工资急剧下降，购买能力不断丧失，生活贫困。

由此，提出一个问题：煤和牛奶是不是真的过剩？

牛奶过剩为什么一定得倒掉呢？因为此时牛奶的价格太低，而农场主为了维护较高的价格，他们宁愿倒掉牛奶，等待价格回升再重新生产。

"倒牛奶"是因为市场失灵。市场是一种资源配置的好办法，市场经济比计划经济更有效率。但市场机制不是万能的，它不可能有效地调节人们经济生活的所有领域，此时就有了市场失灵。

所谓市场失灵，是指市场本身不能有效配置资源的情况，或者说市场机制的某种障碍造成配置失误或生产要素浪费性使用。1929—1932年经济大危机就是一次典型的市场失灵。1933年，整个资本主义世界工业生产下降40%，各国工业产量倒退到19世纪末的水平，世界贸易总额减少2/3，美、德、法、英共有29万家企业破产。

20世纪20年代末的一场经济危机宣告了古典经济学"市场神话"的终结，"市场失灵"这一经济术语在在西方经济学界被广泛使用。市场失灵是由于某些因素的存在使得价格机制在调节经济的同时也会带来许多负作用，使市场不能发挥其应有的作用，这些导致市场失灵的因素主要有：外部性、公共物品、收入分配不均等。

1. 市场不能保持经济的综合平衡和稳定协调的发展。

市场调节实现的经济均衡是一种事后调节并通过分散决策而完成的均衡，它往往具有相当程度的自发性和盲目性，由此产生周期性的经济波动和经济总量的失衡。在粮食生产、牲畜养殖等生产周期较长的产业部门更会发生典型的"蛛网波动"。此外，市场经济中个人的理性选择在个别产业、个别市场中可以有效地调节供求关系，但个人的理性选择的综合效果却可能导致集体性的非理性行为，如当经济发生通货膨胀时，作为理性的个人自然会作出理性地选择——增加支出购买商品，而每个人的理性选择所产生的效果便是集体的非理性选择——维持乃至加剧通货膨胀；同样，经济萧条时，也会因每个个体的理性选择——减少支出而导致集体的非理性行为——维持乃至加剧经济萧条。市场主体在激烈的竞争中，为了谋求最大的利润，往往把资金投向周期短、收效快、风险小的产业，导致产业结构不合理。

2. 自由放任的市场竞争最终必然会走向垄断。

因为生产的边际成本决定市场价格，生产成本的水平使市场主体在市场的竞争中处于不同地位，进而导致某些处于有利形势的企业逐渐占据垄断地位。同时为了获得规模经济效益，一些市场主体往往通过联合、合并、兼并的手段，形成对市场的垄断，从而导致对市场竞争机制的扭曲。

3. 市场机制无法补偿和纠正经济外部性。

外在效应是独立于市场机制之外的客观存在，它不能通过市场机制自动消弱或消除，往往需要借助市场机制之外的力量予以校正和弥补。显然，经济外在效应意味着有些市场主体可以无偿地取得外部经济性，而有些当事人蒙受外部不经济性造成的损失却得不到补偿。前者常见于经济生活中的"搭便车"现象，即消费公共教育、公用基础设施、国防建设等公共产品而不分担其成本，后者如工厂排放污染物会对附近居民或者企业造成损失，对自然资源的掠夺性开发和对生态环境的严重破坏以及司空见惯的随处抽烟等。

4. 市场机制无力于组织与实现公共产品的供给。

所谓公共产品，是指那些能够同时供许多人共同享用的产品和劳务，并且供给它的成本与享用它的效果，并不随享用它的人数规模的变化而变化，如公共设施、环境保护、文化科学教育、医药、卫生、外交、国防等。一个人对公共产品的消费不会导致别人对该产品的减少，于是只要有公共产品存在，大家都可以消费。这样一方面公共产品的供给固然需要成本，这种费用理应由受益者分摊，但另一方面，"它一旦被生产出来，生产者就无法决策谁来得到它"，即公共产品的供给一经形成，就无法排斥不为其付费的消费者，于是不可避免地会产生如前所述的经济外在性以及由此而出现的"搭便车者"。更严重的是，既然若此，人人都希望别人来提供公共产品，而自己坐享其成，其结果便很可能是大家都不提供公共产品。

5. 市场分配机制会造成收入分配不公和贫富两极分化。

一般说来，市场能促进经济效率的提高和生产力的发展，但不能自动带来社会分配结构的均衡和公正。奉行等价交换、公平竞争原则的市场分配机制却由于各地区、各部门（行业）、各单位发展的不平衡以及各人的自然禀赋、教养素质及其所处社会条件的不同，造成其收入水平的差别，产生事实上的不平等，而竞争规律往往具有强者愈强，弱者愈弱，财富越来越集中的"马太效应"，导致收入在贫富之间、发达与落后地区之间的差距越来越大。

市场失灵所造成的破坏作用是巨大的，甚至会引起经济危机，如1929—1932年大危机就是一次典型的市场失灵。1933年，整个资本主义世界工业生产下降40%，各国工业产量倒退到19世纪末的水平，资本主义世界贸易总额减少2/3，美、德、法、英共有29万家企业破产。资本主义世界失业工人达到3000多万，美国失业人口1700多万，几百万小农破产。

由于市场失灵的存在，要优化资源配置，必须由政府进行干预。正因为市场会失灵，才需要政府的干预或调节。市场规律和政府调控相结合，才能有效遏制"市场失灵"现象。

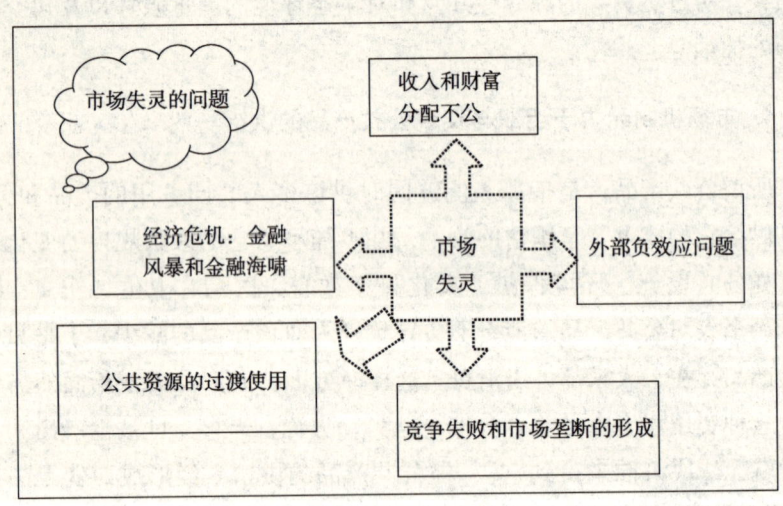

市场调节不是万能的。有些领域不能让市场来调节，有些领域不能依靠市场来调节。其次，即使在市场调节可以广泛发挥作用的领域，市场也存在着固有的弱点和缺陷。包括自发性、盲目性、滞后性。最后，宏观调控有利于帮助人们认识市场的弱点和缺陷，保证市场经济健康有序地发展。

第9章 政府和宏观调控：为什么中国经济能一枝独秀

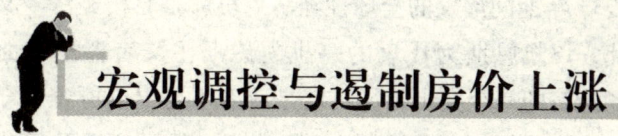

宏观调控与遏制房价上涨

关注房地产市场的人在2010年最大的印象恐怕是政府对房地产的宏观调控政策了。2010年，我国房地产调控呈现"三波"推进形态。第一波为以"国十一条"为代表的紧缩型调控，第二波为以"国十条"为代表的打压型调控，第三波为以"9.29"新政为代表的管制型调控。三波政策，严厉程度不断升级，共同组成了这轮堪称史上最严厉的宏观调控。

从政策出台的机制分析，"国十一条"明显着重强调"压"，成为我国新一轮房地产紧缩政策的起点。"国十条"提出"坚决遏制部分城市房价过快上涨"，政策严厉程度再次升级。2010年9月29日，多部委新政出台。以巩固楼市调控成果为目的，"国十条"中"30%首付款"、"停发第三套及以上住房贷款"、"停发无证明非本地居民住房贷款"等政策被进一步强化，并推广至全国。同时新政还要求"房价过高、上涨过快、供应紧张的城市，要在一定时间内限定居民家庭购房套数"，掀起了我国房地产宏观调控的又一高潮。其严厉程度堪称史上之最。

在接连三波的调控下，我国部分城市房价过快上涨势头得到了一定的抑制。

在现代市场经济的发展中，市场是"看不见的手"，而政府的引导被称为"看得见的手"。为了克服"市场失灵"和"政府失灵"，人们普遍

我们身边的经济学

寄希望于"两只手"的配合运用,以实现在社会主义市场经济条件下的政府职能的转变。

宏观调控就是"看得见的手",是国家运用计划、法规、政策等手段,对经济运行状态和经济关系进行干预和调整,把微观经济活动纳入国民经济宏观发展轨道,及时纠正经济运行中偏离宏观目标的倾向,以保证国民经济的持续、快速、协调、健康发展。

1929—1933年期间爆发的全球性经济危机就是自由经济主义弊症爆发的结果。因此,以凯恩斯为代表的一批凯恩斯主义者浮出水面,他们提出,现代市场经济的一个突出特征,就是政府不再仅仅扮演"守夜人"的角色,而是要充当一只"看得见的手"。政府必须平衡以及调节经济运行中出现的重大结构性问题。

相比于亚当·斯密的自由主义,凯恩斯主义认为,凡是政府调节能比市场提供更好服务的地方,凡是个人无法进行平等竞争的事务,都应该通过政府的干预来解决问题。凯恩斯强调政府的作用,即政府可以协调社会总供需的矛盾、制定国家经济发展战略、进行重大比例的协调和产业调整。

经济学家认为,宏观调控的手段和作用是通过制订计划(经济手段),指明经济发展的目标、任务、重点;通过制定法规(法律手段),规范经济活动参加者的行为;通过采取命令、指示、规定等行政措施(行政手段),直接、迅速地调整和管理经济活动。其最终目的是为了补救"看不见的手"在调节微观经济运行中的失效。如果政府的作用发挥不当,不遵循市场的规律,也会产生消极的后果。

经济学家把"宏观调控"这个词就理解为宏观经济政策。所以实际应用上,宏观调控的含义正在得到慢慢地改变。在市场经济环境下,长期引领西方经济的自由经济主义观念对政府的宏观调控不甚赞同。20世纪80年代,在中国有经济研究部门叫宏观调节部,表明在当时的经济形势下对宏观调节还有一点敬畏,后来慢慢改称了"宏观调控",这是因为政府对经济的控制有所加强。宏观调控由此演变为一个长期的宏观经济政策概念,在任何时候都要存在。

房地产市场无疑是2010年中国经济当中最受关注的部分。面对高速上涨的房价,从2010年1月起,针对房地产市场的宏观调控就始终在加力。

"国11条"、"国10条"、9月多部委联合出台措施调控房地产……

温家宝表示,要坚定不移地搞好房地产市场调控。"对稳定房价、推进保障性住房建设工作不力,从而影响社会发展和稳定的地方,要追究责任。"

国家调控房价的目的不仅仅是为了遏制房价的过快上涨,更是为了促进房地产市场平稳健康发展,促进保障房与商品房的结构平衡,避免资产的泡沫化倾向。

我们身边的经济学

经济发展战略的总设计师

十一届三中全会（1978年12月）以后，中国的经济发展战略发生了重大的转变，即更加注意在经济增长基础上逐步满足人民日益增长的物质文化需要；强调以高效益为中心任务；主要依靠对现有企业进行技术改造，从事内含扩大再生产；开发物力资源和开发人力特别是智力资源并重；在自力更生基础上实行对外开放。中国经济建设的战略部署大体分三步走：第一步，实现国民生产总值比1980年翻一番，解决人民的温饱问题。第二步，到20世纪末，使国民生产总值再增长一倍，人民生活达到小康水平。第三步，到21世纪中叶，人均国民生产总值达到中等发达国家水平，人民生活比较富裕，基本实现现代化。

经济发展战略是指关于经济发展中带有全局性、长远性、根本性的总的构想，在一定时期内，国家关于国民经济发展的基本思想及其为此而实施的总体规划和方针政策。

经济发展战略概念，是在第二次世界大战以后运用起来的。由于一系列新独立的发展中国家的出现，经济发展问题日益突出，逐渐形成以发展中国家的经济发展为研究对象的发展经济学，随之产生经济发展战略概念。美国发展经济学家 A. O. 赫希曼（1915~）较先使用这一概念，1958年他出版了《经济发展战略》一书。20世纪60年代，不少国家总结工业化的经验，提出"进口替代的发展战略"、"出口替代的发展战略"等经济

第9章 政府和宏观调控：为什么中国经济能一枝独秀

发展的不同形式。同时，联合国先后制定了60年代、70年代、80年代三个十年的国际发展战略，使发展战略概念在国际上更为流行。

中国过去虽长时期没有使用经济发展战略概念，但在不同的时期提出的总路线、总任务和总方针、总政策等，实际上含有经济发展战略的意义。中国采取的经济发展战略，遵循社会主义基本经济规律，从中国的特殊国情出发，坚持社会主义方向。它既不同于"传统的发展战略"，也不同于"变通的发展战略"。

经济发展战略通常包括三个基本组成部分：

1. 定战略的实际依据和理论依据。要考虑本国的经济、社会、科学技术、教育、文化等的历史和现状，并明确所遵循的基本指导思想和重要指导原则。

2. 提出在一定时期内拟实现的综合的、概括的总体目标和在某些方面比较具体的目标。

3. 提出实现战略目标的途径和手段。包括战略重点、实施步骤、力量部署、重大的政策措施等。

经济发展战略有不同层次和不同范围，一个国家、一个部门、一个地区、一个企业，都可有自己的经济发展战略。下一层次或较小范围的经济发展战略，是上一层次或较大范围的经济发展战略的组成部分。其中，最重要的是全国性的宏观经济发展战略。

30多年来中国长期持续地高增长主要得益于"要素红利、市场化改革红利和全球化红利"的巨大贡献。然而随着这三大红利的逐步衰减，中国主要依靠低成本优势的超高速增长逐渐回归常态，"大进大出"式的循环发展模式也似乎走到了尽头。

民营经济战略。我国市场化改革和体制转轨的核心内容，是国有和民营经济发展战略问题。对此，国家一方面通过各种途径优化国有经济，推动国有企业建立现代企业制度的改革，实现国有经济的合理"退出"与"进入"；另一方面，大力支持民营经济的发展，为其创造良好的外部环境，最终使民营经济撑起了"半壁江山"。

对外经济战略。在上世纪末之前，出口拉动经济增长被作为经济发展战略的重要方向，对此财政政策进行了全方位地支持，包括出口

我们身边的经济学

退税政策、补贴政策等都得到广泛运用。而进入新世纪，一方面要适应WTO的要求，另一方面我国也从追求出口规模转为重视出口质量，因此财政政策也进行了许多战略调整，例如规范财政补贴，运用税收来约束"两高一资"行业出口，鼓励高技术设备进口等。正是由于这些财政政策契合了对外开放战略的调整，才使得我国经济在获得对外开放利益同时，尽可能地规避了国际经济动荡的风险。

产业经济发展战略。在国家重大经济战略中，产业经济发展战略尤其受到各界的关注。实现农业产业化经营、工业的升级换代、服务业比例的提高，一直是经济结构调整的焦点。近年来，财政政策成为促进产业结构调整的"主角"。例如，通过增值税政策的改革调整，促使企业增强内生技术创新能力；通过合理运用财政贴息手段，引导和吸引社会投资，促使资源配置更符合国家产业政策和规则。

区域经济协调发展战略。实现区域经济协调发展是我国又一重大经济战略。应该说，实现区域协调发展，逐步缩小区域发展差距，是我国现代化建设进程中的一项长期任务。与区域经济发展相适应的财政政策，成为不同时期国家区域战略的重要支撑。从总量看，1994年到2006年，中西部地区累计享受转移支付占总额的84.6%，从发展趋势看，中西部地区分享的转移支付比重从1994年的69.6%上升至2006年的86.1%。

可持续经济发展战略。可持续经济发展战略是我国改革开放的一项重要国策。它强调坚持以经济建设为中心，从经济与人口、资源、环境、社会的相互协调中推动经济建设的发展，并在发展过程中带动人口、资源、环境和社会问题的解决，从而实现经济、资源和生态、社会的可持续发展。

2011年是中国新的"五年计划"的开端，也是中国经济转型的岔路口，中国未来五年经济发展潜力如何，还有哪些优势可以挖掘，这的确是摆在我们面前最重大的战略性议题。

今天中国在全球经济中的权重越来越大，拥有90.6万亿元人民币的银行业金融机构境内本外币资产、2.64万亿美元外汇储备的庞大资本规模，中国如何将资本优势转换为经济优势，实现经济战略的重大转型，将对未

第 9 章 政府和宏观调控：为什么中国经济能一枝独秀

来中国经济的可持续发展具有重要意义。

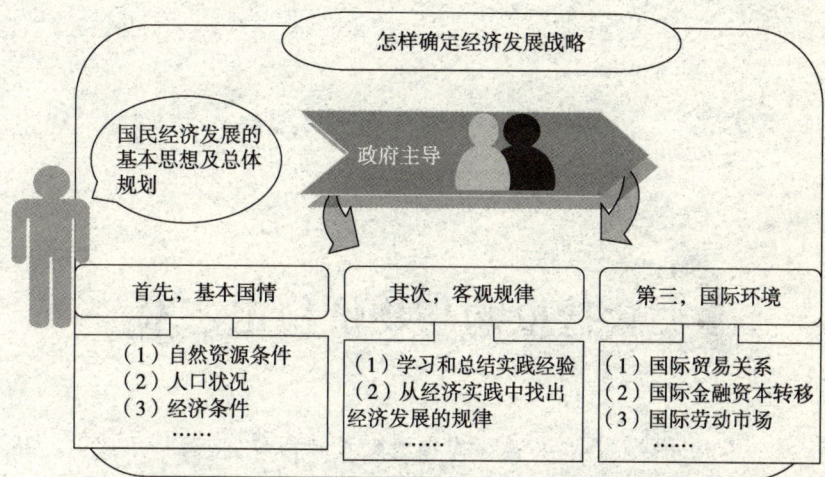

我们身边的经济学

食盐抢购与物价稳定艺术

"听说别人都在买盐,你也给家里带两包回来!"下班前,28岁的外企白领谢小凌接到了妈妈的电话。

"第一反应就是啼笑皆非。"小凌说:"非典的时候妈妈就很紧张,让我到处买口罩、板蓝根,现在谣言又来了!"博友谈及得到抢盐事件的源头时,大多是源于亲戚朋友打来的电话。

食盐遭抢购。个别商家也趁机提价,一包盐卖到10多块钱。本来打算一笑了之的小凌,打开电脑却被铺天盖地的"抢盐风"吓了一跳。"打开微博,全是买盐的消息;关掉微博打开手机QQ,干脆弹出了消息框!"小凌说。"谣言我当然不相信。可是妈妈一直催,说盐买了总归是能吃的,就顺手买了两包!"

日本九级大地震,使得内地罕见的"抢盐热"一度达到沸点。一夜之间,淘宝的"涉盐"调味品销量由3月15日不足20万件,暴涨到次日156万件。其中浙江地区的42127笔交易,占据总成交额的70%。相对于大超市1元钱一包的价格,淘宝店铺内3元一包的食用盐,价格是贵了但卖得依然很好。一家名为shxszs的店铺在近30天就销出了6800包。

"光卖盐,3个小时就能升皇冠,"成了流传在网商圈子里的热门话题。不少店铺更是打出"满99送盐一包"甚至"买××眉笔5支送盐包邮"的广告。

第9章 政府和宏观调控：为什么中国经济能一枝独秀

物价平稳，已经成为稳定人心、稳定社会的第一要素。确保物价平稳，尤其避免物价暴涨，不仅是重大民生，而且是当今最大的政治。

物价问题涉及民生、关系全局、影响稳定。国务院总理温家宝在政府工作报告中提出，要把稳定物价总水平作为宏观调控的首要任务，并把2011年全国物价调控目标设定为居民消费价格（CPI）涨幅4%左右。

货币主义经济学家弥尔顿·弗里德曼提出的货币主义学说就指出了一种维持经济增长和物价稳定的政策行为——保持货币发行量的低水平的稳定增长。在这一理论的指导下，上世纪90年代以来，美联储在格林斯潘的领导下，连续进行了20次左右的加息政策，造就了美国经济近15年的持续繁荣（同时国内物价稳定）的大环境。

从2007年以来物价就一直走高，去年更产生了"豆你玩"、"蒜你狠"、"姜你军"、"糖高宗"……目前国家统计局发布的2011年2月份居民消费价格指数（CPI）同比上涨4.9%，涨幅与1月份持平，大大超过3%警戒线，粮、肉、蛋、菜等产品上涨幅度较大，商品房价格居高不下，这些问题都直接与民生相关，通胀压力加大，物价普涨，不涨价的商品越来越少。消费者会紧盯这些价格低廉和平稳的生活必需品的价格波动，并随时采取抢购和囤积行动，这其中就包括食盐。

那如何稳定物价了？实行省长"米袋子"、市长"菜篮子"负责制，这是稳定物价的工作基础。

我国出现"抢盐潮"后，政府多管齐下。

及时辟谣。3月20日，杭州市公安局西湖分局作出处罚决定，依法给予在网上散布日本核电站爆炸污染山东海域谣言的杭州网民陈某行政拘留10天，并处罚款500元。

加大食盐供应。截至3月19日17时，除个别省份的少数城市的小杂货店或小超市，因运输配送等方面原因存在短时缺货现象外，其他地区都已恢复正常运行。商务部表示，食盐库存数量充足。广东库存12.5万吨、黑龙江库存7万吨、吉林库存3.4万吨、重庆库存8303吨、北京小包装库存3268吨。据对16家大型连锁超市重点调查，目前库存量比17日增长1倍多。

严惩哄抬盐价的商家。北京市发改委进行价格检查，位于通州区通胡大街的华联超市、东交民巷的文斌文体用品商店违规销售食盐，分别被处以没收多收价款并处以5倍罚款的行政处罚和1000元罚款。对于这种价格

我们身边的经济学

违法行为，价格主管部门将依法进行相应的行政处罚。

……

中国古话说："他山之石，可以攻玉。"当前物价上涨是全球性现象，原因错综复杂。各国为稳定物价，都采取了一些积极有效的措施。

日本一直是世界上零售物价最稳定的国家之一，其稳定物价的成功做法主要有以下几个方面。

一是高度重视生活必需品供给的稳定。

日本提出，确保市场上生活必需品的供给，对于物价总水平的稳定具有决定性的意义。以蔬菜为例，蔬菜等鲜活农产品的生产和供给状况极易受气候影响，价格波动的频度和幅度远大于其他生活必需品。因此，日本的各种经济组织，一方面指导蔬菜等农产品的生产和上市有计划地进行，另一方面，当出现菜价一定程度或大幅度上升时，"稳定蔬菜供给基金"等组织，根据市场的有效需要，不失时机地向市场增投蔬菜，扩大供应，保证需求，从而平抑菜价。

二是政府紧握流通的批发环节，调控生产和市场，稳定物价。

在日本，农产品批发业主要是经营粮食、蔬菜、果品的批发。农产品批发的主要组织形式是各类农产品批发市场。考虑到分散交易很难看准市场的动态和价格变动的走向，只有当众多的交易对象聚集在一起时，才能通过"供求竞争"形成合理的价格。因此，政府高度重视并充分利用批发市场的作用，促进流通，调节供求，稳定物价。为此，大藏省和东京都联合出资兴建农产品中央批发市场，以便于政府对东京整体市场进行有效监督和调控，并促进市场的繁荣，进而为稳定物价奠定坚实的基础。

三是建立、健全有效的统计和信息系统，及时公开经济信息，引导消费，稳定物价。

日本不仅把统计和信息系统作为制定政策的重要依据，而且把及时公开经济信息作为强化民众监督、防止"搭车涨价"和不正当竞争的手段加以运用，尽可能迅速地向国民提供有关商品供求、价格变动的正确信息，引导消费者保持合理的消费行为，防止因抢购、囤积等不正当的行为引起物价上涨。在经济企划厅物价局设置"物价热线电话"，倾听消费者对物价的意见和建议，接受消费者的投诉，解答消费者的咨询等。可靠信息、有效传递，是稳定民心进而稳定物价不可或缺的环节。

第9章 政府和宏观调控：为什么中国经济能一枝独秀

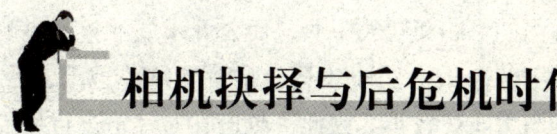

相机抉择与后危机时代

印度大诗人泰戈尔讲过一个故事。

一个老者携孙子去集市卖驴。路上，开始时是孙子骑在驴背上，爷爷在地上牵着毛驴走，有人指责孙子不孝。听到人们的指责后，爷孙二人立刻调换了位置。调换位置后的爷孙俩，又听到有人指责，说老头虐待孩子。于是爷孙两人都骑上了驴。一位老太太看到后又为驴鸣不平，说他们不顾驴的死活。最后，爷孙二人都从驴背上下来了，徒步跟驴走，不久又听到有人讥笑："看！一定是两个傻瓜，不然为什么放着现成的驴不骑呢？"爷爷听罢，叹口气说："还有一种选择就是咱俩抬着驴走，可这样一来，岂不更让人笑掉大牙？"

政府对宏观经济进行调控时，应该根据市场情况和各种调节措施的特点，机动灵活地选择哪一种或哪几种政策措施，这就是相机抉择。

有人将政府比作一名医生，要善用根据国民经济出现不同的症状选用不同的政策配方。比如在经济发生严重衰退时，这相当于一个人病情已经非常严重，这样就不能下见效比较慢的"药"，而应该下"猛药"，如紧急增加政府支出，或举办公共工程。相反，当经济开始出现衰退的苗头时，这好比一个人刚出现疾病的症状，这时就不宜下"猛药"，因为"猛药"的副作用较大。此时，应该开具作用缓慢但副作用小的"药"，如有计划地在金融市场上收购债券以便缓慢地增加货币供给量，以降低利息率。

根据一定时期的经济形势变化情况，为达到预定的宏观调控目标，采取相应的公共支出和税收措施，是政府对经济运行的有意识干预。其调控形式包括调整税制、改变财政的转移性支出和购买性支出等。

各套宏观政策都有自己的特点。首先,他们作用的猛烈程度不同。比如政府支出的增加和法定准备金率调整的作用都比较猛烈,而税收政策与公开市场业务的作用就比较缓慢。其次,政策效应的时延不一样。例如,货币政策可以由中央银行决定,作用快一些;而财政政策从提案到议会讨论、表决通过,要经过一段相当长的时间。再次,政策发生影响的范围大小不一样。政府支出的影响面就大一些,而公开市场业务的影响面就小一些。最后,政策遇到的阻力大小也不同。增税或减少政府支出的阻力较大,而货币政策的阻力一般较小。因此,政府在对经济进行调控时,究竟采取哪一项政策或哪几项政策并没有一个固定的模式,而应该根据不同的情况灵活地作决定。

作为一名好医生,还要善于将不同的药搭配起来使用。政策的搭配一般有这样几种方法:一是为了更有效地抑制经济衰退,可以把扩张性的财政政策与扩张性的货币政策配合使用;为了更有效地削弱经济膨胀,可以把紧缩性的财政政策与紧缩性的货币政策配合使用。二是可以把扩张性的财政政策与紧缩性的货币政策配合使用,以便在刺激总需求的同时又不至于引起太严重的通货膨胀;或者把扩张性的货币政策与紧缩性的财政政策配合使用,以便既能降低利息率增加投资,又可以减少政府支出,稳定物价。

国民经济的躯体要是有了病,一般表现为通货膨胀率和失业率超过了正常的标准。由于通货膨胀率和失业率之间存在交替关系,所以某一项指标超过正常标准而另一项指标还有余地时,可有计划地调高另一指标而使这一项指标回到临界点以内。

财政政策相机抉择的主要内容是:当总需求小于总供给时,采用扩张性财政政策,扩大总需求,反经济衰退;当总需求大于总供给时,采用紧缩性财政政策,抑制总需求,反通货膨胀;在总供求基本平衡时,实行中性财政政策,主要发挥市场机制的作用。

美国、日本和英国等各国政府都根据客观经济环境和经济形势的变化,相机实施不同的财政政策,并不断完善其对经济运行的调节机制。

"预则立,不预则废",只有把不利于国民经济稳定增长的因素消灭在萌芽状态,才能避免国民经济大起大落、招致不必要的损失。当国民经济的躯体出现了大病时才出来"力挽狂澜",紧急抢救,这样的政府调控未必是成功的宏观调控。因此,只有密切关注国民经济的一切变化,保持国

第 9 章 政府和宏观调控：为什么中国经济能一枝独秀

民经济的持续和健康发展，这样的政府才能算作是好政府。

2008 年金融危机以前，我国宏观调控的重要任务是促进经济平稳较快发展，防止经济增长由偏快转向过热，防止物价由结构性增长转变为明显的通货膨胀。同时，着力优化经济结构和提高经济增长质量。因此，我们的财政政策采取"有保有压"，实行稳健的财政政策，控制财政支出从而促进经济协调健康发展。

金融危机发生后，为了应对国际金融危机，保持经济平稳较快发展，从 2008 年 11 月起对财政政策做出重大调整，实行积极的财政政策。这是 1998 亚洲经济危机后再次转向实施积极的财政政策。2010 年下半年，中国政府选择加息、提高存款准备金利率等手段逐步退出刺激性经济政策。

而当下对于政府来说，相机抉择策略的关键在于对"退出"时机和力度的把握。一方面，政策退出过快过急，会令经济持续复苏失去动力，本世纪初日本的教训我们不能忘记另一方面，若"退出"过晚，则会引发资产价格泡沫甚至恶性通胀，彼时央行匆忙"退出"并重启加息进程或将令经济面临二次探底的风险。

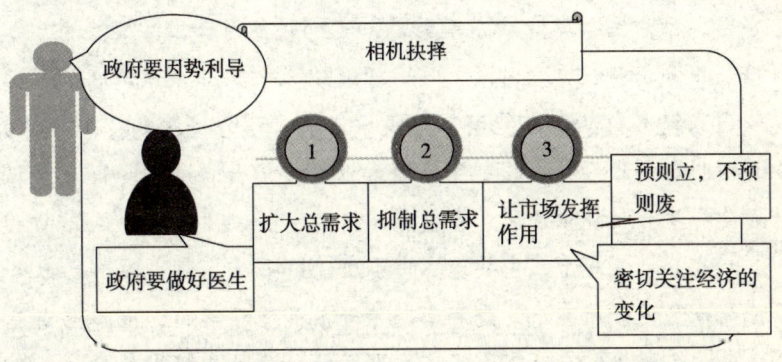

必须在刺激需求和控制经济风险之间相机抉择。刺激需求时，要尽可能缩小政策措施伴随的风险；在控制经济风险时，要尽可能不影响市场的活力。这些都要求宏观调控必须更多地运用经济手段，更灵活审慎地实行相机抉择。

我们身边的经济学

附：为什么政府掌舵不划桨

2005年，海南琼海市建成了行政服务中心，该中心将为企业和市民提供一条龙式的服务，从根本上改善琼海市的投资环境。

在琼海市行政服务大厅看到，二十多个职能局在大厅里设置了办公专席，办理手续都电脑化处理，每一个职能局的席位上还摆放着办理事务的告知单。

该中心将遵循依法公开、真实公正、转变职能、注重高效、廉洁自律的原则，实行"一个中心对外，一个窗口受理，一条龙服务，一站式办结，一次性收费"的模式。中心通过触摸式电脑、告知单、监督台、示意图、咨询导办等渠道，实行服务内容、办事程序、办理依据、申办资料、办理时限、收费标准"六公开"承诺制度；通过信息管理系统实行立即办结制、时限承诺制、联合办理制、申报协办制、否定报备制等五项办理制度；通过设立投诉台自觉接受群众监督，从而为办事人员提供优质、高效、便捷的服务。

在启动仪式上，中共琼海市委朱清敏书记表示，琼海是博鳌亚洲论坛永久会址所在地，是海南对外开放的重要窗口，也是海南投资环境的一个重要门户。琼海经济发展主要依靠外来投资的拉动，要吸引更多的外来投资，关键要创造一个优良的投资环境。行政服务中心的启用，表明琼海市改善投资环境、提高办事效率和服务质量的决心。

琼海市行政服务中心的设立、运行将结合政府机构改革，以实现经济体制的根本性转变为目标，按照市场经济体系和行政服务社会化的要求，转变政府职能，推进行政管理体制改革，全面清理行政审批项目，简化和规范审批项目手续，建立阳光运行机制。

琼海不是第一家，也不是最后一个，越来越多的地方政府开始设置了行政服务中心，而有的县市干脆改名为行政服务超市，它没有货架和商品，却有着和"超市"一样的柜台和窗口，提供的是与创业投资、居民工作和生活息息相关的行政许可和公共服务。在"超市"办事，喝杯水的工夫，事情就顺利办完了。

在计划经济条件下，政府的职责就是负责人、财、物的分配，而不是提供社会服务；政府组织是微观经济活动的组织领导者，而不是服务供应者；政府组织将市场中的企业和个人作为管制对象，而忽视了为社会和民众服务的功能。这种管理模式使政府存在的正当性受到质疑和诘难，并导致官僚主义盛行、服务效率低下。

20世纪八九十年代，发达国家政府都在进行政府职能变革，政府再造、政府革新已成为世界性潮流。美国纽约大学隆瓦斯教授有一句名言："政府的职责是掌舵而不是划桨。"即提倡政府在宏观经济发展中掌好舵，而不是去划桨，要鼓励和推动企业在市场中划桨的积极性，掌好舵、不划桨的政府才是明智的政府。

只有真正将政府该管的事管好，政府就是一个称职的"服务型"政府，才是市场经济中最好的政府。

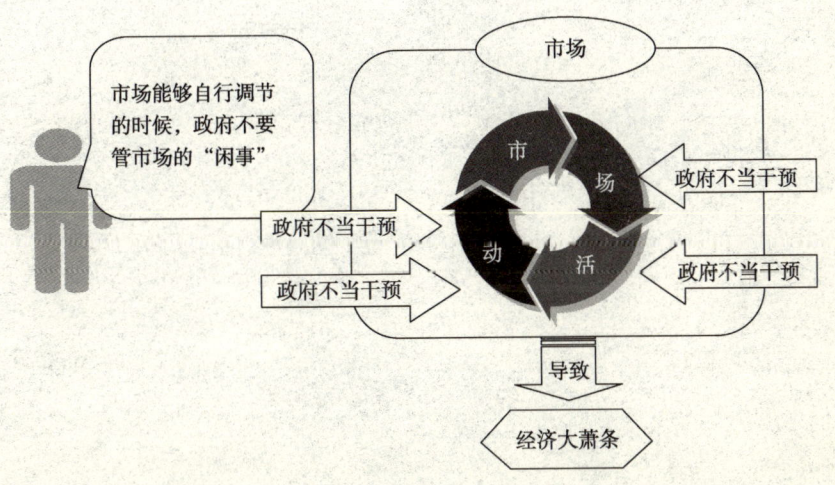

第 10 章

国际贸易和产业转型
为什么中国企业走出去难

GUOJIMAOYIHECHANYEZHUANXING
WEISHENMEZHONGGUOQIYEZOUCHUQUNAN

顺差、逆差是否多多益善

从前有两座岛屿，名字分别叫做"勤俭岛"、"挥霍岛"。勤俭岛的居民人如岛名，很是勤劳、节俭，每天努力工作以产出更多的食物。食物除了满足本岛居民的需要外，还能出口到挥霍岛。居民们节衣缩食，把储蓄下来的钱用于扩大再生产。与勤俭岛不同，挥霍岛上有些居民没有工作，却很喜欢消费。他们用本岛发行的债券作交换，从勤俭岛进口食物。债券、食物均以"挥霍岛币"计价。

随着手中债券的大量增加，勤俭岛居民开始少收债券，转为直接收取"挥霍岛币"，再大量购买挥霍岛土地。最终，他们似乎有望买下整个挥霍岛。然而，失业者不见得就比别人笨，挥霍岛人不甘心成为地主家的佃农，大量涌入印钞厂，开足马力地发行挥霍岛币。俗话说得好，物以稀为贵。货币发行量过大之后，挥霍岛币及其化身——债券都变得不值钱了，数量保持不变的土地因而变得很值钱。这给勤俭岛人带来了很大的麻烦，多年积蓄下来的挥霍岛币、债券一天天地贬值，本来想在挥霍岛买套别墅，现在却连一个车位也买不起了。

伤敌一千，自损八百，挥霍岛人的情况也不太妙。货币贬值之后，有些勤俭岛人拒收挥霍岛币、债券。从勤俭岛进口食物变得不太容易，轮到挥霍岛人节衣缩食了。这反过来又导致了勤俭岛上的食物销售困难，生产停滞，大量香喷喷、白生生的牛奶不得不被倒入河中。两败俱伤之后，二岛居民都开始反思了。勤俭岛人发觉，刺激消费、启动内需太重要了，既然食物生产过多，每个人就都得多吃一

我们身边的经济学

些，也别减肥、储蓄了。挥霍岛人也认识到，没什么不能没工作，有什么也不能有过多的债务。如此过了几年，勤俭岛人挥霍，挥霍岛人勤俭。然后角色互换，再来一次轮回……

故事中，勤俭岛在对外贸易中，处于明显的顺差地位。而与之相反，挥霍岛则处于逆差地位。贸易顺差是指在特定年度一国出口贸易总额大于进口贸易总额，又称"出超"，表示该国当年对外贸易处于有利地位。贸易逆差是指一国在特定年度内进口贸易总值大于出口总值，俗称"入超"，反映该国当年在对外贸易中处于不利地位。而贸易平衡是指一国在特定年度内外贸进、出口总额基本上趋于平衡。

"勤俭岛和挥霍岛"是美国投资大师巴菲特讲过的一则寓言故事，他以挥霍岛的贸易逆差来比喻美国的巨额贸易逆差，并指出它会给国家带来巨大危害——导致美国的净资产以惊人的速度向海外转移。

贸易差额是一国在一定时期内（如一年、半年、一季、一月）出口总值与进口总值之间的差额。当出口总值大于进口总值时，出现贸易盈余，称贸易顺差或超出。当进口总值大于出口总值时，出现贸易赤字，称贸易逆差或入超。通常，贸易顺差以正数表示，贸易逆差以负数表示。

贸易差额是衡量一个国家对外贸易收支状况的一个重要标志，从一般意义上讲，贸易顺差反映一个国家在对外贸易收支上处于有利地位，表明它在世界市场的商品竞争中处于优势；而逆差则反映一国在对外贸易收支上处于不利地位，表明它在世界市场上的商品竞争中处于劣势。

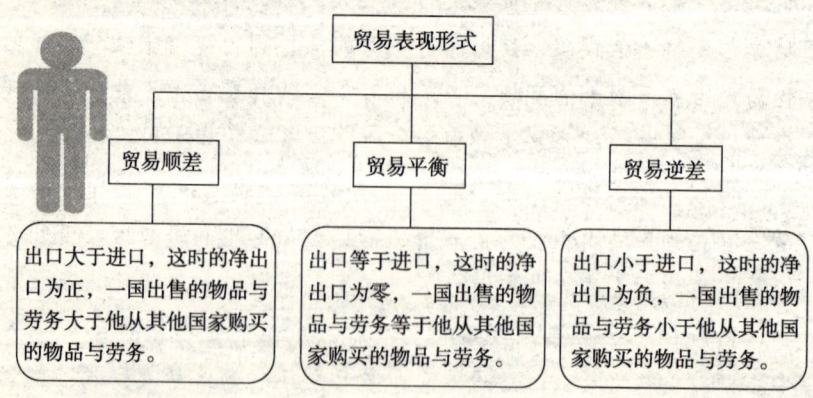

那么，究竟是顺差好还是逆差好呢？这需要我们理性地加以分析。

国际收支逆差会导致本国外汇市场上外汇供给减少，需求增加，从而使得外汇的汇率上涨，本币的汇率下跌。如果该国政府采取措施干预，即抛售外币，买进本币，政府手中必须要有足够的外汇储备，而这又会进一步导致本币的贬值。政府的干预将直接引起本国货币供应量的减少，而货币供应量的减少又将引起国内利率水平的上升，导致经济下滑，失业增加。

国际收支顺差有利于促进经济增长，增加了外汇储备，增强综合国力；也有利于维护国际信誉，提高对外融资能力和引进外资能力；有利于经济总量平衡，加强一国抗击经济全球化风险的能力，有助于国家经济安全；有利于人民币汇率稳定和实施较为宽松的宏观调控政策。但顺差也不是多多益善。

首先，越来越大的贸易顺差为我国带来越来越多的贸易争端，国际贸易摩擦增加。在加入WTO后，由于中国与美国贸易顺差比较大，使用反倾销最多的是美国，我国是被反倾销最多的，居WTO成员方第一位，并且我国被反倾销案例的数量在逐年增长。其次，贸易顺差虽然增加了外汇储备，但从资源效用最大化的角度看，是资源未被充分利用。国际收支顺差引起的大量外汇储备高达4000多亿美元，同时，国内居民储蓄高达11万亿人民币，两者相加约有14多万亿人民币。这14多万亿人民币没有形成有效投资，是经济社会中的闲置资金，与这些闲置资金相对应的是生产资料和人力资源的闲置，社会资源利用效率低下。再次，持续高额顺差导致人民币升值预期，进而又导致资本净流入增加，资本净流入增加又进一步导致了人民币升值的压力。最后，巨额的经常项目的顺差，会转化为货币大量投放的压力，成为通货膨胀率上升的重要因素。

相反，贸易逆差的结果也并非都是坏处。第一，适当逆差有利于缓解短期贸易纠纷，有助于贸易长期稳定增长；第二，逆差实际上等于投资购买生产性的设备，只要投资项目选择得当，既可补充国内一些短缺的原材料，还能很快提高生产能力、增加就业以及增加经济总量；第三，逆差能减少人民币升值的预期，减缓资本净流入的速度；第四，短期的贸易逆差有助于缓解我国通货膨胀的压力，加大我国货币政策的操作空间。

在对外贸易问题上，我们应当转变观念，放弃以出口创汇、追求顺差为目标的传统观念和做法,确立以国际收支平衡为目标的政策。一般来说,一国政府在对外贸易中应设法保持进出口基本平衡,略有结余,此举有利于国民经济健康发展。

因此,一国的对外贸易应追求长期的进出口基本平衡,而不是长期的贸易顺差。我国是一个发展中的大国,长期的贸易顺差也给我们带来了很多麻烦。

第10章 国际贸易和产业转型：为什么中国企业走出去难

中国造如何击破贸易壁垒

韩国从 1995 年开始实行农产品市场开放，但不是毫无保障措施，而是实行了同国内外价格差异相适应的高关税及特别紧急关税等适当保护措施。对曾经受到进口限制的品种，则实行逐年自由化的开放政策。

加强对农产品进口开放品种的管理。通过遏制不必要的进口，维持短期国内价格的稳定。当价格激增时，及时把握进口动向以采取切实的保护措施。政府实行了强化农业竞争力的中长期对策，以提高各个品种类别的竞争力。

积极利用相关法律和各种制度来实施保护。韩国政府及时把握自由商品种类的进口动向，对由于低价农产品进口增加而受影响的品种，韩国政府采取了调整关税或提高税率的措施。当进口量超过定额时，实行特别紧急关税。对由于进口激增而导致国内农业受影响的品种，采取产业救济制度及限制进口量的措施。

加强实施原产地标志。为防止将低价的进口农产品伪装成国产品，政府规定应标志进口产品、国产品和加工产品的原产地。严格取缔伪装标记原产地的行为，以确保进口农产品的

国内流通秩序及差别化。

实际上，这就是贸易保护主义而实行的贸易壁垒。贸易壁垒又称贸易障碍。对国与国间商品劳务交换所设置的人为限制，主要是指一国对外国

商品劳务所实行的各种进口限制措施。贸易壁垒一般分关税壁垒和非关税壁垒两类。

所谓关税壁垒，是指进出口商品经过一国关境时，由政府设置海关向进出口商征收关税所形成的一种贸易障碍。关税愈高，保护的作用就愈大，甚至实际上等于禁止进口。

非关税壁垒，是指除关税以外的一切限制进口措施所形成的贸易障碍。如限制进口商品的数量或金额，如进口配额制、进口许可证制、外汇管制、进口最低限价；苛刻的技术标准、卫生安全法规，检查和包装、标签规定以及其他各种强制性的技术法规。

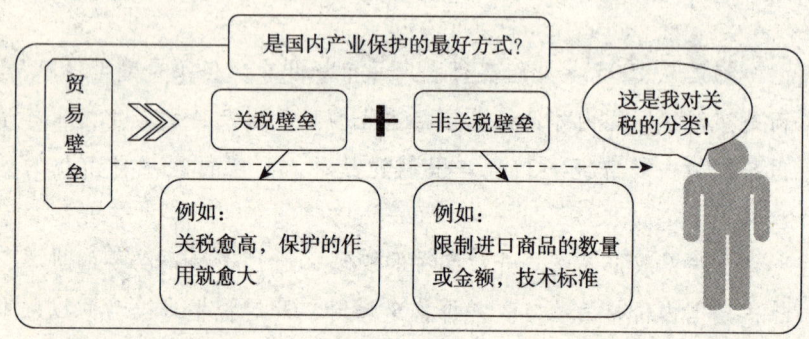

美国番茄质次价高，墨西哥番茄质高价低，无论从哪个角度看，美国让墨西哥番茄进入都是有利的。但是1996年克林顿政府却限制墨西哥番茄出口到美国，这是为什么？这是因为番茄进口受益的是消费者，而每个消费者收益并不大；受损的却主要是佛罗里达州的种植者，他们虽然人数少，但分摊到每个人身上的损失却不小。而贸易保护主义正是保护了佛罗里达州种植者的利益。

中国成为世界加工厂，"中国制造"更是遍布世界各地，但与此同时，国际社会不断传来对"中国制造"的反倾销、反补贴措施，世界空前的贸易壁垒正在袭击"中国制造"。据世界贸易组织秘书处发布的数据显示，2008年全球新发起反倾销调查208起、反补贴调查14起，中国分别遭遇73起和10起，占总数的35%和71%。对我国实施反倾销的国家不仅有欧美、澳大利亚、加拿大、日本等发达国家，也包括土耳其、印度等一些发展中国家，案件涉及钢铁、鞋、玩具、轮胎、铝制品、日用品、机电、矿产、养殖品等中国在出口方面具有优势的行业。

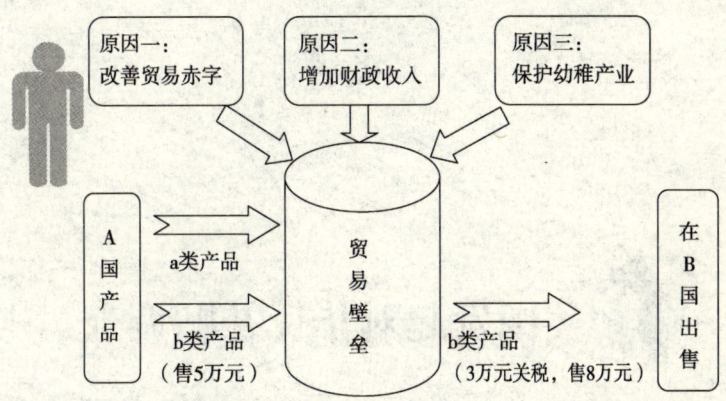

因此，必须从国家层面、地方政府以及出口企业层面上采取有效的应对之策。国家应该从国际合作层面在世贸组织等多边框架下，大力呼吁反对贸易保护主义，督促有关国家采取实际行动履行承诺。同时积极推动新一轮世贸谈判，与有关国家加强双边谈判，争取使更多国家承认我国的市场经济地位。

从企业层面来看，企业作为应对贸易保护主义的主体，应尽快努力提高技术创新和培育自主品牌的能力，变"以廉取胜"为"以质取胜"；同时，通过对外直接投资、兼并收购当地企业等方式，将跨境出口转化为企业的内部贸易，有效避免贸易摩擦。

我们身边的经济学

美国发起对华反补贴调查

2008年8月28日,世界贸易组织的网站公开了美国政府的一封来信。在信中,美国就中国农产品(如猪肉、小麦)关税、补贴和出口规则问题,向WTO提出一系列质疑。美国政府在信中的主要攻击点,是中国的生猪饲养政策。

信中称,中国的企业所得税率为25%,但中国生猪饲养等肉类企业似乎不必交纳此等所得税。美方要求中方解释猪肉生产和加工商是否属于"从事农、林、牧、渔业项目的企业",并要求中方公布猪肉生产商和加工商2007和2008年的总收入。

2007年中国生猪存栏数因疾病等问题大幅下滑,导致市场猪肉价格飙升。为此,中国政府采取一系列措施,鼓励和促进生猪饲养和肉类加工。美国政府在致WTO的信中指责,中国对饲养的每头母猪补贴100元人民币,是过去补贴的两倍,而此前中国对生猪饲养补贴已高达8.86亿美元。美方要求中方提供新补贴方案细节和补贴总额。

贸易补贴是指一个国家的政府或公共机构,采用直接或间接的方式向本国出口企业提供现金补贴,或者提供财政上的优惠。此举有利于提高出口企业在国际贸易中的竞争力。但是从另一个角度来说,贸易补贴又会使外国同类企业受到不利影响,容易导致不公平竞争。因为这个原因,关于贸易补贴的争议从来就没有停止过。

贸易补贴可以是直接的,也可以是间接的。直接贸易补贴简单来说就

第10章 国际贸易和产业转型：为什么中国企业走出去难

是负税，其后果与税收正相反。间接贸易补贴则一般采取放宽信贷、廉价使用能源或免费使用基础设施等方式。补贴量可以与贸易量保持某一固定比例关系，称为从量补贴；也可以与贸易值保持某一固定比例关系，称为从价补贴。

比如在贸易补贴中的出口补贴，又称出口津贴，是一国政府为降低出口商品的价格，加强其在国外市场上的竞争能力，在出口某种商品时给予出口厂商的现金补贴或财政上的优惠待遇。其方式有直接和间接两种：直接补贴，出口某种商品时，直接付给出口厂商的现金补贴；间接补贴，政府对某些出口商品给予财政上的优惠。

贸易补贴在很大程度上可以被利用为实行贸易保护主义的工具，成为国际贸易中的非关税壁垒。长期以来，各国政府为了国内经济发展或其他政策的需要，或者为了促进出口，在不同的时期对不同的行业或产品实行补贴，这已经成了一种普遍的现象。一国政府有权采取它认为适当的任何政策促进国内经济发展和提高人民的生活水平，这是一国的主权所在，也是符合联合国宪章精神的。一国政府采取什么样的经济政策，实行何种具体方法，对哪些行业予以补贴，这都是一国的内政，其他国家本来是无权干涉的。

然而，一国对国内工业的补贴会直接或间接地影响其对外贸易，而一旦这些国内措施影响了给予补贴国与他国的经济交往，则问题就不那么简单了。在国际贸易中，补贴与反补贴措施问题一直是一个复杂棘手、争议颇多的问题。

美国是世界上农业补贴最多的国家之一，竟然指责中国的农产品补贴，实在是强盗逻辑。美国是世界上贸易补贴最多的国家之一，尤其是农业补贴最多。对于美国的农民而言，无论在地里种什么，他们都不用担心将来卖不出去，因为在他们背后，有美国的农业补贴。美国农业补贴的形式繁多，种类各异，几乎覆盖了所有大宗农产品，每年平均每个农户能从政府那里得到1万多美元的补贴。巨额的补贴使得美国农产品在国际市场上长期占据"半壁江山"，美国的小麦、大豆和玉米占有率分别高达45%、34%和21%以上。

高额的农业补贴使美国农产品在国际市场上具有显著的价格优势。比如在2000年，美国对小麦的直接补贴为每吨45美元，对玉米的直接补贴为27美元。这也就意味着：美国的农民可以将每吨小麦降价45美元，每吨玉米降价27美元，降价后再与其他国的生产者竞争。这样，对于那些无力提供补贴的发展中国家而言则极为不公，因为他们的农民无法与美国进行价格战。相比较其他国家的农民而言，美国农民的日子过得更加舒适。

而我国在对外贸易中，也遭遇到国外的反补贴调查。2004年4月至10月，加拿大边境服务署（CBSA）先后对原产于或出口自中国的烧烤架、碳钢和不锈钢紧固件以及复合地板发起了反倾销和反补贴合并调查，这三起案件标志着我国出口产品出现了新的挑战，国外对华贸易摩擦的新热点开始产生。随着加拿大边境服务署于2004年12月9日作出最终裁决，裁定对原产于或出口自中国的碳钢和不锈钢紧固件100%地受到了中国政府的补贴；随着加拿大国际贸易法庭于2005年1月7日对涉案产品作出了存在损害的肯定性裁决。自此，正式翻开了国外对中国出口产品征收反补贴税的序幕。

当前，补贴与反补贴已经成为国际贸易中的突出问题，我国也应该切实重视起贸易补贴引起的纠纷问题，并进行补贴与反补贴的相关立法与实践。

第10章 国际贸易和产业转型：为什么中国企业走出去难

从贴牌大国迈向品牌大国

一个芭比娃娃，在美国市场上的价格约10美元，在中国离岸价格仅为2美元，去掉1美元的管理费、运输费以及0.65美元的来料费，贴牌生产毛利只剩下区区0.35美元。而当这些中国制造的玩具贴上洋品牌返销中国，立即身价倍增，一个芭比娃娃要卖到100多元。

贴牌和品牌的差别，直接体现在利润上。品牌缺失，导致中国企业只能处在全球产业链的低端，辛辛苦苦"为他人作嫁衣"。

品牌是给拥有者带来溢价、产生增值的一种无形的资产。在经济全球化的今天，拥有多少知名品牌已成为衡量一个国家经济实力的重要标志。资料显示，当今世界共有名牌商品约8.5万种，其中90%以上的名牌归属于工业发达国家和亚太新兴工业国家或地区这些世界名牌占全球品牌量不到3%，销售额却占到50%左右。

原厂委托制造，即贴牌生产，也称为定牌生产，俗称"贴牌"。基本含义为品牌生产者不直接生产产品，而是利用自己掌握的关键的核心技术负责设计和开发新产品，控制销售渠道，具体的加工任务通过合同订购的方式委托同类产品的其他厂家生产。之后将所订产品低价买断，并直接贴上自己的品牌商标。

中国仍然只是一个贴牌大国，而不是品牌大国。中国的货物出口额已稳居世界第一，但所出口的商品中90%是贴牌产品，拥有自主品牌的不足10%。2010年，中国有54家企业进入了全球财富500强，甚至拥有了全

我们身边的经济学

球市值第一的企业，却很难找到几个全球叫得响的品牌。

郎咸平在《产业链阴谋》中提出了产业链中的"非常6+1"。在任何行业的产业链中，除了加工制造，还有6大环节：产品设计、原料采购、物流运输、订单处理、批发经营、终端销售。

在整个产业链中，我们中国制造只占据了那些附加价值低、最消耗资源、最破坏环境、最剥削劳动的制造环节。生产一个芭比娃娃，价值是1美元，但是到美国的超市就是10美元。这从中国到美国，从1美元升值到10美元的过程中价值是来自哪里？就是6大部分。

当我们破坏环境、消耗资源、剥削劳动创造出1美元血淋淋的产品之后，我们同时就替美国创造出9倍的价值。每当我们创造出1万美元的价值，我们就同时替美国创造出9万美元的价值。

宏基集团创办人施振荣先生在1992年为了"再造宏基"而提出了"微笑曲线"，"微笑曲线"（Smiling Curve）理论当时作为宏基的策略方向。

微笑嘴型的一条曲线，两端朝上，在产业链中，附加值更多体现在两端，设计和销售，处于中间环节的制造附加值最低。微笑曲线中间是制造；左边是研发，属于全球性的竞争；右边是营销，主要是当地性的竞争。当前制造产生的利润低，全球制造也已供过于求，但是研发与营销的附加价值高，因此产业未来应朝微笑曲线的两端发展，也就是在左边加强研发创造智慧财产权，在右边加强客户导向的营销与服务。

在全球产业链的视角下，中国只不过是针对1美元来做文章。所以中国越制造，美国越富裕。"微笑曲线"和"非常6+1"在形式上有差异，但是本质上一样，都认为制造环节不能产生很多的价值。企业应该向曲线的两边移动。郎教授等专家学者提出，施振荣从企业家的实践出发，从而证明企业应该向曲线的两边移动！

"中国制造"尚没有话语权，中国2008年进口产品和出口产品的金额都在一万亿美元以上，但不论是出口产品的最终定价权还是进口产品的定价权都不在中国手里。更有一个比较严重的问题是，国际市场上"中国制造"没有话语权，国内市场，中国经济的主导权也在丧失。随着大量引进

第 10 章 国际贸易和产业转型：为什么中国企业走出去难

外资，国外资本和品牌已经控制和垄断了中国经济的很多方面。有统计数据表明，在汽车领域，日本、德国、美国品牌占领和控制中国汽车 72% 市场；化妆品市场，玉兰油、夏士莲、法国 CD、绿丹兰、永芳等国外品牌纷纷登陆中国市场，中国品牌的化妆品几乎全军覆没。

"中国制造"产品最终定价权操纵在国际流通企业巨头手里，这使得以低成本劳动力为核心竞争力的"中国制造"处于价值链的最低端，3%~10% 的利润是制造企业的通常利润，甚至有些制造型企业只有 3%。这样的利润率在劳动力成本，原材料价格上涨的情况下，利润出现"跳水"，企业难以为继是可以预见的。所以，当金融风暴引起的全球性经济危机，首当其冲的是制造型企业利润被劫，从而引起数以万计的中小民营企业倒闭、停产，甚至迁至劳动力成本更低的东南亚。

中国企业要转型了，不能只关注加工环节的薄弱利润。在市场竞争越来越充分的今天，企业之间的竞争已不仅仅是单个企业、单个产品之间的对抗，而是围绕主导产品分别向上和向下延伸出的价值链条之间的整体比拼。为在激烈的市场竞争中站稳脚跟，就必须千方百计延长产业链条，提高产品附加值。

首当其冲的是技术研发问题。由于受资金、人才、观念等因素制约，代工企业在技术研发上普遍投入不足，这也成为制约企业做大做强的最大阻碍。

从长远方面来看，只有通过加快企业技术创新和产学研步伐，解决了企业的技术研发问题，才能突破行业发展的瓶颈，不断推出名优产品。其次就是品牌效应问题。

一个外向型的企业必须拥有自己的品牌，才能取得消费者的青睐，为自己赢得更有利的发展空间。

我们身边的经济学

大使招商与中国对外投资

在2010年3月,美国驻华大使洪博培在华发表了一篇文章,其中一段这样写道:

胡锦涛主席2011年1月访美时,曾参观美国中西部中国企业展,万向美国公司的展台就在其中。这是一家中国投资的美国公司,1994年成立于伊利诺伊,从最初一个小的汽车零部件制造商发展到现在拥有4500名美国员工的多种经营公司。

万向只是众多成功的中国在美投资案例之一。联想是美国最知名的便携式电脑品牌之一;海尔在美国南卡罗来纳的工厂雇佣了数以百计的员工,并且正在佐治亚筹办工厂,也将雇佣数百人;中国公司还在美国的清洁能源、页岩气等能源领域进行重大投资。

美国欢迎这种投资。美国各州和地方政府领导人已成为促进在美投资最重要、最有效的支持者。州长、市长和其他州和地方领导人经常率领贸易和投资代表团到国外吸引外资。

为了实现扩大中国在美投资的共同目标,两国各级政府及公司应共同努力,复制万向集团、海尔、联想及其他中国投资公司的成功经验。这些公司将经济效益带到美国,正如美国投资也在中国创造经济机会一样。美国期望并欢迎这种成功。

对外投资又称海外投资,是跨国公司等国际投资主体,将其拥有的货

第10章 国际贸易和产业转型：为什么中国企业走出去难

币资本或产业资本，通过跨国界流动和营运，以实现价值增值的经济行为。

在经济全球化的背景下，我国企业的对外投资，初期主要集中在进出口贸易、简单加工和餐饮等行业，近年来已拓展到设计研发、生产制造、资源开发、航运物流和农业合作等众多领域。目前，跨国并购已成为对外投资的重要方式。2003—2008年间，跨国并购金额超过500亿美元，约占同期对外直接投资总量的40%。

1990年，海尔冰箱开始出口德国和美国市场，拉开了海尔产品进入海外市场的序幕。经过九年努力，海尔的营销国际化取得了丰硕成果：冰箱、冰柜、空调、洗衣机等出口到美国、日本、澳大利亚以及欧洲、东南亚、中东、拉美等市场，共87个国家和地区，海尔的冰箱、空调、洗衣机的生产技术也出口到印度尼西亚、马来西亚、菲律宾和西班牙等国家，还在印度尼西亚、菲律宾、马来西亚、伊朗和美国等国投资设厂，逐步推行海外投资的本土化，成为中国企业"走出去"的典范。

一直以来，海尔都被视为国际化程度最高的中国企业，然而在GE、惠而浦这些顶尖高手的包抄堵截下，海尔在美国市场鲜有作为，在并购上也是屡屡失意，并购美泰克却被惠而浦半路劫杀，并购韩国大宇电子又遭遇有汤姆逊撑腰的印度家电巨头Videocon。

相比之下，联想可谓一鸣惊人，为了国际化可谓不惜血本，出手就是IBM的PC部门这样的大手笔，尽管经历波折后勉强并购成功，却在经营上困难重重，三年过后，PC业老三的位置已是风雨飘摇。

越来越多的中国企业走出国门，对外投资、对外承包工程、对外劳务合作迅速发展，中国企业的身影出现在世界各地，多种形式的境外经济合作取得长足进展。

我国对外投资的地区和行业分布广泛，增加较快，但投资规模仍较小。

资源开发成为对外投资热点。我国对外投资领域涉及油气开发、矿产开发、信息传输、计算机服务和软件、加工制造、商贸旅游、农林牧渔、

我们身边的经济学

交通运输、劳务输出、医疗卫生和中介服务等方面，项目运作良好，经济效益逐步显现。其中，境外资源开发成为投资热点，油气、紧缺矿产、木材等境外资源开发合作开始取得成效，带资承包有新的进展。

投资方式多样化，层次逐渐提高。对外投资由最初的货币投资、实物投资向跨国并购等方式扩展，并有越来越多的企业采取入股和股权置换等方式投资。企业到境外收购销售网络、许可证、技术专利、建立研发中心和工业园区的做法明显增多。

对外承包工程大型项目增加，劳务合作稳步发展。通过对外承包工程带动了劳务输出，此外，派到境外企业的工作人员、按供求双方签订劳务合作合同派出劳务人员也不断增加。

2001年，《国民经济和社会发展第十个五年计划纲要》明确提出"实施走出去战略"，我国企业还处于"走出去"的起步阶段，需要政府在金融、财税、外汇、对外关系等多方面给予支持，建立和完善政策促进体系，并加快立法进程，建立和完善制度保障体系、监管和调控体系以及市场服务体系，推动"走出去"战略顺利实施。

对外投资"走出去"已成为国内企业在成长过程中绕不开的话题，对于大型企业来说，更是背负着保护各自行业国际竞争力的重任，面对国外大型企业的激烈竞争，尽管跨出国门的步伐必须谨慎，国际化仍然成为必然选择。然而"走出去"并非单纯地复制分支机构那么简单，而对企业的整体运作能力提出了新的挑战。

国内企业的国际化情结由来已久，而海外并购作为企业国际化快速、有效的途径，自然被诸多国内企业争相采用。纵观国内企业的海外并购历程，尽管在广度上参与其中的企业越来越多，在规模上大手笔也是屡见不鲜，然而真正成功的案例并不多，在海外并购上，国内企业仍然在交着昂贵的学费。

这一桩桩看似辉煌实则蕴藏巨大风险的海外并购案，折射出我国企业在"走出去"的过程中面临着诸多困难和挑战。"走出去"并不是一蹴而就的，需要从整体结构、管理、企业战略等多方面进行深入变革。

在今后相当长时期内，"引进来"与"走出去"相结合，将成为中国对外开放的战略选择。从单向的"引进来"到双向的"引进来"和"走出去"相结合，这样的战略转变，必然要伴随着相应的政策和体制调整。

第 10 章 国际贸易和产业转型：为什么中国企业走出去难

需要政府在金融、财税、外汇、对外关系等多方面给予支持，建立和完善政策促进体系，并加快立法进程，建立和完善制度保障体系、监管和调控体系以及市场服务体系，推动"走出去"战略顺利实施。

大力推动我国企业"走出去"。这是我国经济发展的必然要求，也是世界各国发展经济的普遍经验。

我们身边的经济学

附：为什么中国剃须刀不能在美国使用

张先生刚参加工作，刚好被派去美国参加一个供货商会议，但这一段经历却给他留下了一些痛苦的回忆。他好几次和出国回来的朋友说起一件事情，事情不大却很恼人。他第一次出去到美国，本以为准备很充分。MP3、手机样样没漏，到了美国却傻了，美国人的插座和中国的不一样，充电器，刮胡刀，没有一样能插进去的，他们用的是一个圆的两个扁的插座，到旅馆去问也没有，咋办！

他打听半天说有个地方有买，打的去一看，有是有可要25美金，没办法买了一个回来，回来一用插是插上去了还是不行。电压又不一样，美国人用的是110V的电压。

张先生的尴尬正是很多人的尴尬，确实，在不同的国家，家用电器是不能通行使用的。但笔记本除外，很多时候，笔记本在全球能够通用。而一些笔记本电脑的电源线内置变压器，使得电脑可以在两种标准下正常运行。

笔记本电脑是个例外，尤其是在它刚诞生那段时间。当时购买笔记本电脑的人，大多是要带着它们国内外到处出差的商务人士。对这些人来说，在国际航班上带着沉重的变压器，实在是一种无法接受的负担。所以，笔记本电脑生产商从一开始就在电脑里内置了变压器。所以，NBA的球星到中国来的时候也不忘记去中关村买一台带回美国。

美国电力系统提供的家用电是110伏，还有不少国家为220伏。反之，

第 10 章 国际贸易和产业转型：为什么中国企业走出去难

电视和电冰箱则只能在一种标准下运转。要想在法国用美国冰箱，你必须要单独买一个变压器，把法国 220 伏的电源转换成 110 伏。同样，在美国用韩国电视，也只能单独买一个变压器，把美国 110 伏的电源转换成 220 伏的。为什么这些家用电器不能像笔记本电脑一样到处通用呢？传送 220 伏的电比 110 伏要稍微便宜一些，同时也稍微危险一点。到底采用哪套输电系统，大多数国家都曾进行过相当广泛的论证，而一旦做出决策，国家就会向选中的系统投入大量资金。因此，指望各国改用统一的供电标准，在近期内是不现实的。所以，带着电器跨国旅行的人，需要找些办法来保证这些电器能在不同的供电标准下使用。

给所有电器内置变压器，无疑能满足这一需求，但这么做会增加电器的制造成本。绝大多数的冰箱、洗衣机、电视以及其他电器，恐怕不会有出国旅行的机会，所以，给它们加装内置变压器的额外支出，也就没什么道理。

第 11 章

汇率和国际金融
美元为何会成为众矢之的

HUILUHEGUOJIJINRONG
MEIYUANWEIHEHUICHENGWEIZHONGSHIZHIDE

第11章　汇率和国际金融：美元为何会成为众矢之的

人民币汇率的中美口水战

澳洲幅员广袤，风景优美，一直是世界各地人们争相旅游的圣地。全球经济危机爆发后，来澳洲的欧美游客数量大减。传统的旅游格局是圣诞、元旦假期欧美游客多，春节期间中国游客多。如今则变成了新年、春节都是遍地中国游客了。中国游客的增多与出游澳洲的花销下降有关。国际金融危机导致澳洲酒店价格大跳水，中国的旅行社趁机集中采购，大幅下调春节出境游报价。以广州某旅行社为例，"澳洲大堡礁金钻包机之旅 8 天"，全程入住国际品牌五星级酒店、范思哲套房、包机直飞等，2008 年春节价格是 88888 元，2009 年降为 39999 元，价格降低了一半以上。当然价格降低最主要的原因是由于澳元贬值和人民币升值，澳元对人民币汇率从一年前的 1:6.8 下降到 1:4.5 左右。

自 2005 年 7 月 21 日我国开始实行以市场供求为基础、参考一揽子货币进行调节、有管理的浮动汇率制度以来，人民币兑美元中间价屡创新高，升值幅度逐渐加快。2005 年人民币对美元升值 2.56%，2006 年升值 3.35%，2007 年升值 6.9%。到 2008 年，人民币兑美元汇率中间价已经突破 7.0 的关口，再创汇改以来新高。

汇率是一国货币兑换另一国货币的比率。由于世界各国货币的名称不同，币值不一，所以一国货币对其他国家的货币要规定一个兑换率，即汇率。

我们身边的经济学

汇率的高低也就直接影响该商品在国际市场上的成本和价格,直接影响商品的国际竞争力。例如,一件价值100元人民币的商品,如果美元对人民币汇率为8.25,则这件商品在国际市场上的价格就是12.12美元。如果美元汇率涨到8.50,也就是说美元升值,人民币贬值,该商品在国内市场上成本实际上是低了,直接使它在国际市场上的价格变低。商品的价格降低,竞争力变强,肯定好卖,从而促进该商品的出口。反之,如果美元汇率跌到8.00,也就是说美元贬值,人民币升值,必将有利于美国对中国出口商品。同样,美元升值而人民币贬值就会有利于中国商品对美国的出口,反过来美元贬值而人民币升值却会大大刺激美国对中国的出口。

货币升值一般是一个国家为了抵御外汇冲击,制止通货膨胀所采取的措施。增加本国单位货币的含金量或提高本国货币对外币的比价,或者直接宣布提高本国货币对外国货币的比价,以提高本国货币价值,抑制大量外汇的涌入。因为外汇太多将给本国货币流通市场造成流动性过剩的压力,将可能引起国内通货膨胀。

货币贬值,是指单位货币所含有的价值或所代表的价值的下降,即单位货币价格下降。货币贬值在国内引起物价上涨现象。但由于货币贬值在一定条件下能刺激生产,并且降低本国商品在国外的价格,有利于扩大出口和减少进口,因此第二次世界大战后,许多国家把它作为反经济危机、刺激经济发展的一种手段。

人民币升值的压力主要来自美国,而美国压迫人民币升值的理由是中美间存在的经常项目顺差(主要是贸易顺差)与资本项目顺差(主要是FDI)。在三次中美战略经济对话中,迫使中国金融开放一直是美方的主要目的。

美国政界、商界和舆论界一直要求人民币升值,一些政客更是扬言,中国政府操纵了人民币汇率,因此应对中国产品征收惩罚性关税。

但也并不是所有的人都这样糊涂,美国斯坦福大学经济学教授罗纳德·麦金农警告说,如果人民币升值,亚洲其他货币甚至欧洲货币也跟着升值,那么,美国就有可能会像上世纪70年代那样出现严重通货膨胀问题。

第11章 汇率和国际金融：美元为何会成为众矢之的

只要中美之间还存在着大幅的双顺差，美方就会不断压迫人民币升值。但是，其实美方也知道，人民币升值根本不可能减少美国的贸易逆差，正如1985年广场协议之后日元的升值没有减少美国的逆差一样。原因很简单，自美元与黄金脱钩以来，美元一直逐渐贬值，而近10年，美元货币印刷总量超过过去四十年印刷总量。

自从汇改以来，人民币对美元的汇率累计升值已超过20%。中国老百姓不无惊喜地发现，对比美元，自己手中的人民币愈发"经花"了。这样的对比，确实"看上去很美"。实际上，对此是有人欢喜有人忧。

也许很多人认为只要自己在国内生活，汇率波动对自己的影响是不太明显的。但是汇率的剧烈波动所带来的灾难性后果是很多人并不清楚的。就像在日本、东南亚国家，当金融危机一旦来临以后，你的财富在一夜之间就"灰飞烟灭"了，你几十年辛苦攒下的财富一天就没了，一个产业可能就垮掉了，一个国家可能十几年都缓不过劲来。剧烈的汇率变化会引起一场根本无法抗拒的金融大风暴。

汇率的波动会给进出口贸易带来大范围的波动，因此很多国家和地区都实行相对稳定的货币汇率政策。中国的进出口额高速稳步增长，在很大程度上得益于稳定的人民币汇率政策。影响汇率的因素一般包括国际收支、通货膨胀、利率、经济增长率、财政赤字、外汇储备等。

普通老百姓对人民币升值的理解，表面上看是"更值钱"、"更划算"，但是，普通老百姓很容易陷入人民币升值预期下的"货币幻觉"。具体说来，就是如果人民币相对美元升值，也意味着个人的人民币资产相对美元更值钱。但价格只存在于交易当中，如果个人不打算与外币进行兑换或交易，不打算购买美国商品，不打算出国旅游，不打算投资美国资本市场，你就享受不到这部分相对于外币而言增值的人民币带来购买力增加的好处。

我们身边的经济学

金本位与美国乱开印钞机

1944年，来自44个盟约国国家的730多位代表却齐聚在冷清的美国新罕纳尔布什州风景优美的布雷顿森林郡的华盛顿山度假宾馆吵得不可开交。

其中著名的有美国财政部长摩根索、美联储的主席艾考斯、参议员托比、经济学家怀特等人。这一次聚集了世界大腕，足足开了20天的会议，终于争吵出一个结果，那就是著名的布雷顿森林体系——世界上第一个全球性的金融货币体制协议，就是在此时诞生的。

会中，22个盟国代表签署了一份盟约——《布雷顿森林协定》，规定以黄金为基础，以美元作为最主要的国际储备货币。美元直接与黄金挂钩，各国货币则与美元挂钩，并可按35美元一盎司的官价向美国兑换黄金。美元可以兑换黄金和各国实行可调节的钉住汇率制，是构成这一货币体系的两大支柱。这就是布雷顿森林体系。

人类自古以来都选择某些确切的实物作为货币，例如黄金、白银、铜。这种方式使得货币比较稳定，财富的真正价值能够得到比较客观的体现。虽然金、银、铜也会因产量增加而贬值，但它也会有所消耗。因此贵金属货币贬值的速度不会太快，通货膨胀的速度也不会太快。即使后来出现了纸币，长期以来，纸币作为一种方便的工具，背后都有金、银等实物支撑，1816年英国首先实行金本位制。

20世纪30年代，在世界性经济危机冲击下，各国纷纷宣布废除金本

第 11 章 汇率和国际金融：美元为何会成为众矢之的

位制，使金本位制成为一种历史上的货币制度。金本位制有不易造成通货膨胀等优点，但与当代经济发展趋势不相适应。

二次大战后，各国的经济、政治实力发生了重大变化，美国登上了资本主义世界盟主地位，美元的国际地位因其国际黄金储备的巨大实力而空前稳固。这就使建立一个以美元为支柱的有利于美国对外经济扩张的国际货币体系成为可能。

在美国实行金本位制的时候，每一张美元纸币，背后都有相应的黄金。美元不能乱印乱发，通货膨胀的速度较慢。

1971 年 7 月第七次美元危机爆发，尼克松政府于 8 月 15 日宣布实行"新经济政策"，停止履行外国政府或中央银行可用美元向美国兑换黄金的义务。这意味着取消了金本位制。

没有了可参照的黄金，当人们卖出自己的真实财富，收到的美元，其实就是印着数字的一张纸。从此，美国人有了一个人类历史上最方便的获得财富的方法：印钞票。只要人们相信美国能够还钱，相信美国有能力还钱，人们就还愿意把真实财富交给美国，收入绿纸。说得简单一点，绿纸就是美国政府打的欠条、白条。

于是，以金融资本为主导的美国经济出现了"从纸到纸"的循环：美联储发行纸币支付巨额贸易逆差——各顺差国再以得到的美元购买美国发行的其他类型的纸：政府债券或公司股票——美元回流进入美国资本市场。正是这种"从纸到纸"的循环支撑了美国资本市场的虚假繁荣。

美元过剩问题严重，未来美元贬值压力明显增大。通过货币贬值、制造通货膨胀很可能是美国再平衡的重要手段。毕竟，"用通货膨胀摆脱债务的诱惑是无法抗拒的"。

2010 年 11 月 10 日，美国联邦储备委员会声明，在启动新一轮量化宽松政策首月投放 1050 亿美元资金，购买财政部债券。

声明写道，美联储定于 11 月 12 日至 12 月 9 日着手 18 次公开市场操作。至明年 6 月，除按原计划购买 6000 亿美元财政部债券外，美联储预计将从住房抵押贷款关联证券和机构证券投资中抽出 2500 亿至 3000 亿美元收益，再投资于财政部债券。

首月公开市场操作既包括市场先前预期的月均 750 亿美元财政部

我们身边的经济学

债券购买额度,也包括用投资收益购买的300亿美元债券。

美国疯狂地印钞票的行为,使得各个国家持有的美国国债越来越多,而美元就会越来越不值钱了,美元贬值已经成为不可逆转的趋势。美联储前主席艾伦·格林斯潘称美元正走贬值路线,美国"正执行弱势货币政策"。

多国政要和财政官员指出,美联储重启印钞机旨在打压美元汇率、促进出口,同时将驱使热钱涌入新兴市场,这将对新型国家的经济产生打击。

第 11 章　汇率和国际金融：美元为何会成为众矢之的

铁矿石金融化的涨价阴谋

日本资源贫乏，石油、煤炭、天然气极少，铀几乎没有，资源大量从海外进口。日本矿产资源不很丰富，加之资源保护和采矿成本上升等因素影响，很多资源依赖进口，主要资源的进口依存度分别为铁矿石 100%、铁矾土 100%、铜 99.9%、锌 89.8%，盐 85.9%。

但就是这样一个资源穷国，在铁矿石谈判中，为何中方要一再压低价格，但日本却总是坚定地将资源的价格提高呢？

2005 年 2 月 22 日，日本新日铁与巴西淡水河谷公司单方面达成协议，将铁矿石价格涨幅定为 71.5%。随后新日铁与另一铁矿石巨头澳大利亚必和必拓公司也达成类似协议，之后中国钢铁企业被迫接受了这一价格。

至 2008 年 2 月 18 日，新日铁又与淡水河谷率先达成了涨价 65% 的协议，再次逼迫中国企业接受了如此巨大的价格升幅。

日本并不是很在乎，原因在于日本不仅从海外进口矿物资源，而且直接投资矿物资源丰富的国家，使用优秀采矿技术，进行资源开发。这就是日本铁矿石的金融化。

铁矿石金融化主要是指铁矿石交易活动中，以金融关系为纽带，日本钢铁厂与铁矿石厂商形成了一个关系网。

日本的钢铁企业本身在淡水河谷拥有股份，铁矿砂价格高低对他们来说不过是一个口袋进一个口袋出。日本钢铁企业与三大矿山巨头存在千丝万缕的关系。日本钢铁企业同时拥有巴西淡水河谷、必和必拓和力拓的股份，表面上看日本接受了比中国钢铁企业要价更高的价格，但它却可以通过持有的股份对冲这一损失，甚至获取更大利益。

30年来，日本钢铁企业通过各种方式，直接或间接地参股巴西、澳大利亚、加拿大、智利乃至印度的铁矿。在澳大利亚24个主要铁矿中，8家有日本公司作为重要股东，其余16家铁矿也都有日资参股。

通过多年的努力，日本钢铁企业在很大程度上控制了上游资源产品走势。拥有巴西淡水河谷股份的三井物产会多赚一些，然后在铁矿石贸易时让利给新日铁。另外，日本和韩国钢企的很大一部分产品，也都是卖到中国市场，涨价的部分自然也都被转嫁给中国用户了。

其次是日本大型财团中的综合商社与钢铁公司互相持股，结成利益联盟，早早着手海外资源布局。在上世纪六七十年代就抓住良机，低价大举投资海外矿山。30年后的日本，已在全球拥有了大量资源，在上游产业链建立了稳固基础。

提到"新日铁"，就不得不提三井物产，它和新日铁之间存在相互持股和共同投资的关系。在铁矿石上游的资源布局，使整个三井财团获得了更大利益。三井物产的官方网站上显示："从20世纪60年代开始，三井物产株式会社就积极参与投资开发铁矿石资源，长期以来稳定供应铁矿石。2003年收购了世界最大铁矿石生产销售商巴西淡水河谷公司的母公司Valepar公司15%的股份，并且还持续扩大了与澳大利亚力拓公司和必和必拓公司之间共同合作的铁矿石事业。三井物产拥有权益比例的铁矿石控股产量已跃居世界第四位，年开采权益已超过4000万吨。"

日本财团的核心企业——综合商社又在其中扮演最重要的角色，在贸易、投资、金融、人才、情报和物流发挥着综合机能的特殊作用，实质上成为财团内部乃至日本社会实质上的经济总参谋部。在日本企业海外扩张过程中，其综合商社一定是最先进入某一市场的，它的重要职能就在于打通当地"商路"，进而控制"商权"，为制造业企业的进入开路。"日韩式"的综合商社牢牢控制了金融企业、商业和产业，将三者紧密结合。

在掌控大量海外资源的同时，日本钢厂进口的铁矿石主要由当地

第11章 汇率和国际金融：美元为何会成为众矢之的

商社统一负责，而日本则形成了几大商社垄断进口的局面。

提供金融支持，在当地投资基础设施建设，逐渐形成伙伴关系。这一切，正是日本企业突破本国"资源穷国"局限的手段和方式。这一国外找矿，入股矿山的做法也给中国国内企业提供了很好的借鉴意义。

中钢协党委书记刘振江的总结意味着整个行业对传统铁矿石谈判话语权的争夺之心已死。他说："寄希望通过谈判来降低铁矿石价格的手段，大家就别再做这个梦了。"是时候与这场做了八年的噩梦说再见了。

历年的铁矿石谈判代表宝钢董事长徐乐江的态度更加明确。他说，铁矿石定价方式将会越来越金融化，未来定价机制将由传统的定价方式走向金融化定价。

2009年7月20日，武钢完成对加拿大联合汤普逊铁矿（CLM）公司增发股份的交割。武钢持CLM总股本增至4520万股，从而成为其最大股东。武钢与CLM合作的3个矿区，总资源量达到23亿吨。

2009年11月2日，澳大利亚外商投资审查委员会正式批准武钢和澳大利亚南澳洲Centrex Metals Ltd（简称CXM公司）合作铁矿项目。CXM公司按每股0.25澳元向武钢增发15%的股份，收购完成后，武钢将成为CXM公司第二大股东，拥有该公司一名董事席位。双方合作项目涉及铁矿石资源量约20亿吨。CXM公司是澳大利亚资源勘查类公司，在南澳埃尔半岛东海岸拥有多处铁矿权。

2009年10月，武钢与澳大利亚政府就向WPG公司Hawk Nest铁矿石项目投资4500万澳元事宜进行谈判。武钢公司在马达加斯加的铁矿项目开发已经获得当地政府支持，项目储量约5.8亿吨，预计3年后投产。

2009年11月16日，武钢集团官方网站透露，公司与委内瑞拉矿业集团公司成功达成长期采购合同和五方协议。协议是首个明确以中国价执行的合同，标志着中国矿石采购价格不再受国际三大矿石巨头制约，对武钢矿石采购具有重大意义。

现在，很多的中国企业相继赴国外找矿，找资源，都是想从根本上摆脱世界三大矿商的束缚，不再受制于人。

我们身边的经济学

国家遭遇破产该如何挽回

2008年10月6日，冰岛总理哈尔德通过电视讲话，对全体国民发出警报："同胞们，这是一个真真切切的危险。在最糟的情况下，冰岛的国民经济将和银行一同卷进旋涡，结果会是国家的破产。"此时，他面对的冰岛不再是这个世界最美丽干净、金融高度发达的天堂，而是一个外债超过1383亿美元、本国货币大幅贬值的黑色乌托邦，昔日在全世界过得最幸福的冰岛人生活在国家破产、朝不保夕的恐惧中。

冰岛人口只有32万，过去仅靠渔业支撑，但是在20世纪90年代，全世界进入一个连续10余年高速增长的黄金年代。冰岛的银行体系此时迅速萌芽并以疯狂的速度扩张。它们在全球各地成立分行，发放了大量的贷款，银行因此成为冰岛经济的最强支柱。截止到2008年6月30日，冰岛三大银行的资产规模总计达到14.4万亿克朗，约合1280亿美元。与之相比，2007年冰岛的国内生产总值（CDP）仅为1.3万亿克朗。

银行资产的大量累积，让冰岛人尝到了甜头，这个小国人均GDP占到世界第四，美丽洁净的环境、优厚的福利政策让这里成为一方世人向往的"幸福乐土"。但是当金融危机袭来时，这个国家才发现他们原来正是巴菲特所说的"裸泳者"。总理哈尔德承认，由于冰岛银行产业几乎完全暴露在全球金融业震荡波中，冰岛面临"国家破产"。

第11章 汇率和国际金融：美元为何会成为众矢之的

破产，如同一场噩梦，与企业如影随形，那些资不抵债者最终会在《破产法》的框架内或者拍卖变现或者资产重组以获新生，而旧有商号如一块随风飘摇的破布很快在人们的记忆中消失得无影无踪。可我们从来没有听说过哪个国家会破产。但这种现象现在却真实地出现了，冰岛由于金融危机的冲击，严重地资不抵债，濒临破产的边缘。

理论上濒临"国家破产"的冰岛会不会破产呢？答案是肯定不会。理由有很多，其中最重要的一条是，国家有别于企业的最显著特点是"国家主权神圣不可侵犯"。在结束了帝国殖民时代之后，这一原则日益成为国际共识，成为大小贫富悬殊国家之间交往的原则。所以，对于那些贫困国家，尽管外债缠身，理论上足够"破产"几百次，但是并没有被拍卖掉，这些穷国家也没有随之在国际政治版图上消失，沦落为其他债券国家的"新殖民地"。反过来说，倘若国际上有"国家破产"的"市场空间"，那么，美国仅举华尔街上的一个个富可敌国的金融大佬之力，就可以用经济手段，兵不血刃地将一个个破产小国收入囊中，如此一来，世界就依然是"强权政治"的天下。显然，让"国家破产"成为可能，就意味着对弱肉强食的霸权政治放行，最终破坏基于历史、文化、民族、宗教等渊源而形成的民族国家之间的脆弱国际平衡。

当然，国家破产的概念不是特别严格，从理论上说，一个经济单位，小到家庭，大到国家，如果资不抵债就是陷入了破产的境地。但是国家和其他单位不同，国家手上第一有苛税权，第二有发钞票的权力，第三有举债权，这三权存在就不可能使国家实际破产。

有经济学家认为，所谓的国家破产实际上也就是对于一个国家经济状况的一种描述。首先，就是出现大量的财政赤字、对外贸易赤字；其次，就是出现大量外债；最后，该国家没有偿还外债的能力，同时也没有改善国内经济状况的办法。在这种情况下，就可以说这个国家要破产了。

因此，"国家破产"更像是一个形容词，以体现一国经济形势之危急；而不是一个动词，并不预示着一个国家马上就会吹灯拔蜡、改换门庭。就拿冰岛来说，纵然外债远超过其国内生产总值，但是依然可以在现有的国际秩序框架内找到克服时艰的途径，比如向俄罗斯这样的大国借债，还可以寻求国际货币基金组织（IMF）的援助。

早在2000年，国际货币基金组织（IMF）的第一执行总裁克鲁格尔女

我们身边的经济学

士曾提出过一个解决机制,将 IMF 的地位放在了国家破产解决程序的核心地位,但是很明显,这一方案遭到了所有国家的反对。两年后,IMF 再次提出一个改进后的方案,该条款从法律上允许债权人中的一个"绝大多数集体"(占债权人总量的 60%—70%)可以进行债务重组,同时该重组须将其余的债权人包括在内,而 1FM 只起到监督和最后仲裁的作用。

为了应对当年的阿根廷债务危机,阿根廷当年的债务危机与现在所说的"国家破产"几乎相同,美国政府也提出过相应的解决方案,但实际上也没有起到任何作用。

有经济学专家认为,要挽救国家破产的危局,就必须从国内、国际多方面寻求解决的办法和渠道:第一,是国际求助,比如这次冰岛向俄罗斯寻求贷款:从国外获得帮助来缓解自己的压力。第二,就是通过谈判解决债务问题,比如上一次拉美国家的债务危机,进行国际谈判,对那些无法偿还的债务进行免除、延期等措施,这也是一种缓解危机的办法。第三,就是要发动国内民众共渡难关。只有国际、国内多方面共同努力和配合,才能真正起到挽救的效果。

第 11 章 汇率和国际金融：美元为何会成为众矢之的

热钱监管与索罗斯狙击中国

2010 年 3 月 24 日，索罗斯在香港注册成立了一家基金管理公司，入股资金为 3500 万港元（约合人民币 3000 万元）。但有媒体这样称，索罗斯是否要阻击中国。

20 世纪 90 年代初期，索罗斯的助手琼斯当时驻扎在中国香港，不过大部分时间是马不停蹄地造访周边的东南亚国家，为索罗斯基金的大举进攻寻找突破口和准备作战计划。"那一年我们在这一地区飞来飞去，我们直接与开发商见面，也与银行甚至当地记者交流。"他发现整个楼市泡沫已经很多，部分开发商支付利息都有困难，"但银行还是帮开发商找来很多美元贷款"。

资产泡沫堆积、外资不断涌入、银行短期外债高筑、开发商勉强支撑但已开始摇摇欲坠。"我们把这些信号综合起来后花了很长一段时间仔细研究，到底会出现什么样的情况？局势会如何发展？"研究的结果是，这一局面难以维持，琼斯于是向索罗斯建议，沽空泰铢。"为了这一仗，我们提前 6 个月准备，逐步建立起沽空仓位。"

"我们是 1997 年初开始行动的。" 1 月份，索罗斯基金联合其他国际对冲基金开始对觊觎已久的东南亚金融市场发动攻击，一开始就大肆抛售泰铢，泰铢汇率直线下跌。在对冲基金气势汹汹的进攻面前，泰国央行入市干预，动用约 120 亿美元吸纳泰铢，一方面禁止本地银行拆借泰铢给离岸投机者，另一方面大幅提高息率，三管齐下，泰铢汇率暂时保持稳定。

我们身边的经济学

5月份的时候,资金大量流出泰国,泰国开始资本控制。6月份,对冲基金再度向泰铢发起致命冲击,泰国央行只得退防,因为仅有的300亿美元外汇储备此时已经弹尽粮绝。6月30日,泰国总理在电视上向外界保证:"泰铢不会贬值,我们将让那些投机分子血本无归。"但两天后,泰国央行被迫宣布放弃固定汇率制,实行浮动汇率制。当天泰铢重挫20%,随后泰国央行行长伦差·马拉甲宣布辞职。8月5日,泰央行决定关闭42家金融机构,至此泰铢陷入崩溃。

在此期间,对冲基金还对菲律宾比索、马来西亚林吉特和印尼盾发起冲击,最后包括新加坡元在内的东南亚货币——失守。工厂倒闭,银行破产,物价上涨等一片惨不忍睹的景象随处可见。

在一些亚洲人的心目中,索罗斯是一个十恶不赦、道德败坏的家伙。马来西亚总理马哈蒂尔说:我们花了40年建立起来的经济体系,就被这个拥有很多钱的白痴一下子给搞垮了。这个拥有很多钱的白痴就是乔治·索罗斯。索罗斯打败亚洲的武器就是热钱。

热钱,又称游资,或叫投机性短期资本,指为追求最高报酬及最低风险而在国际金融市场上迅速流动的短期投机性资金。它的最大特点就是短期、套利和投机。

类似危机还发生在1992年的英国。英国为保持欧洲统一汇率机制,英镑高估。国际热钱趁机大量抛售英镑,买入德国马克,最终致英国耗尽200多亿美元外汇储备,迫使英镑贬值15%并退出统一汇率机制,国际热钱从中净赚约20亿美元。

当热钱流入国门之后,一般会如何在人们的经济生活领域发生影响呢?

高度繁荣和泡沫化的资本市场首先吸引热钱,也是热钱兴风作浪的首选;房地产市场因为需要的资金量大,热钱经常大进大出;凭借热钱雄厚的金融操作技巧、市场运作能力和资金实力,它经常在商品期货市场操纵获利;当时机成熟时,热钱则可在黄金市场、民间金融市场乃至PE市场获取高额回报。石油、股市、楼市、粮市……任何大宗商品价格的涨跌都与热钱脱不了干系。2008年油价的大起大落,全球股市的巨大动荡都与这只市场中的"黑手"有着密切的关系。

在发展中国家,热钱充分享受到经济成长为其带来的暴利。从2001年至2010年十年间,流入中国的热钱平均为每年250亿美元,相当于中国同期外汇储备的9%。热钱向中国流入是受多种因素驱动的:既可以规避国际金融动荡风险,也可以对人民币套汇套利,还可以对中国的股市、楼市进行投机。

过多热钱进入中国会加大市场的流动性,造成流动性过剩,而货币供给越多,中国面临的通胀压力就越大。此外,热钱还加大了人民币升值压力。而投机资金进入股市、楼市后,容易制造泡沫。而热钱还会给股市造成严重伤害。2007年的G8峰会上,德国总理默克尔继续呼吁各国加强对对冲基金和投机热钱的监管。

总的来说,预防热钱危机要做好以下几方面的工作:

1. 加强外汇监测体系,及早察觉外汇在本国的异常流动。

2. 注意政策、制度的可逆性设计,一旦热钱大量外流时,政策制度可以进行相应的应对和补救。

3. 保持理性政策,防止经济大起大落。保持经济的平衡增长而不是追求过度的繁荣,始终是稳定国家货币和金融体系的根本。

以越南为例,在经历热钱危机后,在金融开放进程上不再过于求大求快,而是通过制度化对资金进行约束,引导它为优化经济结构服务。央行不仅缩减了货币供应量,还对贷款采取了更加严格的措施。此外,越南还计划对外国资本占有股份上限加以规定,据悉,目前越南的上市公司中外国资本最多只允许占有49%。在2008年5月,东南亚国家联盟10国以及中国、日本和韩国3国计划出资至少800亿美元建立共同外汇储备基金,以帮助参与国抵御可能发生的金融危机,维护地区金融稳定,这无疑是构筑了一道强大的堤坝,以遏制热钱再度兴风作浪。

2002年,曾经担任美国总统经济顾问委员会主席、世界银行首席经济学家、诺贝尔奖得主斯蒂格利兹教授出版专著《全球化及其对它的不满》,详尽剖析了投机热钱对国家金融稳定的巨大危害。他的结论是:"我们必须采取措施对热钱实现监管和征税。国际金融组织不仅不应该反对和阻挠对热钱的监管和征税;相反,它们应该行动起来,更好地监管投机热钱。"

索罗斯现在能否狙击中国,现在看来还不可能。首先,因为中国是一个经济大国,索罗斯能够动用的资本与中国人民的财富,没有可比性。其

我们身边的经济学

次，中国还实行资本管制。中国人民银行行长周小川说："首先国际投机资金不是笔笔都成功的；再者他们对小国开放型经济的影响很大，但是对于中国这类大国经济的影响并不大，而且我国有资本管制。"

第 11 章 汇率和国际金融：美元为何会成为众矢之的

附：人民币是否是世界元

2008 年 11 月中下旬，金融海啸的背景下，马来西亚、印尼等，都通过各种渠道，表达了希望中国在金融危机中予以援助的愿望。但东南亚区域国家对于人民币的呼声，并非应中国要求为之，而是在美元危机中的自觉选择。

马来西亚于 2005 年放弃了其货币与美元挂钩，转而实行一篮子货币的汇率浮动，目前马来西亚已经将人民币作为其外汇储备之一。菲律宾更是于 2006 年签署总统令，要求其央行将人民币作为外汇储备之一。据知情者透露，菲律宾的人民币储备是以货币互换的形式，将一定数额的菲律宾比索运到中国，换取同样价值的人民币资产并储存在中国央行，并取得利息。

在日常生活中，人们也更多地选择用人民币来储值，以避免美元带来的损失。大部分电力公司以及其他中国驻外人员的工资是以美元结算。但由于印尼盾升值趋势强劲，美元贬值，中国员工便纷纷把存折中的美元兑换成印尼盾。现在，很多员工都是一发工资就汇回国换成人民币来规避风险。

东南亚人都看好人民币的升值前景，纷纷从各自的渠道收集到人民币，但在现实中，由于我国的货币政策限制，海外的银行并不能接收他们的存款，无处获得利息，他们便把钱存在家里自己的小金库中，热情依然不减。

而在 29 届广交会上，来自中东、东南亚的客商更愿意用人民币结

我们身边的经济学

算。合肥美菱股份公司海外营销本部部长汤有道透露,美菱与法国等发达国家、非洲和东盟等发展中国家均有人民币结算方式。

无论是东南亚国家和东南亚人都渐渐地喜欢上人民币,而我国的驻外人员更是即刻把没有兑换的全兑换为人民币,害怕贬值;我国的驻外企业也希望用人民币结算。这说明人民币在国内外市场受到了追捧和欢迎。

由于美国经济严重衰退,金融严重动荡,导致我国大量持有的美元资产有了连累贬值的巨大风险,为降低集中持有美元而引发的国内外汇资产剧烈波动、甚至贬值的风险。我国外汇储备迫切需要进行多样化、多币种结构调整,人民币需要加快与非美货币的互换,还需要加快人民币自身货币自由兑换,发行人民币债券。

截至2009年3月末,人民银行先后与韩国、香港、马来西亚、白俄罗斯、印度尼西亚以及阿根廷的央行及货币当局签署了总计6500亿元人民币的六份双边本币互换协议。

人民币走出去的重要尝试则是跨境贸易的人民币结算试点启动。2008年12月24日,国务院常务会议决定,对广东和长江三角洲地区与港澳地区、广西和云南与东盟的货物贸易进行人民币结算试点。2009年7月1日,中国人民银行宣布在上海、广州、深圳、珠海、东莞五城市开展跨境贸易人民币结算试点。2011年4月2日,中国人民银行提出,今后将继续扩大跨境贸易人民币结算试点,力争将试点扩大至全国范围。

2009年9月,中国政府在香港市场发行人民币债券获得了三倍认购,在中银香港大厦顶楼举行的60亿元人民币国债在港发行仪式上,一位海外记者拿着国债章程兴奋地说。"我要保留一份,这是具有历史意义的一份文件。"人民币债券作为主权债券,是无风险的,加上存在人民币升值预期,因此人民币国债很会欢迎。

2010年,全球范围内的人民币贸易结算规模相比2009年剧增了100倍以上。韩国经济学家指出,人民币将成为东亚地区的主要结算货币,不过,短期内难成为与美元竞争的世界货币。

人民币在全球外汇储备中的比重却不足1%,中国在国际货币基金组织(IMF)投票权的占比则仅为3.66%左右,特别提款权占比也仅为3.72%左右。所以人民币的国际化道路还长路漫漫,但我们一定可以期待。

第 11 章　汇率和国际金融：美元为何会成为众矢之的

根据中国人民银行公布的数据，从 2009 年 7 月开始试点到 2010 年 12 月底，银行累计办理跨境货物贸易、服务贸易及其他经常项目人民币结算业务 5093 亿元。其中，2010 年银行累计办理跨境贸易人民币结算业务 5063 亿元。

中国人民银行行长助理郭庆平（专栏）曾表示，一种货币能否属于国际货币将由市场来决定，而非政府来决定。他指出，一种货币要在世界范围内得到使用至少需要以下四方面条件：该货币发行国经济具有十足竞争力；该国金融市场十分发达；该种货币可以自由兑换；货币运行环境能保持稳定。

中国人民银行将按照循序渐进、风险可控的原则，稳步扩大人民币在跨境贸易和投资中的作用，促进贸易和投资便利化，进一步提高中国的对外开放水平。

第 12 章

国民储蓄和投资

巴菲特教你赚大钱

GUOMINCHUXUHETOUZI

BAFEITEJIAONIZHUANDAQIAN

第12章 国民储蓄和投资：巴菲特教你赚大钱

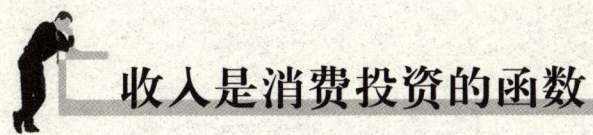
收入是消费投资的函数

最近5年中，当健康的他出现在赛场上时，他是美国NBA中最有才华、最有效率的中锋，他在NBA的全球化推广上可谓战功赫赫，然而不断的伤病令这一切看上去有些黯然失色。他就是被"姚之队"极力打造起来的商业之星姚明。

据《2010胡润百富榜》称，2010年姚明的身价已达10亿美元。姚明的商业活动主要分为三类：一是，商业代言；二是，投资；三是授权业务。

2006年，喜爱音乐的姚明还投资了国内的巨鲸音乐网。2010年4月2日，合众思壮在深圳证券交易所中小板成功上市，股票最高曾摸至113元，姚明作为该公司第5大股东拥有67.5万流通受限股，目前该股价格为45元左右，也就是姚明拥有3000多万元的账面财富。

近年来，个人收入的多少被看做是身份的象征，于是出现了各种类型的收入排行榜。不管是哪种排行榜，也无论在排行榜中位居第几，能在榜上留名的人物，他们的个人收入都非常可观。姚明这些明星们的收入如此之高，当然也是和他们的辛苦付出以及明星效应成正比例的。

个人收入作为一项经济指标，是指个人从各种途径所获得的收入的总和。个人收入反映的是个人的实际购买水平，预示了消费者未来对于消费、储蓄、投资等的变化。

1. 消费函数

消费函数是指居民的消费支出和决定消费的变量之间的关系。

消费函数这一概念最先由英国经济学家凯恩斯提出。但凯恩斯理论假定，在影响消费的各种因素中，收入是消费的唯一决定因素，收入的变化决定消费的变化。凯恩斯在《就业、利息和货币通论》一书中提出，总消费是总收入的函数。

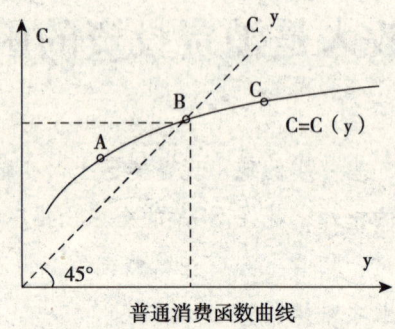

普通消费函数曲线

很显然，一个人只有收入高了，才可能有更多的钱拿来消费。所以一个人想消费，他必须努力地赚钱。

2. 储蓄函数

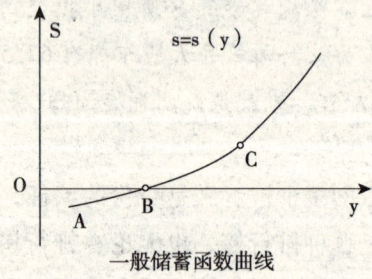

一般储蓄函数曲线

储蓄函数是指居民的储蓄和决定储蓄的变量之间的关系。在宏观经济学中，储蓄被定义为可支配收入中没有被消费的部分。

一般说来，在其他条件不变的情况下，储蓄随收入的变化而同方向变化，即：收入增加，储蓄也增加；收入减少，储蓄也减少。但二者之间并不按同一比例变动。

第 12 章 国民储蓄和投资：巴菲特教你赚大钱

投资理财计划中，一个最重要的环节是储蓄。储蓄是一种积少成多的金钱"游戏"，这个"积谷防饥"的概念在中国人眼中并不陌生，因为国人都深深地明白：储蓄，可以让人的未来多一份经济保障。

这里所讲的储蓄，只需每月将一部分零钱存起来，使点滴积累变成洪流。以每月储蓄 1000 元为例，储蓄 20 年，每一年的回报以 8% 计算，预期总回报是 60 万元。

3. 投资函数

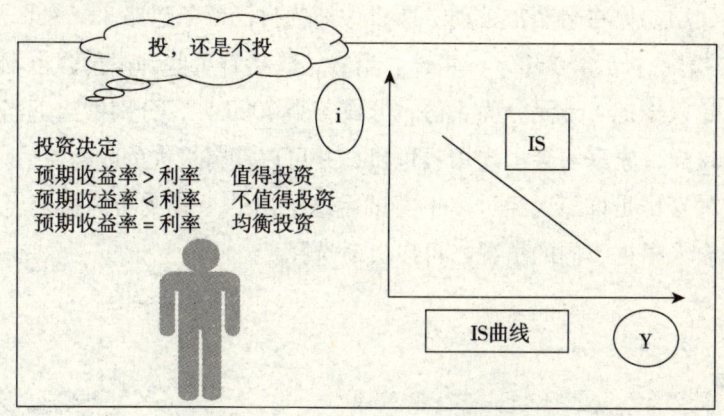

所谓投资，是指牺牲或放弃现在可用于消费的价值以获取未来更大价值的一种经济活动。简单而言，某人的本金在未来能增值或获得收益的所有活动，都可叫投资。

消费与投资是一个相对的概念。消费是现在享受，放弃未来的收益，投资是放弃现在的享受，获得未来更大的收益。

具体来说，个人投资的主要成分包括金融市场上买卖的各种资产，如存款、债券、股票、基金、外汇、期货以及在实物市场上买卖的资产，如房地产、金银珠宝、邮票、古玩，或者实业投资，如个人店铺、小型企业等。

如何理财是每个人走入社会的第一课。如何合理支配我们的收入，如何来规划我们的财富，不妨借鉴下面的做法：

1. 生活费占收入的 30%～40%。首先，你要拿出每个月必须支付的生活费，如房租、水电费、通讯费、柴米油盐支出等，这部分约占收入的 1/3。

它们是你生活中不可或缺的部分，满足你最基本的物质需求。所以无论如何，这部分钱，请你先从收入中抽出，不要动为他用。

2. 储蓄占收入的 10%～20%。自己用来储蓄的部分，约占收入的 10%～20%。很多人每次也都会在月初存钱，但是到了月底的时候，往往就变成了泡沫，存进去的大部分又取出来了，而且是不知不觉的，好像凭空消失了一样，总是在自己喜欢的衣饰、杂志、CD 或朋友聚会上不加以节制。你要时刻提醒自己，起码，你的存储能保证你 3 个月的基本生活。要知道，现在很多公司动辄减薪裁员，如果你一点储蓄都没有，一旦工作发生了变动，你将会非常被动。所以，请为自己留条退路。

3. 投资占储蓄的 30%～40%。当然，既然有了些许积蓄，也不能让它闲置，建议你把 1 万元分为 5 份，分成 5 个 2000 元，分别做出适当的投资安排。这样，家庭不会出现用钱危机，并可以获得最大的收益。

这种安排是许多人经过多年尝试后总结出的一套成功的投资经验。当然，每个人根据不同的情况，可以灵活选择。

第12章 国民储蓄和投资：巴菲特教你赚大钱

 **理性投资比智慧更重要**

旅鼠是一种普通、可爱的小动物，常年居住在北极，体形椭圆，四肢短小。旅鼠的繁殖能力极强，从春到秋均可繁殖，妊娠期为20～22天，一胎可产9子，一年多胎。照此速度，每只母鼠可生下上千只后代。

当旅鼠的数量急剧地膨胀，达到一定的密度，例如一公顷有几百只之后，奇怪的现象就出现了：这时候，几乎所有的旅鼠都变得焦躁不安起来，它们东跑西颠，吵吵嚷嚷，且停止进食，似乎是大难临头，世界末日就要到来一样。

开始时它们似乎没有什么方向和目标，到处乱窜，就像是出发之前的忙乱一样。但是后来，不知道是谁下了命令，还是谁带了头，它们却忽然朝着同一个方向，浩浩荡荡地出发了。它们往往是白天休整进食，晚上摸黑前进，沿途不断有旅鼠加入，队伍会愈来愈大，常常达数百万只，逢山过山，遇水涉水，沿着一条笔直的路线奋勇前进，绝不绕道，更不停止，一直奔到大海，仍然毫无惧色，纷纷跳下去，直到被汹涌澎湃的波涛所吞没。

巴菲特将投资者盲目随大流的行为比喻为旅鼠的成群自杀行为。他的一句话指出了投资的关键所在："你不需要成为一个火箭专家。投资并非智力游戏，一个智商160的人未必能击败智商为130的人。理性才是投资中最重要的因素。"

我们身边的经济学

美国著名经济学家萨缪尔森是麻省理工学院的教授。有一次，他与一位同事掷硬币打赌，若出现的是他要的一面，他就赢得1000美元，若不是他要的那面，他就要付给那位同事2000美元。

这么听起来，这个打赌似乎很利于萨缪尔森的同事。倘若同事出资1000美元的话，就有一半的可能性赢得2000美元，不过也有一半的可能性输掉1000美元，可是其真实的预期收益却是500美元，也就是50%×2000+50%×（-1000）=500。

不过，这位同事拒绝了："我不会跟你打赌，因为我认为1000美元的损失比2000美元的收益对我而言重要得多。可要是扔100次的话，我同意。"

对于萨缪尔森的同事来说，掷硬币打赌无疑是一项风险投资，不确定性很大，无异于赌博。任何一个理性的投资人都会拒绝的。有人做过一个标准的掷硬币实验，结果显示，掷10次、100次与1000次所得到正面的概率都约为50%，不过掷1000次得到正面的概率要比扔10次更加接近50%。重复多次这种相互独立而且互不相关的实验，同事的风险就规避了，他就能稳定地受益。当我们在投资的时候，也要像萨缪尔森的这位同事一样，要稳扎稳打，理性投资，而不要抱着赌徒的心态去冒险。

那么，理性投资应该具备哪些条件呢？

第一，应该审查一下家庭和个人的经济预算。如果近期等钱用的话，最好不要投资股票，哪怕是被认为的最优股也不宜购买。只有在不等钱用的时候，或者即使损失了本钱，生活也不至于受影响的时候，才能投资。

第二，不应在负债的情况下投资。应将债务先偿清，或在自己还贷能力绰绰有余时再投资。因为投资的收益没有100%保障，所以投资者不宜借贷投资。

第三，在投资前应有适当的保险，如人寿保险、医疗保险、住宅保险等。

第四，投资应从小额开始，循序渐进。投资过多是大多数投资者失败的原因之一。不把所有的鸡蛋放到一个篮子里，分散投资，使投资多元化，也是规避风险的重要手段之一。

第 12 章 国民储蓄和投资：巴菲特教你赚大钱

第五，不要被预测左右。预测天气一样，是无法做到精准的。例如，在股票投资中，没有人能正确猜测到短期市场的未来走势。

如果没有一定的心理素质和辨别能力，随时都有可能跌入陷阱，你要不断地提升自己，才能应对突如其来的变化，才能避开风险，走上坦途。

我们身边的经济学

人赚钱不如复利钱生钱

爱因斯坦曾经这样感慨道:"复利堪称是世界第八大奇迹;其威力甚至超过原子弹。"古印度的一个传说证实了爱因斯坦的这种感慨。

古印度的舍罕王准备奖励自己的宰相西萨班达依尔,此人发明了国际象棋。舍罕王问西萨班达依尔想要什么,西萨班达依尔拿出一个小小的国际象棋棋盘,然后对国王说:"陛下,金银财宝我都不要,我只要麦子。您在这张棋盘的第1个小格里,放1粒麦子,在第2个小格里给2粒,第3个小格给4粒,以后每个小格都比前一小格多一倍。然后,您将摆满棋盘上所有64格的麦子,都赏给我就可以了!"

舍罕王看了看那个小棋盘,觉得这个要求实在太容易满足了,当场就命令了下来。

不过,当国王的奴隶们将麦子一格格开始放时,舍罕王才发现:就是把全印度甚至全世界的麦子都拿过来,也满足不了宰相的要求。

那么这个宰相要求的麦粒究竟有多少呢?有人曾计算过,按照这种方式填满整个棋盘大约需要820亿吨麦子。即使按照现在全球麦子的产量来计算,也需要550年才能满足西萨班达依尔的要求。

复利竟有如此神奇的力量,那么究竟什么是复利呢?复利和高利贷的计算方法基本一致,它是将本金及其产生的利息一并计算,也就是人们常说的"利滚利"。如果拿十万元进行投资的话,以每年15%的收益来计算,

第12章 国民储蓄和投资：巴菲特教你赚大钱

第二年的收益并入本金就是11.5万，然后将这11.5万作为本金再次投资，等到十五年之后拥有的资产就是原来的八倍也就是八十万，而且这笔投资还将继续以每五年翻一番的速度急速增长。

这其实是一个按照100%复利计算递增的事例。不过在现实中，理想中100%的复利增长是很难出现的，即使是股神巴菲特的伯克希尔哈撒韦公司，在1993年到2007年的这15年里年平均回报率也仅为23.5%。

不过，即使只有这样的复利增长，其结果也是惊人的。金融领域有个著名的72法则：如果以1%的复利来计息，经过72年后，本金就会翻一番。根据这个法则，用72除以投资回报率，就能够轻易算出本金翻番所需要的时间。

比如，如果投资的平均年回报率为10%，那么只要7.2年后，本金就可以翻一番。如果投资十万元，7.2年后就变成20万元，14.4年后变成40万元，21.6年之后变成80万元，28.8年之后就可以达到160万元。每年10%的投资回报率，并非难事，由此可见复利的威力。

要想财富增值，首先必须进行投资。根据72法则，回报率越高，复利带来的效应收益越大。而银行的存款利息过低，所以储蓄并不是增值财富的根本选择。要想保持高的收益，让复利一展神奇的话，那就需要进行高回报率的投资。

从复利的增长趋势来看，时间越长，复利产生的效应也就越大。所以，如果希望得到较高的回报，就要充分利用这种效应。进行投资的时间越早，复利带来的收益越大。在条件允许的情况下，只要有了资金来源，就需要进行制定并开始执行投资理财的计划。

复利的原理告诉我们，只要保持稳定的常年收益率，就能够实现丰厚的利润。在进行投资的选择时，一定要注重那些有着持续稳定收益率的领域。一般情况下，年收益率在15%左右最为理想，这样的收益率既不高也不低，稳定易于实现。找到稳定收益率的领域后，只要坚持长期投资，复利会让财富迅速增值。

还要注意到，复利的收益是在连续计算的时候，才会有神奇的效应。这就要求我们在投资的时候，要防止亏损。如果一两年内，收益平平还不要紧，一旦出现严重亏损，就会前功尽弃，复利的神奇也会消失殆尽，一切又得从头开始。利用复利进行投资时，需要谨记的是：避免出现大的亏

我们身边的经济学

损,一切以"稳"为重。

华人世界的首富李嘉诚先生自16岁白手起家,到73岁时,57年的时间里他的资产达到了126亿美元。对于普通人来说,这是一个天文数字,李嘉诚最终却做到了。李嘉诚的成功并不是一次两次的暴利,而在于他有着持久、稳定的收益。

让李嘉诚的财富不断增值的神奇工具就是复利。复利的神奇在于资本的稳步增长,要想利用复利使财富增值,就得注重资本的逐步积累。改掉随意花钱的习惯,这是普通人走向复利增值的第一步。

所以,我们要学会每天积累一些资金,现在花了1元钱,持续投资,将种子养成大树。所以说成功的关键就是端正态度,设立一个长期可行的方案持之以恒地去做,这样成功会离我们越来越近。

第12章 国民储蓄和投资：巴菲特教你赚大钱

小心成为"最大的笨蛋"

1908~1914年间，经济学家凯恩斯拼命赚钱。他什么课都讲，经济学原理、货币理论、证券投资等。凯恩斯获得的评价是"一架按小时出售经济学的机器"。

凯恩斯之所以如此玩命，是为了日后能自由并专心地从事学术研究而免受金钱的困扰。然而，仅靠讲课又能积攒几个钱呢？

终于，凯恩斯开始醒悟了。1919年8月，凯恩斯借了几千英镑进行远期外汇投机。4个月后，净赚1万多英镑，这相当于他讲10年课的收入。

投机生意赚钱容易，赔钱也容易。投机者往往有这样的经历：开始那一跳往往有惊无险，钱就这样莫名其妙进了自己的腰包，飘飘然之际又倏忽掉进了万丈深渊。又过了3个月，凯恩斯把赚到的利和借来的本金亏了个精光。投机者与赌博者一样，往往有这样的心理：一定要把输掉的再赢回来。半年之后，凯恩斯又涉足棉花期货交易，狂赌一通大获成功，从此一发不可收拾，几乎把期货品种做了个遍。他还嫌不够刺激，又去炒股票。到1937年凯恩斯因病金盆洗手之际，他已经积攒起一生享用不完的巨额财富。与一般赌徒不同，他给后人留下了极富解释力的赔经——最大笨蛋理论。

什么是"最大笨蛋理论"呢？凯恩斯曾举例说：从100张照片中选择你认为最漂亮的脸蛋，选中有奖，当然最终是由最高票数来决定哪张脸蛋最漂亮。你应该怎样投票呢？正确的做法不是选自己真的认为最漂亮的那张脸蛋，而是猜多数人会选谁就投她一票，哪怕她丑得不堪入目。

投机行为建立在对大众心理的猜测之上。炒房地产也是这个道理。比如说，你不知道某套房的真实价值，但为什么你会以5万元每平方米的价格去买呢？因为你预期有人会花更高的价钱从你那儿把它买走。中外历史上不断上演的投机狂潮就是对最大笨蛋理论的最佳解释。

1593年，一位维也纳的植物学教授到荷兰的莱顿任教，他带去了在土耳其栽培的一种荷兰人此前没有见过的植物——郁金香。没想到荷兰人对它如痴如醉，于是教授认定可以大赚一笔，他的售价高到令荷兰人只有去偷。一天深夜，一个窃贼破门而入，偷走了教授带来的全部郁金香球茎，并以比教授的售价低得多的价格很快把球茎卖光了。

就这样郁金香被种在了千家万户的花园里。后来，郁金香受到花叶病的侵袭，病毒使花瓣生出一些彩色条或"火焰"。富有戏剧性的是，病郁金香成了珍品，以至于一个郁金香球茎越古怪价格越高。于是有人开始囤积病郁金香，又更多的人出高价从囤积者那儿买入并以更高的价格卖出。1638年，最大的笨蛋出现了，持续了五年之久的郁金香狂热悲惨落幕，球茎价格跌到了一只洋葱头的售价。

始于1720年的英国股票投机狂潮有这样一个插曲：一个无名氏创建了一家莫须有的公司，自始至终无人知道这是什么公司，但认购时近千名投资者争先恐后以至于把大门挤倒。没有多少人相信它真正获利丰厚，而是预期更大的笨蛋会出现，价格会上涨，自己会赚钱。饶有意味的是，牛顿也参与了这场投机，并且不幸地成了最大的笨蛋。他因此感叹："我能计算出天体运行，但人们的疯狂实在难以估计。"

投资者的目的不是犯错，而是期待一个更大的笨蛋来替代自己，并且自己从中得到好处。没有人想当最大的笨蛋，但是不懂如何投机的投资者，往往就成为了最大的笨蛋。那么，如何才能使自己在投资和投机时避免做最大的笨蛋呢？其实，只要猜对了大众的想法，也就赢得了投机。

要想知道自己会不会成为最大的笨蛋，除了需要深入地认识自己，还

第 12 章　国民储蓄和投资：巴菲特教你赚大钱

需要具有对别人心理的准确猜测和判断能力。

最大笨蛋理论所要揭示的就是投机行为背后的动机，投机行为的关键是判断"有没有比自己更大的笨蛋"，只要自己不是最大的笨蛋，那么就一定是赢家，只是赢多赢少的问题。如果再没有一个愿意出更高价格的更大笨蛋来做你的"下家"，那么你就成了最大的笨蛋。可以这样说，任何一个投机者信奉的无非是最大的笨蛋理论。

我们身边的经济学

 **投资组合分散投资风险**

作为普通投资者,要想达到自己理财的目的,将个人风险降到最低,重点在于把握资产配置。通过投资组合,来达到最优的资产配置。

举个例子来说,如果你有 100 万的资金要做资产配置,我们用两种不同的方式来做资金配置,在面对投资市场变化的时候,你就能看出资产配置的重要性了。

● 第一种资产配置方式(情况 1)

资产	比例	预期报酬率	实际报酬率
股票	20%	30%	6.00%
债券	20%	4%	0.08%
另类投资(基金)	20%	20%	4.00%
房地产	20%	10%	2.00%
现金	20%	1%	0.20%
盈利			13.00%

● 第二种资产配置方式(情况 2)

资产	比例	预期报酬率	实际报酬率
股票	50%	30%	15.00%
债券	0%	4%	0.00%
另类投资(基金)	30%	20%	6.00%
房地产	0%	10%	0.00%
现金	20%	1%	0.20%
盈利			21.20%

第12章 国民储蓄和投资：巴菲特教你赚大钱

以上两个组合让大家来选择的话，大多数的人会选择第二个投资组合，可以看出资产配置确实太重要了。普通家庭如何做好资产配置呢？

一般来说，根据投资组合实施时所依据的主要条件的不同，投资组合可以分为三种方式，即投资工具组合、投资比例组合、投资时间组合。

1. 投资工具组合

投资工具组合即投资者并非把全部资金都用来进行一种投资，而应该将资金分成若干部分，分别选择不同的投资工具，在不同领域进行投资。

市场环境相同时，投资工具不同，其风险程度也不同，有的甚至是截然相反的。例如，在国家银行利率上调时，储蓄存款收益率高，风险很小；而股票市场则面临股价狂跌的风险，不仅收益率很低，甚至还会成为负数。当银行利率下调时，储蓄投资的利率风险增大，收益降低。但是，此时的股票市场则会因股价大幅上涨，收益率获得空前提高。

如果把资金全部用于一种投资工具，如全部用于储蓄投资或全部用于股票投资，投资的回报率受市场变化影响波动很大，或者是大赚，或者大赔，风险很大。但是，如果投资者将资金分别投资于储蓄和股票，当利率上升时，储蓄获利会抵消股票投资上的损失。当利率下降时，股票投资上的收益又会弥补储蓄上的损失。将资金分别投资于储蓄与股票，形成组合投资模式，使得投资风险降低，收益维持在一定水平上。

投资者经常使用的传统投资工具组合一般采用"投资三分法"，即将资金分成三部分：一部分用来储蓄、购买保险；一部分投资股票、债券等；还有一部分用于房地产、黄金、珠宝等实物投资。

2. 投资比例组合

投资比例组合是指投资者在实际投资时，所使用的不同投资工具在数量、金额上存在着一定的比例关系。

分散投资工具并非是将投资资金机械地、完全均等地分配到各种投资工具上。由于投资工具不同，其风险和收益水平不同，流动性也不同；同时，由于投资者对收益的期望和对风险的偏好不同，投资者所选择的投资组合的比例就有所不同。一般来说，敢于冒险的人，追逐较高的投资收益，其投资重点偏向于高风险、高收益的外汇、期货等投资工具；追求平稳的人则将大部分资金用于储蓄、债券等收益基本稳定、风险较小的投资工具。

3. 投资时间组合

投资时间组合即投资者并非把全部资金一次性地用于投资，而是将资金分次分批，有计划地进行投资。一般情况下，不同投资工具在期限上应是长期、中期、短期相结合。

一次性投资全部资金，若市场预测与实际行情有所不符，投资者将会承受较大风险；或者会因手中无备用资金用于追加投资，而丧失获取更高收益的机会；或者会承受该投资环境下无法避免的系统风险。

另外，从投入资金的时间价值来看，投入时间越长，收益率越高；从资金流动性角度考虑，资金投入时间越短，变现能力越强。个人投资组合既要求较高的收益，又要保持一定变现能力，以应付突然的现金需求，因此，长、中、短期投资应结合起来。

风险偏好是作好资产配置的首要前提。在不同期限、不同币种、不同投资市场和不同风险层次的投资工具中，需要根据不同客户对产品配置的需求，更能达到合理分散风险、把握投资机会、财富保值增值的目标。

个人投资首先必须使财产、人身有一定保障，无论采取什么样的投资组合模式，无论比例大小，储蓄和保险都应该是个人投资中不可或缺的组成部分。所以，要选择适合自己的投资组合模式。

投资市场是时刻变化的，把投资当做事业，就必须时刻注意市场的变化，根据市场变化及时调整自己的投资策略：大市不怕升，也不怕跌，升市时有升市的投资法，跌市时也有跌市的投资法。你应该定期观察或调整自己的投资组合，以规避风险，获取收益。

第 12 章　国民储蓄和投资：巴菲特教你赚大钱

 ## 合理避税是正当的收益

小李于某年 1 月 15 日进入终南海贸易公司工作，月工资为 10000 元，公司的工资结算日是每月的 30 日，所以该月小李的应发工资为 5000 元，扣除掉约 20% 的四金和 2000 元的个税起征额后为 2000 元，则小李本月的应纳税额为 2000×税率 − 速算扣除数 = 2000×15% − 125 = 175 元。到了第二个月，小李的应发工资为 10000 元，还是扣除掉约 20% 的四金和 2000 元的个税起征额后为 6000 元，则小李二月份的应纳税额为 6000×税率 − 速算扣除数 = 6000×20% − 375 = 825 元。问题来了，如果公司每月发放两次工资，即每次 5000 元，则交税额为 175×2 = 350 元，而每月发放一次的话则需交税 825 元。公司是否可以进行这样的操作进行避税？

一提到避税，你可能会问："纳税是不可推脱的责任，怎么又说合理避税了？""避税不是违法犯罪的事么？我们怎么能做？"对于这些问题，我们应该辩证看待。避税和逃税不同，避税是在合理的方式下，减少税务支出，而逃税是在必须纳税的项目上不纳。

合理避税也称为节税或税务筹划，指纳税人以政府的税收政策为导向，通过经营结构和交易活动的安排，对纳税方案进行优化选择，以减轻纳税负担，取得正当的税收利益。

从目前看，个人可以通过投资避税和收入避税两种方法有效避税。

1. 投资避税

个人投资者可以充分利用我国对个人投资的各种税收优惠政策来合理避税。目前对个人而言，运用得最多的方法还是投资避税。投资者主要可以利用的有股票、基金、国债、教育储蓄、保险产品以及银行推出的本外币理财产品等投资品种。

投资基金，由于基金获得的股息、红利以及企业债的利息收入，已经由上市公司在向基金派发时代扣代缴了20%的个人所得税，基金向个人投资者分配红利的时候不再扣缴个人所得税，目前股票型基金、债券型基金和货币型基金等开放式基金派发的红利都是免税的。对于那些资金状况良好、追求稳定收益的投资者而言，利用基金投资避税无疑是一种不错的选择。

国债作为"金边债券"，不仅是各种投资理财手段中最稳妥安全的方式，也因其可免征利息税而备受投资者的青睐。虽然由于加息的影响，债券收益的诱惑力有所减弱，但对于那些风险承受能力较弱的老年投资者来说，利用国债投资避税也是值得考虑的。

除此之外，对于那些家有"读书郎"的普通工薪家庭来说，利用教育储蓄来合理避税也是一种不错的选择。相比普通的银行储蓄，教育储蓄是国家为了鼓励城乡居民积累教育资金而设立的，其最大的特点就是免征利息税，因此教育储蓄的实得收益比其他同档次储蓄高出20%。但教育储蓄并非是人人都可办理的，其对象仅仅针对小学四年级以上（含）的在校学生，存款最高限额为2万元。除了上述投资品种之外，目前市场上常见的本外币理财产品也是可以避税的。

在这些常见的投资理财产品之外，因为我国的税法规定"保险赔款免征个人所得税"，因此投资者还可以利用购买保险来进行合理避税。从目前看，无论是分红险、养老险还是意外险，在获得分红和赔偿的时候，被保险人都不需要交纳个人所得税。因此对于很多人来说，购买保险也是一个不错的理财方法，在获得所需保障的同时还可合理避税。

此外，公积金和信托产品也是不需交纳个人所得税的。公积金虽然可以避税，但是不能随意支取，资金的流动性并不强。信托产品所获的收益也不需交纳个人所得税，但由于信托产品的投资门槛和风险较高，不是大部分普通投资者都可投资的产品。

2. 收入避税

除了投资避税之外,还有一种税务筹划方法经常被人忽视,那就是收入避税。由于国家政策——如产业政策、就业政策、劳动政策等导向的因素,我国现行的税务法律法规中有不少税收优惠政策。作为纳税人,如果充分掌握这些政策,就可以在税收方面合理避税,提高自己的实际收入。

比如那些希望自主创业的人,根据政策规定,在其雇佣的员工中,下岗工人或退伍军人超过30%就可免征3年营业税和所得税。对于那些事业刚刚起步的人而言,可以利用这一鼓励政策,轻松为自己免去3年税收。而对于大众而言,只要掌握好国家对不同收入人群征收的税基、税率有所不同的政策,也可巧妙地节税。

小王是一家网络公司的职员,每月工资收入3500元,每月的租房费用为800元。我国的《个人所得税法》中规定工资、薪金所得适用超额累进税率。在工资收入所得扣除2000元的费用后,其应纳税所得额是1500元,适用的税率较高。如果他在和公司签订劳动合同时达成一致,由公司安排其住宿(800元作为福利费用直接交房租),其收入调整为2700元,则小王的应纳税所得额为2700元—2000元,即700元,适用的税率就可降低。

对于那些高收入人群而言,合理的避税和节税就显得更为重要。

张先生是一家公司的高级管理人员,年薪36万元,一次性领取。按照国家的税法,他适用的最高税率高达45%。如果他和公司签订合同时将年薪改为月薪的话,每个月3万元的收入能使他适用的最高税率下降到25%,节税的金额是相当可观的。

在我国《个人所得税法》中,劳务报酬、稿酬、特许权使用费、利息、股息、红利、财产租赁、转让和偶然所得等均属应纳税所得。因收入不同,适用的税基、税率也不尽相同,从维护纳税人的自身利益出发,充分研究这些法律法规，通过合理避税来提高实际收入是纳税人应享有的权益。我国和税务相关的法律法规非常繁多，是一个庞大的体系，一般纳税人很难充分理解并掌握，因此除了研究和掌握一些相关法律法规的基础知识之外，不妨在遇到问题时咨询相关领域的专业人士，如专业的理财规划师、律师等，以达到充分维护自身权益的目的。

第12章　国民储蓄和投资：巴菲特教你赚大钱

选择时机比选择投资更重要

美国石油大亨哈默有着传奇的人生经历，1921年初，哈默离开美国来到苏联。在看到苏联马拉尔地区大量的白金、宝石、毛皮卖不出去，但粮食却严重短缺的时候，哈默有了一个大胆的想法。

当时，美国粮食大丰收，粮价下跌，于是哈默以100万美元的资金，在美国收购了大批小麦，海运到苏联的彼得格勒。卖掉粮食后，哈默又从苏联采购了大量的毛皮和其他货物运回美国。哈默在一来一往中，赚取了大量的差价，获得丰厚的利润。

同时，哈默为苏联解决了粮食危机，还受到了列宁的特别接见。列宁鼓励哈默在苏联投资办厂，允许他开采西伯利亚地区的石棉矿，哈默成为苏联第一个取得矿山开采权的外国人。美苏的易货贸易由此拉开，哈默专门组织起美国联合公司，集中30多家美国公司，他成了苏联对美贸易的代理人。

哈默在苏联度过了将近10年，在这期间他从一个百万富翁变为了亿万富翁。不过，哈默的辉煌还在持续，1931年他离开苏联回到了美国。

哈默返美时，正值20世纪30年代美国经济大萧条时期。即使这样，哈默仍国家大形势上捕捉到了赚钱的机会。当时，罗斯福正在竞选美国总统一职，各种现象都显示，罗斯福将成为美国总统。罗斯福有个众所周知的嗜好——喝酒，如果他成功当选总统，那么，美国政府在1919年颁布的禁酒令将很可能被废除。

我们身边的经济学

哈默由此得出结论,美国对啤酒和威士忌的需求将激增,而用来装酒的酒桶将会存在巨大的市场空间,因为当时的市场上并没有足够的酒桶出售。

于是,哈默立即从苏联订购了几船优质木材。在纽约码头设立了一座临时的桶板加工厂,并在新泽西建立了一座现代化的酒桶厂。

不出哈默所料,罗斯福成为了美国总统。在罗斯福上任不久后,便宣布废除禁酒令。而此时哈默制桶公司的酒桶正源源不断地生产出来,哈默的酒桶被各地酒厂高价抢购一空。哈默几乎垄断了整个美国的酒桶市场,获利丰厚。

哈默更是乘胜追击,开始进军酒业,开始经营威士忌酒生意。哈默接连购买了多家酿酒厂,他的丹特牌威士忌酒一跃而成为全美一流名酒,年销售量高达100万箱。

哈默的成功,在于他始终围绕在国家大形势的周围。他能够把握住宏观市场的发展趋势,由此为自己带来了巨大的财富。

要想使自己的投资有个好收益,选择适合自己的投资工具只是一个方面,把握投资时机则是另一个重要的方面。从某一方面来说,它对你的投资行为起着决定性的作用。

在我们生活的世界上,每天都会发生很多看起来毫不相干的大事。如果能够利用经济学的视角去关注这些事件,便会发现其中蕴含着丰富的市场信息。通过分析这些信息,对市场环境及时作出反应,抓住先机,便能实现个人创富。

投资有句谚语:"不要告诉我什么价位买,只要告诉我买卖的时机,就会赚大钱。"因此对于股票投资者来说选择买入时机是非常重要的。买入时机因投资时期长短、资金多少等因素有所不同,但也是有规律可循的。

1. 在经济周期变动中挑时机。当经济持续衰退至尾声——萧条时期,百业不振,投资者已远离股票市场,每日成交稀少。此时,那些有眼光,而且在不停收集和分析有关经济形势并做出合理判断的投资者已在默默吸纳股票,股价已缓缓上升。

2. 在行业变动中寻找机会。通过对行业所处生命周期和影响行业发展的因素进行分析,投资者可了解行业的发展潜力和欲投资企业的优势所在,这对其最终确定所投资企业及确定持股时间有重要作用。例如,某一种新型发动机的引入使得许多与该行业有关的证券价格上升,因为投资者和投机家们都断定,由于新型发动机的出现使得这些行业都处在潜在增长的边缘,于是投资者就把握住这一新型发动机引入的时点,买入相关行业的股票。

3. 优秀企业的危机是最好的投资时机。巴菲特说,当一些大企业暂时出现危机或股市下跌,出现有利可图的交易价格时,应该毫不犹豫买进它们的股票。

我们身边的经济学

附：为什么有钱人越来越有钱

王慧已经工作两年了，现在的月薪是5000左右。除去租房和吃饭的开支，每月还能剩下4000多，可她每到月底还是要向朋友借钱。而她的同学中，许多人没有她挣得多，却从来没有借过钱。原来，王慧只会努力工作，努力挣钱，以为这样自己就可以富起来，从来没有考虑过如何投资。晚上熬夜看电影，第二天起不来只好打车上班。不喜欢吃公司的食堂，一到中午就出去吃。而每次去商场从来不带现金，都是刷卡。每个月都是这样，她从来没有投资的概念。也正是因为这样，工作两年了，还没有任何积蓄。

从上面的故事我们可以看出：不注重理财、不善于投资，就可能要过工资透支的生活。许多人，特别是二十几岁刚刚走出大学校门的人，走上工作岗位，每月都拿着固定的薪水，看着自己工资卡里的数字一天天涨起来，他们可以尽情地消费，总感觉高枕无忧。直到有一天刷卡时售货员告诉他们："这张卡透支了。"这时，他们才惊慌起来，也奇怪起来："每个月的薪水也不少，都跑到哪儿去了？"对年轻人来说，赚钱固然重要，但是投资更是不可或缺。只会赚钱不会投资，到头来还是一个"穷人"。是富人还是穷人，不看你能"挣"多少，只看你会"投"多少。

如果在20年前有50万元，你就是一个富翁。但现在你再看北京、上海、广州等大城市中心地带的普通居民，他们的房子就已经超过了100万。如果不学会投资理财，你很有可能成为昔日的富翁、现在的普通、未来的

第 12 章 国民储蓄和投资：巴菲特教你赚大钱

寒酸。假如 20 年前，你花 10 万元买一件古董，现在最起码值 100 万。20 年前，你要是用 10 万元买万科原始股票，你现在就已经是千万富翁了。因此，投资不仅能帮助我们抵御通货膨胀，还能为我们创造财富。投资的种类有很多：房地产、证券、黄金、古玩、原木家具、邮票，等等。

到底富人拥有什么特殊技能是那些天天省吃俭用、日日勤奋工作的上班族所欠缺的呢？富人何以能在一生中积累如此巨大的财富？答案无非是：投资理财的能力。民众理财知识的差距，是造成财富差距的真正原因。理财致富只需具备三个基本条件：固定的储蓄，追求高报酬以及长期等待。

1. 亿万富翁的神奇公式

假定有一位年轻人，从现在开始能够每年存下 1.4 万元，如此持续 40 年，他能攒下 56 万元；但如果他将每年应存下的钱都能投资到股票或房地产，并获得每年平均 20% 的投资报酬率，那么 40 年后，他能积累多少财富？一般人所猜的金额，多落在 200 万元至 800 万元之间，顶多猜到 1000 万元。然而正确的答案是：1.0281 亿元。这个数据是依照财务学计算年金的公式得出的，计算公式如下：$1.4 \text{万元}(1+20\%)^{40}=1.0281 \text{亿元}$。

这个神奇的公式说明，一个 25 岁的上班族，如果依照这种方式投资，到 65 岁退休时，就能成为亿万富翁了。投资理财没有什么复杂的技巧，最重要的是观念，观念正确就会赢，每一个理财致富的人，只不过养成了一般人无法做到的习惯而已。

2. 钱追钱快过人追钱

有句俗语叫"人两脚，钱四脚"，意思是钱有 4 只脚，钱追钱，比人追钱快多了。和信企业集团是中国台湾排名前 5 位的大集团，由辜振甫和辜濂松领军。

外界总想知道这叔侄俩究竟谁比较有钱，其实，有钱与否与个性有很大关系。辜振甫属于慢郎中型，而辜濂松属于急惊风型。辜振甫的长子——辜启允非常了解他们，他说："钱放进辜振甫的口袋就出不来了，但是放在辜濂松的口袋就会不见了。"因为辜振甫赚的钱都存到银行，而辜濂松赚到的钱都拿出来投资。而结果是：虽然两人年龄相差 17 岁，但是侄子辜濂松的资产却遥遥领先于其叔辜振甫。因此，一生能积累多少钱，并不取决于你赚了多少钱，而取决于你如何理财。致富的关键在于如何理财。

3. 最安全的投资策略

理财致富是"马拉松竞赛"而非"百米冲刺"，比的是耐力而不是爆发力。对于短期无法预测，长期具有高报酬率之投资，最安全的投资策略是：先投资，等待机会再投资。

有些人认为理财是富人、高收入家庭的专利，要先有足够的钱，才有资格谈投资理财。事实上，影响未来财富的关键因素，是投资报酬率的高低与时间的长短，而不是资金的多寡。以那个神奇的公式所讲述的方法为例，若你已经拥有36万元，则你可以减少奋斗10年，若你已有261万元，则可以减少奋斗20年，而只需20年就可以成为亿万富翁。要想拥有更多的本钱，不妨去借。投资理财的最高境界也正是"举债投资"。而银行的功能，则是提供给不善理财者一个存钱的地方，好让善于理财者利用这些钱去投资赚钱。

附录：最神奇的经济学定律

1. 拉动效应

在经济学中，有一个词语叫"拉动效应"，就是指通过某项投资或消费从而带动相关产业的发展，从而带动经济的发展。具体来说，拉动效应是指在公共工程项目之后带来的消费水平和私人投资水平的上升。政府通过扩大国债发行规模，扩张财政支出，投资于公共工程，可以发挥财政支出所产生的乘数效应，解决经济发展的资金短缺，增加就业，提高社会消费需求。

2. 配套效应

配套效应，也称"狄德罗效应"。在人们的观念里，高雅的长袍是富贵的象征，应该与高档的家具、华贵的地毯、豪华的住宅相配套，否则就会使主人感到"很不舒服"。这种"配套效应"在事物的联系中为整个事物的发展提供了动因，从而促进了周围事物的变化发展和更新。

狄德罗效应在生活中可谓屡见不鲜。在服饰消费中，人们会重视帽子、围巾、上衣、裤子、袜子、鞋子、首饰、手表等物品之间在色彩、款式上的相互搭配。在装修时，我们会注重家具、灯具、厨具、地板、电器、艺术品和整体风格之间的和谐统一。这些都是为了实现"配套"，达到一种和谐。

3. 柠檬市场效应

"柠檬"在美国俚语中表示"次品"或"不中用的东西"。"柠檬"市场是次品市场的意思，是指信息不对称的市场，即在该市场中，产品的卖方对产品的质量拥有比买方更多的信息。在极端情况下，市场会止步萎缩和不存在，这就是信息经济学中的逆向选择。

4. 羊群效应

羊群效应是指在一个行业上如果有一只"领头羊"占据了主要的注意力，那么整个羊群就会不断模仿这个领头羊的一举一动，领头羊到哪里去"吃草"，其他的羊也去哪里"淘金"。羊群效应常发生在股市投资的盲目跟从，求职就业的职业规划，市场消费的从众心理等等。当我们对某方面信息掌握不足而又需要作出判断时，就会从别人那里收集信息。而很多时候，从不同的角度给出引导不一定是全面、正确的，从而就可能误导我们作出错误的决策。

5. 折扣效应

折扣效应就是商品打折所带来的销售增长。换言之，商家为了追求利润的最大化，获得更多的交易机会，在原本昂贵的价格上适当地给予消费者折扣。有了这些折扣，消费者心里就会感到舒服些。这样的销售模式引发的商家与消费者之间的交易，这就是所谓的折扣效应。

6. 路径依赖

经济学中所说的"路径依赖"，指的是一旦人们做了某种选择，就好比走上了一条不归之路，惯性的力量会使这一选择不断自我强化，并让你轻易走不出去。这个最早由道格拉斯·诺思提出的理论，起初是用于阐释经济制度的演进，道格拉斯·诺思也因此获得了1993年度的贝尔经济学奖。诺思认为，"路径依赖"类似于物理学中的惯性，事物一旦进入某一路径，就可能对这种路径产生依赖。这是因为，经济生活与物理世界一样，存在着报酬递增和自我强化的机制。这种机制使人们一旦选择走上某一路径，就会在以后的发展中得到不断的自我强化。

7. 沉锚效应

"沉锚效应"指的是人们在对某人某事做出判断时,易受第一印象或第一信息支配,就像沉入海底的锚一样把人们的思想固定在某处。就是某方的第一报价或要价会将对方的思维固定在某一处,进而让对方根据这一信息作出相应的决策。

关于"沉锚效应"在报价还价中的应用,许多销售商们更为深谙此道:当顾客是一个精明的家庭主妇时,他们会采取先报价,准备着对方来压价;当顾客是个毛手毛脚的小伙子时,他们大部分会先问对方"给多少",因为对方有可能会报出一个比自己期望值还要高的价格,如果先报价的话,就失去了这个机会。

8. 公地悲剧

公共地悲剧是哈定(Garrit Hadin)于 1968 年在《科学》杂志上发表的文章《Tragedy of Commons》中提出的。哈定认为,如果一种资源没有排他性的所有权,就会导致这种资源的过度使用,从而导致公共地的悲剧。

哈定说:"在共享公有物的社会中,每个人,也就是所有人都追求各自的最大利益。这就是悲剧的所在。在信奉公有物自由的社会当中,每个人均追求自己的最大利益。公有物自由给所有人带来了毁灭。"

9. 马太效应:多的愈多,少的愈少

"马太效应"是指任何个体、群体或地区,一旦在某一个方面(如金钱、名誉、地位等)获得成功和进步,就会产生一种积累优势,就会有更多的机会取得更大的成功和进步。这个术语后来被经济学界所借用,反映贫者愈贫,富者愈富,赢家通吃的经济学中收入分配不公的现象。

10. 杠杆效应:成功要发挥支点和力臂的作用

杠杆是一种用于投资的债务,当那笔债务用于投资,会加倍收益或是损失。杠杆是个乘数,是个超级放大器。当你交好运时,放大器很强大;当你倒霉时,它又很恐怖。

我们身边的经济学

　　杠杆效应使投资者可交易金额被放大的同时,也使投资者承担的风险加大了很多倍。但只要我们有效地利用杠杆,无论是对于创造财富还是在现实生活中,我们都只需付出很小的努力,就可以获得丰厚的回报;反之,则可能终生劳碌,却一无所获。

经济学家常聊天的关键词

理性经济人　理性经济人又称作"经济人假设",即假定人的思考和行为都是目标理性的,唯一试图获得的经济好处就是物质性补偿的最大化。

稀缺性　稀缺性是经济物品的显著特征之一。经济物品的稀缺并不意味着它是稀少的,而是指它不可以免费得到,要得到这样一种物品,必须由自己生产或用其他经济品来交换。

商品　可以简单概述为:用于交换的劳动产品。商品并不是从人类出现之时就有的,是人类社会发展到一定历史阶段的产物。

价格　价格是商品同货币交换比例的指数,或者说,价格是价值的货币表现。价格是商品的交换价值在流通过程中所取得的转化形式。

使用价值　使用价值指能满足人们某种需要的物品的效用,如粮食能充饥,衣服能御寒。使用价值是商品的基本属性之一,是价值的物质承担者,形成社会财富的物质内容。

需求　需求指的是消费者在一定时期内的各种可能的价格下愿意而且能够购买的该商品的数量,指的是消费者想得到某种商品的愿望。需求不是自然和主观的愿望,而是有效的需要,它包括两个条件:消费者有欲望的购买和有能力的购买。

货币　任何一种能执行交换媒介、价值尺度、延期支付标准或完全流动的财富储藏手段等功能的商品,都可被看做是货币。

成本　成本是商品经济的价值范畴,是商品价值的组成部分。人们要进行生产经营活动或达到一定的目的，就必须耗费一定的资源（人力、物力和财力），其所费资源的货币表现及其对象化称为成本。

市场 市场是商品经济运行的载体或现实表现。市场具有相互联系的四层含义：一是商品交换场所和领域；二是商品生产者和商品消费者之间各种经济关系的汇合和总和；三是有购买力的需求；四是现实顾客和潜在顾客。

边际 "边际"是经济学上的关键术语，常常是指新增的意思。边际效用就是消费者多消费一单位商品而得到的新增加的效用。

机会成本 机会成本，又称选择成本，是指做一个选择后所丧失的、不做该选择而可能获得的最大利益。

比较优势 比较优势是说生产一种物品机会成本较少的生产者在生产这种物品中有比较优势。在经济学上，比较优势主要是用来衡量两个生产者的机会成本。除非两个人有相同的机会成本，否则一个人就会在一种物品上有比较优势，而另一个人将在另一种物品上有比较优势。

规模经济 规模经济又称规模利益，指随着生产能力的扩大，单位成本下降，即长期费用曲线呈下降趋势。

马太效应 让富有的人更富有，让贫穷的人更贫穷。这就是经济学中著名的"马太效应"，用来形容正向回馈，即"富者越来越富，穷者越来越穷"。

二八法则 二八法则也叫帕累托定律。19世纪末，意大利经济学家帕累托发现了二八法则，这是经济学上的重要法则，全称叫"80/20效率法则"。二八法则可引申为，在任何特定的群体中，重要的因子通常只占少数，而不重要的因子则常占多数。

消费效用 消费效用是指消费者从商品和劳务的消费中获得的所有满足，例如人们在饥饿的时候会产生食欲，消费食品就可以使食欲得到满足。

消费品 消费品指满足人们物质和文化方面消费需求的物品。市场上提供的种种商品，例如家电、食品等，有关衣食住行方面的产品或者劳务都可以称为消费品。根据消费者的购买行为和购买习惯，消费品可以分为便利品、选购品、特殊品三类。

价值悖论 价值悖论，指某些物品虽然实用价值大，但是廉价，而另一些物品虽然实用价值不大，但很昂贵的现象。

奢侈品 奢侈品在国际上被定义为"一种超出人们生存与发展需要范围的，具有独特、稀缺、珍奇等特点的消费品"，又称为非生活必需品。奢侈品在经济学上，指的是价值/品质的关系比值最高的产品。从另外一个角度上看，奢侈品又是指无形价值/有形价值的关系比值最高的产品。

替代效应 由于一种商品价格变动而引起的商品的相对价格发生变动，从而导致消费者在保持效用不变的条件下，对商品需求量的改变，称为价格变动的替代效应。

互补品 互补品是指两种商品之间存在着某种消费依存关系，即一种商品的消费必须与另一种商品的消费相配套。一般而言，某种商品互补品价格的上升，将会因为互补品需求量的下降而导致该商品需求量的下降。

消费者剩余 消费者剩余是指消费者购买某种商品时，所愿支付的价格与实际支付的价格之间的差额。

看不见的手 "看不见的手"，揭示自由放任的市场经济中存在的一个悖论，认为在每个参与者追求自己的私利的过程中，市场体系会给所有参与者带来利益，就好像有一只看不见的手在指导着整个经济过程。

供求机制 供求机制是指商品的供求关系与价格、竞争等因素之间相互制约和联系而发挥作用的机制。供求关系受价格和竞争等因素的影响，而供求关系的变动，又能引起价格的变动和竞争的展开。

均衡价格 均衡价格是指一种商品需求量与供给量相等时的价格，这时该商品的需求价格与供给价格相等。该商品的需求量与供给量相等称为均衡数量。

市场经济 市场经济是指通过市场机制来实现资源优化配置的一种经济运行方式。资源配置是指在经济运行过程中，各种现实的生产性资源（资本、劳动力、技术、自然资源等）在不同的部门之间的分配和不同方向上的使用。

价格歧视 价格歧视，实质上是一种价格差异，通常指商品或服务的提供者在向不同的接受者提供相同等级、相同质量的商品或服务时，在接受者之间实行不同的销售价格或收费标准。经营者没有正当理由地将同一种商品或服务，对条件相同的若干买主实行不同的售价，则构成价格歧视行为。

完全竞争 完全竞争又称为自由竞争,是指一个市场完全靠一只看不见的手,即价格来调节供求。完全竞争具备两个不可缺少的因素:所提供销售的物品是完全相同的,不存在产品差别;买者和卖者都很多且规模相当,以至于没有一个买者或卖者可以影响市场价格。

垄断 垄断的意思是"唯一的卖主",它指的是经济中一种特殊的情况,即一家厂商控制了某种产品的市场。比如说,一个城市中只有一家自来水公司,而且它又能够阻止其他竞争对手进入它的势力范围,这就叫做完全垄断。

寡头 所谓寡头,是垄断的一种,它是指在一个市场上只有少数几家企业供给产品,它们各占较大份额,彼此通过协定或默契制定价格。这些企业被称为寡头,所以这种垄断也叫寡头垄断。

市场失灵 市场失灵是指市场无法有效率地分配商品和劳务的情况。对经济学家而言,这个词汇通常用于无效率状况特别重大时,或非市场机构较有效率且创造财富的能力较私人选择为佳时。另一方面,市场失灵也通常被用于描述市场力量无法满足公共利益的状况。

博弈论 博弈论的基本概念包括参与人、行动、信息、策略、支付(效用)、结果和均衡,其中参与人、策略和支付是描述博弈的基本要素,而行动和信息是"构件",参与人、行动和结果统称为"博弈规则"。

逆向选择 在信息不对称的市场中,因为产品的卖方对产品的质量拥有比买方更多的信息,在极端情况下,市场会止步萎缩和不存在,这就是信息经济学中的逆向选择。

道德风险 道德风险是20世纪80年代西方经济学家提出的一个经济哲学范畴的概念,即"从事经济活动的人在最大限度地增进自身效用的同时做出不利于他人的行动"。

公地悲剧 公地悲剧是哈定于1968年提出的,西方称其为"哈定悲剧",后来,中国学者张维迎把它翻译成"公地悲剧"。它是指如果一种资源没有排他性的所有权,就会导致这种资源的过度使用。

纳什均衡 纳什均衡又称非合作博弈均衡,是博弈论的一个重要术语,以约翰·纳什命名。假设有n个局中人参与博弈,在给定其他人策略的条件下,每个局中人选择自己的最优策略,从而使自己得到的利益最大化。这个最优策略可能依赖于也可能不依赖于他人的策略。所有局中人的策略构成一个策略组合,由所有参与人最优策略组成。纳什均衡指的就是这样一种策略组合。这种策略组合在给定别人策略的情况下,没有人有足够理由打破这种均衡。

正和博弈 正和博弈,也称合作博弈,是指博弈双方的利益都有所增加,或者至少一方的利益是增加的,而另一方的利益不受损害,因而整个社会的利益有所增加。合作博弈研究人们达成合作时如何分配合作得到的收益,即收益分配问题。

帕累托最优 帕累托最优是指资源分配的一种状态,在不使任何人的境况变坏的情况下,不可能再使某些人的处境变好的状态。帕累托最优只是各种理想态标准中的"最低标准"。

囚徒困境 囚徒困境的主旨为,囚徒们虽然彼此合作,坚不吐实,可为全体带来最佳利益(无罪开释)。但在资讯不明的情况下,因为出卖同伙可为自己带来利益(缩短刑期),也因为同伙把自己招出来可为他带来利益,因此彼此出卖虽违反最佳共同利益,反而是自己最大利益所在。

充分就业 充分就业是一个有多重含义的经济学术语。历史上曾被描述为不存在(或仅存在最少量)非自愿失业情况下的就业水平。今天,经济学家用最低可持续失业率概念来描述可以长期持续的最高的就业水平。

个人所得税 是指调整征税机关与自然人(居民、非居民人)之间在个人所得税的征纳与管理过程中所发生的社会关系的法律规范的总称。个人所得税法,就是有关个人的所得税的法律规定。

菲利普斯曲线 菲利普斯曲线就是表明失业与通货膨胀存在一种交替关系的曲线。通货膨胀率高时,失业率低;通货膨胀率低时,失业率高。

宏观调控 宏观调控是指国家运用计划、法规、政策等手段,对经济运行状态和经济关系进行干预和调整,把微观经济活动纳入国民经济宏观发展轨道,及时纠正经济运行中偏离宏观目标的倾向,以保证国民经济的持续、快速、协调、健康发展。

凯恩斯主义 相比丁亚当·斯密的自由主义,凯恩斯主义认为:凡是政府调节能比市场提供更好服务的地方,凡是个人无法进行平等竞争的事务,都应该通过政府的干预来解决问题。凯恩斯强调政府的作用,政府可以协调社会总供需的矛盾,制定国家经济发展战略,进行重大比例的协调和产业调整。

我们身边的经济学

通货膨胀 一般是指纸币发行量超过商品流通中实际需要的货币量，引起纸币贬值。它的直接反映是物价持续上涨。

通货紧缩 当市场上流通的货币减少，人民所得的货币随之减少、购买力下降时，物价就会开始下跌，造成通货紧缩。诺贝尔经济学奖得主萨缪尔森是这样定义通货紧缩的："价格和成本正在普遍下降即是通货紧缩。"而经济学界普遍认为，当消费者物价指数（CPI）连跌两季，即表示已出现通货紧缩。

乘数效应 在经济学中，乘数效应更完整地说是支出/收入乘数效应，是指一个变量的变化以乘数加速度方式引起最终量的增加。在宏观经济学中，指的是支出的变化导致经济总需求与其不成比例的变化，意指最初投资的增加所引起的一系列连锁反应会带来国民收入的数倍增加。

税收 税收是国家为了实现其职能，按照法定标准，无偿取得财政收入的一种手段，是国家凭借政治权力参与国民收入分配和再分配而形成的一种特定分配关系。

购买力平价 购买力平价是指两种货币之间的汇率决定于它们单位货币购买力之间的比例。一般来讲，这个指标要根据相对于经济的重要性考察许多货物才能得出。

虚拟经济 虚拟经济是相对实体经济而言的，是经济虚拟化的必然产物。这是近年来出现的一个新词语，最为普遍的解释，是指与虚拟资本以金融系统为主要依托的循环运动有关的经济活动，简单地说，就是直接以钱生钱的活动。

泡沫经济 泡沫经济是虚拟资本过度增长与相关交易持续膨胀，日益脱离实物资本的增长和实业部门的成长，金融证券、地产价格飞涨，投机交易极为活跃的经济现象。泡沫经济寓于金融投机，造成社会经济的虚假繁荣，最后必定泡沫破灭，导致社会震荡，甚至经济崩溃。

汇率 汇率亦称"外汇行市或汇价"。一国货币兑换另一国货币的比率，是以一种货币表示另一种货币的价格。由于世界各国货币的名称不同、币值不一，所以一国货币对其他国家的货币要规定一个兑换率，即汇率。

货币升值 货币升值是指一国货币兑换另一国货币的数量增多了，货币的购买力增强了。货币升值一般是一个国家为了抵御外汇冲击，制止通货膨胀所采取的措施。

货币贬值 货币贬值是指单位货币所含有的价值或所代表的价值的下降，即单位货币价格下降，又称通货贬值。货币贬值会在国内引起物价上涨。但由于货币贬值在一定条件下能刺激生产，并且降低本国商品在国外的价格，有利于扩大出口和减少进口。

对外贸易 对外贸易亦称"国外贸易"或"进出口贸易"，简称"外贸"，是指一个国家（地区）与另一个国家（地区）之间的商品和劳务的交换。这种贸易由进口和出口两个部分组成。对运进商品或劳务的国家（地区）来说，就是进口；对运出商品或劳务的国家（地区）来说，就是出口。

贸易顺差与逆差 贸易顺差，是指在特定年度一国出口贸易总额大于进口贸易总额，又称"出超"。表示该国当年对外贸易处于有利地位。而贸易逆差是指一国在一定时期内（如一年、半年、一季、一月）进口贸易总值大于出口总值，俗称"入超"，即"贸易逆差"，或叫"贸易赤字"。表明一国的外汇储备减少，该国商品国际竞争力弱，该国当年在对外贸易中处于不利地位。

商品倾销 商品倾销是指大企业在控制国内市场的条件下，以低于国内市场的价格，甚至低于商品生产成本的价格，在外国市场抛售倾销商品，打击竞争者以占领市场。

热钱 热钱又称游资或叫投机性短期资本，是只为追求最高报酬与最低风险而在国际金融市场上迅速流动的短期投机性资金。热钱具有"四高"特征：高收益性与风险性，高信息化与敏感性，高流动性与短期性，投资的高虚拟性与投机性。

GDP 也就是国内生产总值。通常对 GDP 的定义为：一定时期内（一个季度或一年），一个国家或地区的经济中所生产出的全部最终产品和提供劳务的市场价值的总值。在经济学中，常用 GDP 和 GNP（国民生产总值）来共同衡量该国或地区的经济发展综合水平。这也是目前各个国家和地区常采用的衡量手段。

GNP 是指一个国家（地区）所有常驻机构单位在一定时期内（年或季）收入初次分配的最终成果。

恩格尔系数 是指食品支出总额占个人消费支出总额的比重。

我们身边的经济学

$$恩格尔系数 = \frac{食物支出金额}{总支出金额}$$

19 世纪，德国统计学家恩格尔根据统计资料，对消费结构的变化得出一个规律：一个家庭收入越少，家庭收入中（或总支出中）用来购买食物的支出所占的比例就越大，随着家庭收入的增加，家庭收入中（或总支出中）用来购买食物的支出则会下降，这就是恩格尔定律。

CPI 即居民消费物价指数。我国的 CPI 是按食品、烟酒及用品、衣着、家庭设备用品及服务、医疗保健及个人用品、交通和通信、娱乐教育文化用品及服务、居住这八大类来计算的。这八大类的权重总和加起来是100。其中，食品所占比重最大，包括：粮食、肉禽及其制品、蛋、水产品、鲜菜、鲜果。

基尼系数 是指在全部居民收入中，用于进行不平均分配的那部分收入占总收入的百分比。基尼系数最大为"1"，最小为"0"。前者表示居民之间的收入分配绝对不平均，即 100% 的收入被一个单位的人全部占有了；而后者表示居民之间的收入分配绝对平均，即人与人之间收入完全平等，没有任何差异。这两种情况只是在理论上的绝对化形式，在实际生活中一般不会出现。因此，基尼系数的实际数值介于 0~1 之间。

人均可支配收入 指一个家庭的家庭收入扣除向政府缴纳的个人所得税、遗产税和赠与税、不动产税、人头税、汽车使用税以及交给政府的非商业性费用等以后分配到各家庭成员手中的平均余额。人均可支配收入被认为是消费开支的最重要决定性因素，因而，常被用来衡量一国生活水平的变化情况。